일본제국흥망사

일본제국 흥망사는 곧 한국의 흥망사였습니다. 단지 사정이 정반대였을 뿐입니다. 일본의 부세가 정점을 향해 치달을 때 한국은 멸망의 길을 걸었습니다. 일본의 힘이 약해 감에 한국 독립의 날이 다가왔습니다. 필자는 일본제국이 일어나고 무너지는 일본근대사 전 과정을 살펴보려고 합니다.

일본제국 흥망사

구태훈

책을 내면서

이 책은 일본의 봉건제가 무너지고 근대국가가 성립된 19세기 중반부터 일본이 태평양전쟁에서 패망한 직후까지 약 80년간의 역사를 조명한 역사서입니다.

필자는 이미 2010년 8월에 『일본제국, 일어나다』, 『일본제국, 무너지다』라는 제목으로 두 권의 책을 출간한 적이 있습니다. 이 책은 그 내용을 한 권으로 통합하면서 보완하고 정리한 것입니다. 책의 편제는 이전의 것과 거의 같습니다.

한국·중국·일본의 근대화 과정에는 많은 차이가 있었습니다. 근대사회 이전에는 중국이 동아시아의 중심이었습니다. 그러나 중국은 새로운 시대의 변화를 따라잡지 못했습니다. 한국 역시 자력으로 근대화의 파고를 넘을 수 있는 실력이 없었습니다. 중국과 한국은 근대화에 성공하지 못하고 좌절했습니다. 그러나 일본은 근대화에 성공한 나라가 되었습니다.

근대화에 성공한 일본은 이웃 나라를 침략했습니다. 중국은 동북지방(만주)을 일본에 빼앗겼고, 본토 또한 일본의 지속적인 침략으로 시달렸습니다. 한국은 일본에 나라를 통째로 빼앗기고 그들의 식민지가 되는 수모를 당했습니다. 일본의 지배에서 해방된 지 60년이 넘었지만, 한국인의 마음에는 아직도 그늘이 드리워져 있습니다.

일본제국 흥망사는 곧 한국의 흥망사였습니다. 단지 사정이 정반대였을 뿐입니다. 일본의 위세가 정점을 향해 치달을 때 한국은 멸망의 길을 걸었습니다. 일본의 힘이 다해 갈 때 한국 독립의 날이 다가왔습니다. 필자는 일본제국이 일어나고 무너지는 일본근대사 전 과정을 살펴보려고 합니다. 그것은 일본의 그늘에 가려져 있는 한국사를 더듬어

보는 방법이기도 할 것입니다.

한국에서도 일본 근대사 서책이 많이 출간되었습니다. 한국인 연구자가 쓴 것도 있고, 미국인 연구자가 쓴 책을 번역한 것도 있습니다. 일본 대학에서 교재로 사용하는 것을 번역한 것도 있습니다. 그중에서 고급 독자에게 추천할 만한 책은 1985년에 강동진 교수가 쓴 『일본근대사』(한길사)입니다. 2016년부터 필자도 『일본고중세사』, 『일본근세사』, 『일본근대사』 등 일본 통사를 연이어 출간했습니다.

그런데 필자가 출간한 일련의 일본통사는 내용이 방대하여 일반 독자가 편한 마음으로 펼쳐들기에 부담이 된다는 말을 들었습니다. 실제로 대학에서 교재로 사용하는 책은 전문적인 내용으로 채워졌고, 장절 구성도 딱딱하게 느껴집니다. 일반 교양서라고 해도 한국인에게 생소한 인명이나 지명이 많아서 책을 읽는 재미가 반감되는 것이 사실입니다.

필자는 쉬운 글로 사실을 전달하고 싶었습니다. 독자들이 물이 흐르듯이 매끄럽게 읽어 내려갈 수 있는 글을 쓰고 싶었습니다. 이 책에는 일본의 인명이나 지명이 최소한으로 제시되었습니다. 독자들이 저항감 없이 읽을 수 있게 하기 위한 필자의 배려라고 생각해 주면 고맙겠습니다. 하지만 내용을 구성하는 데 꼭 필요한 인명이나 지명은 생략할 수 없었습니다.

이 책이 읽기 쉽다고 해서 내용이 소략할 것이라고 생각하지 마시기 바랍니다. 필자가 생각하는 일본사 서적의 조건은 다음과 같습니다. 무엇보다도 내용이 충실해야 합니다. 질적인 면뿐만 아니라 양적인 면에서도 사실이 충실하게 제시되어야 합니다. 한국사와 관련이 있는 부분은 더욱 세밀하게 묘사되어야 합니다. 필자는 이와 같은 조건을 모두 만족시키기 위해 노력했습니다.

이 책은 (주)히스토리메이커에서 출간하게 되었습니다. 복잡한 원고를 아담한 책으로 다듬어서 모양을 갖추게 해 준 (주)히스토리메이커 관계자 여러분의 노고에 감사드립니다.

2018년 2월

구 태 훈

차례

책을 내면서 ………………………………………… 5

01. 침묵 ◆ 극동의 섬나라 ………………………… 16
    1. 역사 · 16
    2. 쇄국 · 21
    3. 경험 · 24
    4. 도전 · 27

02. 개국 ◆ 갑자기 찾아온 손님 ………………… 34
    1. 페리 · 34
    2. 조약 · 37
    3. 개항 · 43

03. 모색 ◆ 혼돈 속의 절규 ……………………… 48
    1. 대응 · 48
    2. 양이 · 51
    3. 분열 · 56
    4. 선택 · 59

04. 전환 ◦ 과감한 전진 ············· 64
   1. 왕정 · 64
   2. 토막 · 67
   3. 유신 · 71

05. 혁신 ◦ 혁명적 개혁 ············· 76
   1. 정치 · 76
   2. 경제 · 83
   3. 사회 · 91
   4. 문화 · 98

06. 결심 ◦ 강병부국의 길 ············ 106
   1. 정한 · 106
   2. 견문 · 110
   3. 확장 · 115

07. 연습 ◦ 어수룩한 이웃 ············ 122
   1. 도발 · 122
   2. 위압 · 124
   3. 조약 · 126

08. 갈등 ◦ 알을 깨는 아픔 ············ 130
   1. 반란 · 130
   2. 민권 · 135
   3. 헌정 · 142

09. 성숙 ◦ 빛과 그림자 ·················· 152
  1. 발달 · 152
  2. 모순 · 159
  3. 외교 · 164

10. 실험 ◦ 첫 번째 씨름판 ·················· 170
  1. 관망 · 170
  2. 전쟁 · 173
  3. 승리 · 175

11. 학습 ◦ 먹이를 노리는 맹수 ·················· 180
  1. 인내 · 180
  2. 각축 · 182
  3. 광기 · 184

12. 세련 ◦ 문명의 안쪽 ·················· 190
  1. 정신 · 190
  2. 학술 · 195
  3. 문예 · 197

13. 도전 ◦ 두 번째 씨름판 ·················· 206
  1. 전운 · 206
  2. 전쟁 · 208
  3. 강화 · 212

14. 성공 ◦ 영악스러운 침략자 ·················218
1. 강점 · 218
2. 제압 · 221
3. 지배 · 225

15. 비약 ◦ 가뭄 끝에 내린 단비 ·················232
1. 천운 · 232
2. 발전 · 235
3. 야망 · 238

16. 정점 ◦ 높은 산 깊은 골짜기 ·················244
1. 과욕 · 244
2. 갈등 · 247
3. 협력 · 253

17. 정치 ◦ 데모크라시 입문 ·················260
1. 민본 · 260
2. 정당 · 262
3. 선거 · 266

18. 저항 ◦ 약자의 분노 ·················272
1. 투쟁 · 272
2. 긴장 · 276
3. 조센징 · 280

19. 인내 ⊙ 시험에 든 승리자 ·························· 290
    1. 불황 · 290

    2. 금융 · 293

    3. 관망 · 295

20. 내면 ⊙ 민중의 소리 ······························· 302
    1. 정신 · 302

    2. 문예 · 307

    3. 문화 · 311

21. 경직 ⊙ 평정을 잃은 군인들 ···················· 318
    1. 마각 · 318

    2. 미궁 · 321

    3. 공황 · 323

    4. 불온 · 325

22. 작심 ⊙ 발톱을 드러낸 맹수 ···················· 330
    1. 도발 · 330

    2. 사변 · 333

    3. 기만 · 335

23. 혈안 ⊙ 전쟁 전야 ································· 340
    1. 광란 · 340

    2. 파벌 · 344

    3. 살기 · 347

24. 공세 ◦ **거침없는 중국 침략** ················352
    1. 정황 · 352

    2. 침략 · 354

    3. 단결 · 357

    4. 도탄 · 360

25. 위기 ◦ **포위되는 섬나라** ················366
    1. 고립 · 366

    2. 각오 · 370

    3. 압박 · 374

26. 개전 ◦ **민족의 흥망을 건 싸움** ··········380
    1. 결심 · 380

    2. 기습 · 382

    3. 실패 · 386

27. 결전 ◦ **죽음의 배수진** ················392
    1. 수세 · 392

    2. 절망 · 395

    3. 항복 · 398

참고문헌 ································402

연표 ····································407

찾아보기 ································411

01. 침묵

극동의 섬나라

에도 시대의 일장기
센다이仙台박물관 소장

01. 침묵

극동의 섬나라

1. 역사

일본은 한국과 가장 가까운 이웃나라다. 부산에서 일본까지 거리는 약 190킬로미터로 서울에서 대전까지 거리와 비슷하다. 그 중간에 쓰시마對馬를 비롯한 여러 섬들이 적당한 거리를 두고 마치 징검다리처럼 놓여 있다. 그래서 원시시대부터 사람들은 큰 어려움 없이 한반도와 일본 열도를 왕래할 수 있었다.

바닷길을 따라 한반도에서 많은 사람들이 일본 열도로 건너왔다. 바다를 건너서 일본 열도로 이주한 사람들을 도래인渡來人이라고 한다. 물론 도래인 모두가 한반도에서 건너온 것은 아니었다. 중국 대륙에서 건너온 사람도 있었고, 동남아시아 지역에서 건너온 사람도 있었다. 시베리아·몽고 지역에서 일본 열도 북쪽으로 건너온 사람들도 있었다.

하지만 대부분이 한반도 남부 지역 사람이었다.

한반도의 여러 지역에서 일본 열도로 건너가는 바닷길이 있었다. 동해안의 청진 쪽이나 원산 쪽, 그리고 속초나 강릉·삼척 인근에서 일본으로 건너가는 바닷길이 있었던 것 같다. 그러나 한반도 남부에게 일본으로 건너가는 것이 가장 안전했다. 일찍부터 부산, 마산, 강진 등의 지역에서 일본의 규슈九州의 북부로 건너가는 바닷길이 개척되었다. 대부분의 도래인들이 한반도 남부에서 일본으로 건너갔던 데에는 그만한 이유가 있었다.

한반도 남부에서 일본 규슈의 북부 방향으로 해류가 흘렀다. 그 해류를 타면 크게 힘들이지 않고 일본으로 건너갈 수 있었다. 또 폭풍이 불지 않는 한 표류의 위험도 거의 없었다. 네덜란드 인으로 조선에 억류되었다가 일본으로 탈출한 하멜은 강진 인근에서 폭풍이 몰아치는 날 작은 배에 올라타고 기절했으나 3~4일 후에 일본의 규슈 해변에 도착했다. 배가 해류를 타고 저절로 규슈에 다달았던 것이다.

사람이 가면 기술도 따라 간다. 쇠를 다루고, 그릇을 굽고, 옷감을 짜고, 염색을 하고, 가축을 기르고, 물길을 내고, 농사를 짓는 기술 등 다양한 기술을 가진 도래인이 일본 열도로 건너와 살게 되었다. 일본에서 기술이 먼저 발달한 곳, 기술 수준이 가장 높았던 곳은 규슈 북부 지역이었다. 그것은 우연이 아니었다. 그 지역은 바로 도래인이 집단을 이루어 정착한 곳이었다. 도래인이 대륙의 선진 기술을 일본에 전하는 역할을 했던 것이다.

기원 전 1세기경 일본은 100여 개의 소국으로 나뉘어져 있었다. 소국은 서로 싸우면서 발전했다. 인구 수 천명 규모의 소국은 서부 일본에 많이 분포해 있었다. 특히 규슈에 집중되어 있었다. 대륙과 가장 먼저 교류하기 시작한 소국도 규슈에 있었다. 중국의 한서·후한서·삼국지와 같은 역사서를 통해 소국의 정치·사회 실상을 어느 정도 짐작할 수 있다. 일본은 왜倭라고 불렀다.

　4세기경 일본 열도에 강력한 왕권이 모습을 드러냈다. 왜 왕권이 오사카大阪 평원의 호족들을 복속시키고 세력을 떨치기 시작한 것이다. 왜 왕권의 수장은 대왕을 칭했다. 대왕은 한반도 국가와 교류하면서 중국의 남조에도 조공했다. 왜 왕권은 백제와 친밀했지만 신라·고구려와는 미묘한 긴장관계를 유지했다. 왜 왕권이 빠르게 성장할 수 있었던 배경에는 한반도에서 건너온 도래인이 있었다. 왜 왕권은 도래인을 적극적으로 받아들였고, 도래인은 왜 왕권의 발전에 기여했다.

　도래인 중에서 소가씨蘇我氏와 같은 씨족은 왜 왕권의 실권을 장악하기도 했다. 소가씨는 6세기 중반에서 7세기 초반까지 위세를 떨쳤다. 일본인들이 학문의 신으로 섬기는 쇼토쿠 태자聖德太子도 소가씨의 인척이었다. 소가씨는 한때 대왕과 동등한 지위를 누리기도 했다. 소가씨는 백제로부터 불교를 받아들였다. 일본에서 처음으로 사원을 세우기도 했다. 불교가 발전하면서 아스카飛鳥 문화가 꽃을 피웠다.

　7세기 중엽은 동북아시아 국제 질서가 크게 변하는 시기였다. 중국의 당唐이 세력을 떨쳤다. 660년 신라가 당의 군대를 끌어들여 백제를 멸망시켰다. 왜 왕권은 400여 척의 군함과 3만 명이 넘는 대군을 파견해 백제 부흥운동을 지원했으나 나당 연합군에게 대패했다. 668년 나당 연합군은 고구려도 멸망시켰다. 백제 땅을 차지한 신라가 한반도를 통일했다. 나라를 잃은 백제·고구려의 유민들이 일본으로 밀려왔다.

　7세기 말부터 대왕은 스스로 천황天皇을 칭했다. 천황은 하늘을 다스리는 태양의 신 아마테라스오미카미天照大神의 직계 후손으로 선전되었다. 신령스러운 천황의 이미지가 형성된 것도 이 무렵이었다. 천황은 국호를 왜에서 일본으로 바꾸었다. 신화를 정리하고 역사를 편찬했다. 중국식 도성을 조영하고 율령제를 도입했다.

8세기 초에 율령이 정비되면서 일본은 비로소 법과 제도로 다스려지는 나라가 되었다. 그런데 율령제는 토지국유화를 전제로 하는 것이었다. 각 지역을 실질적으로 지배하던 호족들의 반발이 심했다. 또 율령제는 중국에서 오랜 세월을 거치면서 형성된 제도였다. 일본의 실정에 적합한 제도가 아니었다. 율령제는 채 뿌리를 내리기도 전에 유명무실해졌다. 율령과 전통적인 관행이 충돌해서 법을 집행할 수 없었다.

천황은 토지국유화정책을 포기하고, 누구나 황무지를 개간하면 토지를 사유할 수 있도록 했다. 그러자 사원·귀족은 물론 부유한 농민들도 다투어 농지를 개간했다. 그에 따라 장원莊園이 발달했다. 장원의 확대는 조세를 거두어들이는 공유지의 축소를 의미했다. 조세 수입이 감소했다. 공권력이 들어갈 수 없고 조세도 내지 않는 불수불입의 특권을 가진 장원이 날로 증가했다. 왕권은 약해지고 사원·귀족들의 권세는 강성해졌다. 고대 국가는 내리막길로 들어서고 있었다.

고대 국가의 품속에서 무사가 등장했다. 무사는 장원과 함께 중세를 상징하는 개념이다. 무사는 혼란스러운 사회를 배경으로 성장하며 무리를 이루었다. 무사단이 성립된 것이다. 무사단은 귀족들의 세력다툼에 개입하면서 실력을 키웠다. 어떤 무사단의 수장은 권세를 등에 업고 높은 관직에 오르기도 했다. 무사 계급은 급기야 천황의 권력을 빼앗기에 이르렀다. 1192년 가마쿠라 막부鎌倉幕府가 성립되면서 무사는 명실상부한 위정자가 되었다. 일본의 무가정권은 고려의 그것과는 질적으로 달랐다. 일본 무가정권의 수장인 쇼군將軍은 징세권·군사권·행정권을 한 손에 쥐고, 독자적인 관료기구를 통해 일본 열도를 지배한 권력이었다.

14세기 중엽에 가마쿠라 막부가 멸망하고 무로마치 막부室町幕府가 들어섰다. 하지만 무로마치 막부의 권력은 매우 취약했다. 오히려 각 지역을 다스리는 슈고守護들이 강성했다. 어떤 슈고 가문은 일본 열도의 6분의 1을 지배했다. 유력한 슈고의 도움 없이는 쇼군의 자리도 지키기 어려웠다. 슈고들은 혼란한 사회를 배경으로 세력을 강화하며 독자적인 권력을 지향했다. 이때부터 슈고는 다이묘大名로 불리게 되었다. 무로마치 막부는 15세기 후반에 사실상 붕괴되었다. 일본사에서는 무로마치 시대 후기를 전국시대라고 한다.

전국시대는 분열성향이 극에 달한 시기였다. 실력이 모든 것을 말하는 시대였다. 실력 있는 부하가 주군을 몰아내는 것이 당연한 세상이었다. 하극상이 되풀이되면서 일본 열도의 권력지도가 크게 변했다. 슈고에서 발전한 다이묘도 있었으나 새로 등장한 다이묘가 대부분이었다. 다이묘들은 이미 쇼군 권력을 의식하지 않았다. 자신이 차지한 땅을 스스로 만든 법으로 다스렸다. 무사단을 이끌고 전투를 되풀이하면서 영토를 넓혔다. 그들의 목표는 부국강병이었다. 전투에서의 승리만이 다이묘 권력을 보장했다.

분열 속에서 통일의 기운이 일어났다. 힘이 있는 다이묘들이 서로 '천하'를 쟁취하기 위해 싸웠다. 여러 다이묘 중에서 먼저 두각을 나타낸 것은 오다 노부나가織田信長였다. 하지만 그는 일본의 통일을 눈앞에 두고 믿었던 부하에게 살해당했다. 노부나가의 뒤를 이어 도요토미 히데요시豊臣秀吉가 등장했다. 히데요시는 일본을 통일하고, 넘쳐나는 살기를 해외로 방출하기 위해 대륙을 침략했다. 직접적인 희생이 된 것은 조선이었다. 1598년 히데요시가 사망했다. 그러자 일본 최고 실력자로 부상한 도쿠가와 이에야스德川家康가 조선에 머물던 일본군의 전면 철수를 명령했다. 임진왜란이 끝났다.

이에야스는 도요토미씨 추종세력을 차례로 제거하고, 1603년 쇼군에 취임하면서 에도江戶에 막부를 열었다. 에도 막부는 일본 역사상 세 번째 성립된 막부였다. 도쿠가와씨는 1867년 근대국가가 성립될 때까지 260년 넘게 일본을 통치했다. 이 시대를 에도 시대 또는 도쿠가와 시대라고 한다.

2. 쇄국

　1543년 중국으로 향하던 포르투갈 배가 풍랑을 만났다. 배는 규슈의 남쪽에 있는 다네가시마種子島에 표착했다. 이 사건으로 일본인은 서양인을 처음 만났다. 당시 서양인은 이미 동남아시아에 진출해 있었다. 인도, 말레이시아, 필리핀 등에 식민지를 건설하고, 그곳을 거점으로 중국과 교역하고 있었다. 배가 일본에 표착한 것을 계기로 포르투갈 상선이 일본을 왕래하게 되었다.
　화승총을 일본에 들여온 것도 포르투갈 인이었다. 당시 일본은 전쟁의 시대였다. 화승총이 일본에 들어온 지 얼마 지나지 않아서 대량으로 생산되었다. 다이묘들은 다투어 화승총을 구입했다. 오다 노부나가는 한꺼번에 500정의 화승총을 구입하기도 했다. 그런데 탄환의 원료인 납, 화약의 원료인 초석은 일본에서 생산되지 않았다. 포르투갈 상인은 납과 초석을 다이묘들에게 공급하면서 큰 이윤을 남겼다.
　극동의 섬나라 일본이 서양에 알려지자 영국·스페인도 일본에 배를 보냈다. 나중에는 네덜란드도 일본의 문을 두드렸다. 서양인은 갖가지 물품을 일본에 들여왔다. 서양문화도 소개했다. 호기심 많은 일본인은 서양문화에 푹 빠졌다. 교토京都에서는 서양풍의 의복과 물건을 갖지 않은 자는 사람 취급을 하지 않을 정도였다. 다이묘들도 서양식 셔츠·바지를 입고 서양식 외투를 걸치고 서양식 모자를 쓰고 포도주를 마셨다. 오늘날 일본인이 사용하는 만토·즈봉·갑파·메리야쓰·보당·비로도와 같은 의복과 관련된 용어, 빵·비스켓·카스테라·뎀뿌

라와 같은 음식과 관련된 용어도 서양에서 들어온 외래어였다. 침대·의자·안경도 일본인의 생활 속에 자리 잡았다. 일본인들이 다바코라고 하는 담배도 들어왔다.

　서양 바람을 타고 선교사가 일본 땅을 밟았다. 그들이 일본에 온 목적은 크리스트교를 전파하기 위해서였다. 다이묘들은 크리스트교 전도를 허용했다. 선교사에게 잘 보여야 서양 상인이 자신의 영지에 계속 배를 댈 것이라고 믿었기 때문이다. 노부나가도 크리스트교에 호의적이었다. 자신에게 맞서는 불교 세력이 미웠기 때문이다. 노부나가는 선교사들이 교토에서 활동할 수 있도록 했다. 선교사들이 활동하면서 크리스트교가 짧은 기간에 널리 전파되었다.

　크리스천이 급증하면서 부작용이 나타났다. 승려들이 크게 반발했다. 유일신을 섬기는 크리스트교 사상이 다신교에 뿌리를 둔 일본의 전통사상과 충돌했다. 종교 갈등은 갈수록 심화되었다. 그런 와중에 크리스트교 신자가 된 한 다이묘가 자신의 영지를 로마 교황에게 바치는 사건이 일어났다. 이 사건이 일본 사회에 미친 파장은 컸다. 일본 땅을 교황에게 바쳤다는 소식을 들은 도요토미 히데요시는 위기감을 느꼈다. 어쩌면 일본이 크리스트교 국가의 식민지가 될 수도 있다고 생각했다. 히데요시는 선교사를 추방하고 크리스트교를 탄압하기 시작했다.

　하지만 도요토미 히데요시가 사망한 후, 일본의 최고 실력자가 된 도쿠가와 이에야스는 크리스트교를 무자비하게 탄압하지 않았다. 1603년 에도 막부를 세운 후에도 한동안 크리스트교를 묵인했다. 그러나 측근 중에도 크리스천이 있다는 사실이 드러나자 두려움을 느꼈다. 1612년 이에야스는 크리스트교를 탄압하기 시작했다. 먼저 막부의 직할령에 크리스트교 금지령을 내렸다. 많은 크리스천이 체포되었다. 1614년 1월부터 교토를 비롯한 대도시에서 크리스트교 박해가 시작되었다.

이에야스가 사망하자 크리스트교 탄압이 더욱 강화되었다. 1616년 막부의 2대 쇼군이 다시 크리스트교 금지령을 내렸다. 1622년 규슈의 나가사키長崎에서 선교사를 비롯한 크리스천 55명이 처형되는 대순교가 있었다. 선교사는 모두 추방되었다. 막부는 선교사가 일본에 몰래 들어오는 것을 막기 위해 감시를 강화했다.

1623년 권좌에 오른 3대 쇼군은 크리스트교 탄압을 더욱 강화했다. 다이묘들에게 크리스천 색출을 엄명했다. 크리스천의 밀고를 장려하는 정책도 추진했다. 관리들은 예수나 마리아의 초상이 새겨진 동판을 마련하고, 크리스천으로 의심되는 사람에게 그것을 밟고 지나가게 하는 방법으로 '범인'을 색출했다. 크리스천은 불교로 개종했다. 막부는 사원에서 발행한 신도증명서가 없으면 여행도 할 수 없도록 했다.

지금의 나가사키 현長崎縣에 속한 시마바라島原는 원래 크리스천 다이묘가 다스리던 곳이었다. 크리스트교를 믿는 농민들이 많았다. 말하자면 시마바라는 막부의 크리스트교 탄압에 대한 불만이 잠재된 지역이었다. 막부의 탄압이 극에 달하자, 1637년 시마바라에서 대규모 반란이 일어났다. 3만7,000명의 반란 세력이 막부와 전면전쟁에 들어갔다. 반란 세력은 진중에 십자가를 세우고 싸웠다. 막부는 12만4,000명의 병력을 동원해 가까스로 반란을 진압했으나 그 충격은 컸다.

3대 쇼군은 막부 권력을 강화하는 데 힘썼던 인물이다. 권력에 도전한 크리스트교 세력을 용서할 수 없었다. 크리스트교가 일본에 뿌리를 내리지 못하게 하기로 결심했다. 그러려면 서양인이 일본에 발을 붙일 수 없게 만들어야 했다. 잇달아 강도 높은 쇄국령을 내렸다. 일본 배가 해외로 나가는 것을 엄금하고, 해외에 거주하는 일본인의 귀국도 금지했다. 해외 거주자가 국내 거주자와 편지·물건을 주고받는 것도 금지했다. 서양인과 결혼한 일본인 여성과 혼혈아도 해외로 추방했다.

포르투갈은 크리스트교 전파 의지가 남달랐던 나라였다. 막부가 잇달아 금교령을 내리는데도 선교사를 일본으로 잠입시켰다. 막부는 분노했다. 1639년 내항한 포르투갈 배를 추방했다. 막부가 극단적인 조치를 취하자, 1640년 포르투갈은 무역의 재개를 탄원하는 사절을 일본에 보냈다. 막부는 포르투갈 사절을 사형에 처했다. 막부는 유럽 국가 중에서 오직 네덜란드만이 일본과 교역할 수 있도록 했다.

1641년 막부는 나가사키 앞바다에 4,000평이 채 안 되는 데지마出島라는 인공 섬을 조성하고, 그곳을 유일한 대외무역 창구로 지정했다. 데지마에는 네덜란드 상관이 설치되었다. 네덜란드 상인만이 그곳에 거주할 수 있었다. 일본인은 관리의 허가 없이 출입할 수 없었다.

중국 상선은 명이 멸망하고 청이 건국된 뒤에도 내항했다. 1688년 막부는 나가사키 교외에 중국인 전용 거주지를 세웠다. 나가사키에 입항한 중국인은 모두 그곳으로 이송되었다. 막부는 중국인이 일본인과 접촉하지 못하도록 감시했다. 중국인 전용 거주지에 출입할 수 있는 일본인은 관리·상인·유녀에 한정되었다.

3. 경험

한국은 고려시대부터 중앙집권체제를 확립했다. 왕은 전국 각지에 관리를 파견해 나라를 다스렸다. 그러나 일본은 근대국가가 성립될 때까지 봉건적 정치체제를 유지했다. 다이묘가 일본의 여러 지역을 나누어 다스리는 체제였다. 물론 중앙권력기관으로서 쇼군을 수장으로 하는 막부가 있었다. 에도 막부 쇼군은 다이묘 위에 군림했다. 그런데 쇼군은 자신의 영지를 보유한 다이묘이기도 했다. 말하자면 강력한 군사력을 가진 다이묘 도쿠가와씨가 실력으로 다른 다이묘들을 누르고 쇼군이 된 것이다. 쇼군은 다른 다이묘들의 통치방식을 그대로 용인했다.

에도 막부江戸幕府의 쇼군은 힘을 배경으로 일본 열도의 평화를 유지했다. 힘이 권력의 원천이었다. 힘은 군사력에서 나오고, 군사력은 경제력에서 나온다. 생산량이 400만 석에 달하는 막부의 직할령이 쇼군의 경제적 기반이었다. 직할령에다 가신에게 나누어준 약 300만 석의 영지를 합하면 쇼군이 지배하는 영지의 생산량은 700만 석에 달했다. 에도 시대 일본의 생산량이 3,000만 석이었는데, 전체 생산량의 약 4분의 1을 쇼군이 지배했던 것이다. 이에 비해 과반수 다이묘大名가 생산량 5만 석 이하의 영지를 보유하고 있었다. 쇼군이 직접 거느리는 군사 수는 8만 명에 가까웠다. 참고로 생산량 20만 석의 영지를 보유한 다이묘가 동원할 수 있는 군사 수는 2,000명이었다.

생산량 1만석 이상의 영지를 보유한 영주를 다이묘라고 했다. 다이묘는 쇼군이 승인한 지역을 다스리면서 자신의 군사를 거느렸다. 다이묘는 독립된 소국가의 지배자였다. 소국가는 번藩이라고 일컬어졌다. 쇼군은 원칙적으로 다이묘의 정치에 간섭할 수 없었다. 다이묘의 수는 에도 시대 초에 200명 정도였으나 중기에 이르러 250명이 넘었다. 다이묘는 쇼군에게 군역을 제공하는 의무를 졌다.

에도 막부의 쇼군은 천황을 감시했다. 천황은 비록 권력을 상실했지만 일본의 국왕이었고, 쇼군은 제도적으로 천황의 신하였다. 쇼군은 천황을 받드는 모양새를 취했다. 하지만 내심으로 천황이 정치에 관여하는 것을 경계했다. 천황은 여전히 권위를 지니고 있었고, 언제든지 정치의 중심이 될 수 있는 가능성이 있었다. 쇼군은 조정朝廷이 있는 교토京都에 쇼시다이所司代를 두어 천황과 귀족의 일상생활까지 감시했다. 쇼군은 사원·신사도 철저하게 통제했다. 사원·신사는 쇼군에게 완전히 복종했다.

무사는 정치적인 수장 쇼군·다이묘에게 충성을 서약했다. 무사 계급은 입법·행정·사법·군사의 권한을 배타적으로 독점했다. 무사는 조선의 양반과 같은 위정자였다. 다만 양반은 유교적 교양이 몸에 밴 지식인이었으나 무사는 책과는 거리가 먼 존재였다는 점이 달랐다. 무사에게는 특권이 있었다. 무사는 성을 사용하고, 칼을 차고, 서민을 즉석에서 처벌할 수 있는 권한을 보유했다.

농민은 햐쿠쇼百姓, 촌락은 무라村라고 했다. 무라는 생산단위이자 행정단위였다. 영주는 무라의 운영을 농민의 자치에 일임했다. 조세는 세대별로 부과하지 않고 무라 단위로 부과했다. 농민이 선출한 무라의 지도자는 영주의 명령을 농민에게 전달하고 조세를 납부하는 책임을 졌다.

도시 상공인은 조닌町人이라고 불렀다. 조닌은 직인과 상인으로 구분되었다. 농민이 엄격하게 통제되던 것과는 달리 조닌은 비교적 자유롭게 생업에 종사했다. 조세나 부역의 부담을 지지 않았다. 가끔씩 영업세나 기부금을 납부하면 되었다.

나가사키의 데지마는 서양 문물이 일본으로 들어오는 관문이었다. 상관에 거주하는 네덜란드 의사는 의학뿐만 아니라 과학에도 조예가 깊은 계몽적인 지식인이었다. 네덜란드어 통역관들이 서양 소식과 의학·과학 지식을 일본에 소개하는 역할을 했다. 네덜란드를 유일한 통로로 하던 양학洋學은 막말에 이르러 영국·프랑스·독일의 학문도 받아들였다.

18세기에 들어서면서 봉건제도가 동요하기 시작했다. 때마침 천황을 숭상하는 기운이 일어났다. 존왕론尊王論은 유학의 명분론과 밀접한 관련이 있었다. 막부는 신분질서와 정치질서를 유지하기 위해 존왕론을 인정했다. 쇼군은 다이묘들이 자신을 받들게 하기 위해 스스로 천황을 받드는 모양새를 취할 필요가 있었다. 존왕론은 막말에 양이론攘夷論과 결합되면서 정치운동으로 발전했다.

18세기 중엽부터 혁신적인 사상가들이 일본의 앞날을 걱정하기 시작했다. 도시 팽창의 폐해를 지적하면서 무사의 토착을 주장하는 학자, 상업 자본을 적극적으로 이용해야 한다고 하는 학자, 상공업을 장려해야 한다고 하는 학자, 해외 무역의 필요성을 역설하는 학자들이 일본의 미래를 진지하게 고민하기 시작했다. 그들 중에는 막부의 쇄국정책을 비판하는 학자도 있었다.

당시 일본의 지식인들 중에는 서양을 야만의 세계라고 보는 사람도 있었다. 그들의 눈에 비친 서양은 사욕이 난무하는 나라이고. 동양, 특히 일본은 공익을 우선하는 나라였다. 서양은 금수에 가까운 오랑캐의 나라이고, 일본은 성현의 가르침을 지키는 군자의 나라였다. 그래서 하시모토 사나이橋本左內와 같은 학자는 다음과 같이 주장했다. "다만 서양은 기계가 정밀해서 무력이 강한 나라이니, 그들에 맞서기 위해서는 인의와 충효의 가치를 드높이고, 서양의 기술과 예술의 정교함을 받아들여야 한다." 그러면 일본이 강병부국을 달성할 뿐만 아니라, 대의를 세상에 펼 수 있다고 생각했다. 이러한 지식인의 태도는 "동양의 도덕, 서양의 예술"이라는 사쿠마 쇼잔佐久間象山의 말에 응축되어 있다. 지식인들 중에서 특히 급진적인 자들은 이웃나라 조선을 침략해서 일본 발전의 기틀을 마련해야 한다고 주장하는 자들도 있었다.

4. 도전

일본을 둘러싼 국제정세는 18세기 후반부터 서서히 변화하기 시작했다. 당시 유럽에서는 모피의 수요가 폭증했다. 이미 16세기 중반부터 러시아 상인들이 모피를 손에 넣기 위해 시베리아에 진출하기 시작했다. 사냥꾼들은 삼림지대에 사는 짐승들을 모조리 잡았다. 사냥꾼들은 짐승을 잡기 위해 이미 17세기 전반에 오호츠크 해 연안까지 진출했다. 그리고 계속 동쪽으로 나아가 1732년에 알래스카까지 진출했고, 1739년에는 러시아 탐험대가 일본의 동북 지방까지 남하했다.

　18세기 말 러시아의 동진 정책이 결실을 맺었다. 광대한 시베리아를 횡단해 태평양에 도달한 러시아는 블라디보스토크를 건설했다. 러시아 인이 일본 근해까지 진출해 고기를 잡으면서 일본인과 접촉하는 기회가 많아졌다. 러시아는 서양 열강 중에서 가장 먼저 일본의 문을 두드렸다. 1778년 러시아 배가 홋카이도北海道에 나타나 통상을 요구했고, 1792년 러시아 사절이 일본인 표류민을 송환하면서 통상 가능성을 타진했다. 하지만 일본은 러시아의 요청을 거절했다.

　당시 홋카이도는 소수의 아이누 민족이 거주할 뿐 일본인이 거의 살지 않는 땅이었다. 홋카이도를 일본 영토라고 믿는 일본인은 거의 없었다. 한 다이묘가 홋카이도에 교두보를 확보하고 간간이 아이누 민족과 교역을 할 뿐이었다.

　외국이나 다름없던 홋카이도에 일본인 탐험대가 처음 파견된 것은 1798년이었다. 탐험대는 지도를 그리고 보고서를 작성했다. 탐험대의 보고서를 검토한 막부는 홋카이도와 그 인근 섬들을 직할령으로 했다. 그때부터 몇몇 탐험대원이 홋카이도로 건너가 어장을 개척하기 시작했다. 막부는 홋카이도 해안의 경비를 강화했다.

　1804년 가을 나가사키 항에 두 척의 러시아 군함이 나타났다. 군함에는 러시아 특파대사 레자노프N. P. Lezanov가 타고 있었다. 13년 전 막부는 러시아 사절에게 통상 문제는 나가사키에서 논의할 문제라고 대답한 적이 있었다. 그 말을 기억한 레자노프가 나가사키로 온 것이다. 레자노프는 6개월 이상 나가사키에 머무르면서 통상을 요구했다. 그러나 막부는 그의 요구를 거절했다.

1808년 8월 15일 아침 네덜란드 국기를 단 함선 한 척이 나가사키 항에 입항했다. 일본 관리는 네덜란드 상관원과 함께 배를 타고 함선에 접근했다. 입항 수속을 하기 위해서였다. 그런데 갑자기 함선의 승무원들이 일본인 관리가 탄 배를 습격하고 네덜란드 상관원을 납치했다. 함선은 네덜란드 배가 아니라 영국의 동인도 함대 소속 페이튼 호였다. 영국인은 네덜란드 상선을 빼앗기 위해 나가사키에 왔던 것이다.

　나가사키 방어책임을 맡고 있던 막부 관리는 수비병을 동원해 페이튼 호를 공격했으나 역부족이었다. 인근의 다른 다이묘들에게 구원을 요청했으나 원병이 올 때까지 시간이 걸렸다. 그동안 페이튼 호 승무원들은 유유히 보트를 타고 나가사키 항을 조사하고, 식량과 식수를 보충하고서야 납치한 네덜란드 상관원을 석방했다. 페이튼 호가 출항한 것은 8월 17일 밤이었다.

　영국 배가 일본 근해에 나타난 것은 페이튼 호가 처음이 아니었다. 1790년대에도 영국 군함이 홋카이도 근해에 나타난 적이 있었다. 당시 영국 군함은 탐험이 목적이었기에 큰 문제가 일어나지 않았다. 그러나 페이튼 호는 공공연하게 일본을 도발했다. 페이튼 호 사건 후에도 영국 배가 일본 해안에 가끔씩 나타났다.

　미국도 태평양으로 진출했다. 영국에서 독립한 미국은 중국과 무역을 모색하기 시작했다. 미국 상인은 원주민으로부터 모피를 사들여 그것을 중국에 팔고, 중국에서 차와 도자기를 구입했다. 하와이가 중요한 중계무역 거점이 되었고, 1843년 미국은 하와이에 외교관을 상주시켰다. 18세기 말부터 중국 무역에 종사하는 네덜란드의 국기를 단 미국 상선이 거의 매년 나가사키에 입항하게 되었다.

　중국과 교역하는 상선뿐만 아니라 미국의 포경선도 태평양으로 진출했다. 고래 기름은 등잔불이나 양초의 원료로 사용되었을 뿐만 아니라 비누를 만드는 재료로 사용되었다. 석유가 상품화되기 이전에는 서

01. 침묵. 극동의 섬나라

구의 사람들의 산업과 생활의 필수품이었다. 미국 독립전쟁 전에는 미국의 포경선이 주로 북대서양에서 활동했으나 19세기 초에는 일본 열도에서 가까운 태평양이 주요 어장이 되었고, 미국 포경산업이 호황기를 맞이했다. 영국 포경선도 이곳에 나타나 조업했다. 포경선과 물물교환을 하는 일본인이 있었다.

미국의 포경산업계는 일본이 표류민의 보호와 포경선의 필수품 보급 기지 역할을 해주기를 기대하고 있었다. 그러나 쇄국정책을 취하고 있던 에도 막부는 일본인이 외국 선원과 접촉하는 것을 금지했다. 1825년 막부는 일본 해안에 접근하는 외국선을 무조건 격퇴하라는 명령을 내렸다. 1837년 미국의 모리슨 호가 일본인 표류민을 데리고 일본으로 와서 접촉을 시도했다. 하지만 모리슨 호는 일본의 포격을 받고 물러갔다.

1839년 아편전쟁이 일어났다. 당시 영국에서 산업혁명이 일어나면서 기계로 상품을 생산하는 공장제도가 확립되었다. 기계로 대량생산한 상품을 전 세계로 수출하기 시작한 영국의 산업자본가들은 폐쇄적인 중국의 무역체제를 타파하려고 했고, 영국정부는 청국이 영국의 아편을 몰수한 사건을 구실로 전쟁을 일으켰던 것이다. 1842년 전쟁에서 승리한 영국은 청국에 배상금을 요구하고, 홍콩을 빼앗고, 광둥廣東에서 상하이上海까지 중국 동남부 해안에 있는 다섯 항구의 개항을 강요했다. 청국은 영사재판권과 일방적인 최혜국대우를 인정하는 수모를 당했다.

이 소식을 들은 막부 관리들은 귀를 의심했다. 영국이 보낸 군함 몇 척이 쏘는 대포에 청국이 힘없이 무너졌다는 것을 믿고 싶지 않았다. 하지만 그것은 엄연한 현실이었다.

막부는 즉시 외국선 격퇴 방침을 완화하는 조치를 취했다. 일본의 강경한 대응은 자칫 큰 전쟁으로 비화될 수도 있었다. 종래는 외국선이 일본에 접근하면 무조건 대포를 쏘아 내쫓았는데, 이번에는 외국선이 접근하면 일단 연료·식수를 제공하고, 쇄국이 막부의 방침이라는 것을 친절히 설명한 다음 물러가게 하라고 명령했다. 그러면서 막부는 국방대책을 마련하기 시작했다. 서양식 포술을 도입했고, 에도 인근을 다스리는 관리들에게 해변 순시를 강화하라고 명령했다. 어떤 다이묘는 해안에 포대를 설치하기도 했다.

1844년 네덜란드 국왕 윌리엄 2세가 막부에 친서를 보냈다. 윌리엄 2세는 일본에게 개국·통상을 권고했다. 윌리엄 2세는 먼저 아편전쟁의 원인과 그 결과를 설명하고, 일본도 청국의 전철을 밟지 말라고 충고했다. 외국선 격퇴 방침 완화 조치는 적절했다고 평가하고, 나아가 일본이 세계 각국과 교역하는 것이 유리하다고 말했다. 증기선으로 상징되는 교통기관의 발달로 세계가 일체화되고 있는 데 일본만 쇄국을 고집하는 것은 불가능하다는 것이었다. 하지만 막부는 윌리엄 2세의 권고를 사절했다.

1849년 영국 군함이 에도 앞바다에 나타났다. 막부는 국제정세가 심상찮게 돌아가고 있는 것을 알고는 있었지만, 막상 영국 군함이 에도만으로 진입하자 두려움을 느꼈다. 막부는 만약의 사태에 대비하기 시작했다. 무사들에게 해안을 방비할 수 있는 방책을 물었고, 같은 해 7월에 홋카이도 일대에 방어 진지를 구축했다. 천황도 서양의 동아시아 침략이 우려스러운 상황이라고 인식했다. 1846년부터 두 차례에 걸쳐서 해안을 엄중하게 방위하라는 칙서를 막부에 내렸다. 이 무렵부터 대외 문제는 싫든 좋든 공공연한 논의의 대상이 되었다. 지식인들은 아편전쟁에서 청국이 영국에게 패배한 것, 인도가 영국의 식민지가 된 것을 심각하게 받아들이고 있었다.

02. 개국

갑자기 찾아온 손님

에도 만에 출현한 미국 함대
그림 / 니이가타新潟 현 흑선관 소장

02. 개국

갑자기 찾아온 손님

1. 페리

미국은 일본을 개국시키려고 했다. 무역과 포경업을 위한 기지를 확보하기 위해서였다. 미국 포경선은 이미 북태평양과 일본 근해를 오가며 고래를 잡고 있었다. 중국을 왕래하는 상선들이 일본 주변을 지나갔다. 미국 배는 일본에 들러 식수와 식량을 보급 받고자 했다. 더욱이 증기선이 늘어나면서 연료 보급기지가 필요해졌다. 그런데 일본이 스스로 항구를 개방할 가능성은 없어 보였다. 그래서 미국은 강제로라도 일본의 문을 열기로 결심했던 것이다.

일본 개국 임무는 미국 동인도함대 사령관 페리M. C. Perry에게 맡겨졌다. 페리가 일본으로 향하기 직전 미국정부는 협상 내용을 지시했다.

그 내용은 항해 중 조난을 당해 일본 해안에 표착한 미국 선원의 보호, 미국 배가 연료와 식수를 보급하고 피난할 수 있는 항구의 개방 및 석탄저장소 설치, 미국 배가 교역할 수 있는 항구의 개방 등이었다.

1853년 6월 페리가 4척의 군함을 이끌고 에도 앞바다에 모습을 드러냈다. 페리 함대는 에도 앞바다에 정박하고 공포탄을 쏘면서 일본의 개국을 요구했다. 미국 군함이 에도 앞바다에서 멋대로 행동해도 막부는 그야말로 속수무책이었다. 막부가 해안에 설치한 포대도 무용지물이었다. 일본인들은 두려움에 떨었다.

에도 막부는 전례에 따라 페리에게 나가사키로 회항하라고 요구했다. 그러나 페리는 듣지 않았다. 그는 다른 외국 사절과는 달랐다. 무력시위를 하면서 강경한 태도로 일관했다. 페리의 기세에 눌린 막부는 미국의 국서를 수리했다. 회답은 1년 후에 하기로 했다. 페리는 일단 물러갔다.

막부의 수뇌부는 페리가 가까운 시일 내에 일본에 온다는 사실을 알고 있었다. 나가사키長崎에 거주하는 네덜란드 상관장이 입수한 최신 국제정세에 관한 정보를 막부에 보고했기 때문이다. 그러니까 일반적으로 알려져 있는 페리의 내항이 잠자고 있던 일본에 충격을 안겨준 첫 번째 사건은 아니었다. 적어도 1840년 이후, 막부는 다이묘들을 독려하면서 나름대로 방비태세를 갖추려고 노력했다. 그럼에도 불구하고 막부가 페리의 요구에 굴복했다는 것은 종래 막부가 추진한 정책을 근본적으로 수정하지 않으면 안 된다는 것을 의미했다. 더욱 심각한 것은 막번체제幕藩體制가 다른 나라의 침입에 적절히 대응하지도 못할 만큼 취약하다는 것을 모든 일본인들이 알아버렸다는 사실이다. 그 후 무사사회는 물론 일반 민중도 막부를 불신하기 시작했다.

1년이라는 시간을 확보한 막부는 어떻게 해서든지 위기를 극복할 수 있는 방책을 마련해야 했다. 막부는 페리의 내항을 "국가 누란의 위기"로 규정했다. 막부는 실로 600년 만에 정치·외교에 관한 일은 막부가 독단으로 처리하던 전례를 깼다. 미국이 요구한 사항을 천황에게 보고하고 다이묘에게도 의견을 물었다. 막부에 직속한 무사인 하타모토旗本와 고케닌御家人들에게 자유롭게 의견을 내도록 언로를 개방했다.

일본인들은 자기들의 나라가 전통적으로 무국武國이라고 생각하고 있었다. 위정자인 무사는 본래 전투원이었다. 전투가 직업이었다. 그들은 어려서부터 싸우지 못하는 나약한 무사와 싸움을 두려워하는 비겁한 무사는 인간으로 대우하지 말라는 말을 듣고 살았다. 더구나 막부에 직속한 무사들은 전투원의 상징과도 같은 존재였다. 그들 머리에서 무슨 생각이 나올 수 있었을까?

당시 하타모토와 고케닌이 올린 상신서 800여 통이 지금까지 남아 있다. 그것을 보면, 거의 대부분의 무사들이 미국과 싸워야 한다는 의견을 냈다. 그런데 무사들은 막부 수뇌부만 알고 있는 고급정보를 알 수 없었다. 미국의 국력에 대해 아는 것이 없었다. 다만 미국이 일본을 침략하려 한다면 싸움 밖에 다른 길이 없다는 의견을 제시했을 뿐이었다.

하지만 막부 수뇌부는 미국을 상대로 전쟁을 한다는 것이 얼마나 무모한 일인지 알고 있었다. 네덜란드 상관장이 정기적으로 보고하는 국제정세에 관한 정보를 소상하게 파악하고 있었기 때문이다. 더구나 10여 년 전에 일어난 아편전쟁에서 겨우 몇 척의 군함이 쏘는 대포에 청국이 무릎을 꿇는 과정을 알고 있었다. 미국과 맞선다면 청국보다 힘이 결코 강하다고 할 수 없는 일본이 감당하기 어려운 상황에 처한 다는 것을 잘 알고 있었다.

그래서 페리의 내항을 국난으로 규정하고, 여론의 동향을 살피면서 대응책을 마련할 심산으로 언로를 개방했던 것이다. 그러나 막부의 언로 개방은 700여 년 동안 유지해 온 막부 독재체제를 이완시키는 실마리가 되었다. 그때까지 정치에서 소외되었던 천황은 물론, 막부의 무위武威에 짓눌려 고개도 들지 못했던 다이묘들도 정치에 간섭하게 되었다. 미국 대통령의 국서를 수리한 막부의 권위는 걷잡을 수 없이 추락하고 있었다.

페리가 내항한 지 1개월 후, 러시아 사절 푸티야틴E. Putyatin이 네 척의 군함을 이끌고 나가사키에 모습을 나타냈다. 푸티야틴은 북방의 국경 확정과 통상을 요구했다. 러시아는 미국 못지않게 일본의 개국을 요구하고 있었다. 막부는 관리를 파견해 교섭에 응했다. 이 소식을 전해들은 페리는 일본 개국의 주도권을 러시아에 빼앗길 것을 염려했다.

1854년 1월 페리는 다시 군함 아홉 척을 이끌고 에도 앞바다에 나타났다. 페리는 해안을 측량하기 시작했다. 만약 교섭이 결렬되면 전쟁을 불사하겠다는 뜻이다. 공포에 질린 막부는 페리를 상륙하게 해 교섭을 벌였다. 막부는 미국 국서에 회답하지 않으려는 방침이었다. 그래서 회담을 가능하면 늦추려고 했다. 그러나 페리의 의지는 강력했다. 페리는 만약에 미국과 일본이 전쟁을 하게 되면 100척 이상의 함대가 에도 앞바다에 집결할 것이라고 위협하면서 개국을 요구했다. 막부는 페리에게 굴복하고 말았다. 천황과 다이묘는 물론 대부분의 무사가 개국에 반대했지만, 막부는 여론을 거스르며 같은 해 3월 31일에 일미화친조약을 체결했다.

2. 조약

일미화친조약으로 일본은 미국 선원에게 식품 · 연료 · 식수를 공급하고, 1년의 시차를 두고 지금의 도쿄 만東京灣 어귀에 있는 시모다下田와 홋카이도北海道에 있는 하코다테函館 두 항구를 개방하기로 했다. 두 항구에서 미국 배가 필요한 물품을 구입할 수 있었다. 이것은 훗날 외국과 통상을 시작하는 출발점이 되었다.

일본은 미국에 일방적으로 최혜국대우를 했다. 최혜국대우는 일본이 다른 나라와 유리한 조약을 맺으면 그것을 미국에도 적용하지만, 미국이 다른 나라와 유리한 조약을 맺더라도 일본에는 적용하지 않는 일방적인 것이었다. 조약을 체결하고 18개월이 지난 후 미국 영사가 일본에 주재하기로 했다.

막부는 영국·러시아·네덜란드와도 화친조약을 체결했다. 1854년 9월 막부는 일영화친조약을 체결하고 영국에도 두 항구를 개방했다. 같은 해 12월 일러화친조약이 조인되었다. 조약의 내용은 일미화친조약과 거의 같았다. 다만 양국의 국경을 확정하는 내용이 포함되었다. 일본·러시아는 에도로프와 우르프 사이를 국경으로 하고, 사할린은 양국인이 같이 거주하는 잡거지역으로 정했다. 1855년 네덜란드와 화친조약을 체결했다. 이들 3국과의 조약은 모두 미국과 맺은 조약 내용에 준하는 것이었다. 막부는 조약 내용을 공개하지 않다가 1855년 9월에서야 다이묘들에게 공개했다. 천황에게도 보고했다.

1856년 화친조약의 규정에 따라 미국의 초대 총영사 해리스T.Harris가 일본의 시모다 항에 도착했다. 해리스는 에도 막부와 통상조약 체결을 위한 교섭을 시작했다. 때마침 크리미아 전쟁이 일어나서 러시아는 일본 문제에 신경 쓸 여유가 없었다. 그래서 미국이 대일 교섭의 주도권을 쥐고 활동할 수 있었다. 이때 영국 사절이 나가사키에 도착한다는 소식이 전해졌다. 영국 사절의 통상요구를 거절하면 전쟁이 일어날 것이라는 소문도 돌았다.

해리스는 미국 대통령의 국서를 쇼군에게 전달하겠다는 뜻을 막부에 전했다. 1857년 5월 막부는 미국과 일미약정을 맺고 해리스의 쇼군 예방을 허락했다. 같은 해 10월 해리스는 에도 성으로 쇼군을 예방했다. 이어서 막부 수뇌부와 면담했다. 이 자리에서 해리스는 '일본의 중대 사건'에 관해 2시간에 걸쳐 연설했다. 연설의 내용은 대략 다음과 같았다. "일본이 영국에 대해 매우 좋지 않은 감정을 갖고 있다는 것을 잘 알고 있다. 그런데 영국인들도 일본에 불만을 품고 있다. 러시아 또한 사할린과 홋카이도를 자신들의 영토로 편입시키려고 노력하고 있다. 일본에 위기가 다가오고 있다. 청나라와 영국·프랑스 사이에 애로우 전쟁이 벌어졌는데, 이 전쟁에서 청나라가 패배하는 것은 시간문제다. 애로우 전쟁이 끝나면 영국·프랑스 연합군이 곧바로 일본을 침략하기 위해 몰려온다는 정보가 있다. 그 전에 일본이 미국과 통상조약을 맺는다면 미국이 어떤 방법을 동원해서라도 영국을 설득해서 전쟁을 면하게 해 줄 수 있다."

막부는 해리스와 통상조약을 위한 교섭을 개시했다. 해리스는 유능한 외교관이었다. 홀로 일본에 머물면서도 미국의 국익을 위해 온몸을 불사른다는 각오로 일했다. 해리스는 매우 영악하고 막부 관리의 마음을 정확하게 읽어내는 능력이 있었다. 해리스는 막부의 관리들이 새로운 변화에 대응하는 것을 매우 두려워하고 있다는 것을 간파했다. 해리스는 한편으로 공포감을 조성하면서 다른 한편으로는 막부 관리들을 안심시키는 전략을 구사했다.

교섭이 시작되자 해리스가 통상조약안을 제시했다. 막부의 관리들은 가능한 일본의 국익을 지키기 위해 노력했다. 하지만 국제정세에 어두웠고, 해리스의 부드럽지만 가공할 협박을 이겨낼 방법이 없었다. 겁에 질린 막부의 관리들은 해리스의 자유무역 요구를 거절할 수 없었다. 1858년 1월 일미수호통상조약안과 무역장정안이 거의 해리스가 제시한 원안대로 결정되었다.

하지만 에도 막부의 수상 홋타 마사요시堀田正睦를 중심으로 하는 수뇌부는 해리스의 제안을 그대로 수용해 조약을 체결할 용기가 나지 않았다. 페리 내항 이후 막부와 유력한 번이 앞서서 개혁을 추진하고 있었지만, 무사의 나라 일본이 서구 열강의 군사력이 두려워 쫓기듯이 미국과 조약을 체결한다면 막부의 권위가 더욱 추락할 것은 명약관화한 일이었다.

당시 일본에서는 양이의 기운이 여전히 강했다. 막부를 대변해야 마땅한 친막부계 다이묘조차 통상조약 체결에 반대했다. 막부의 수뇌부는 여러 다이묘들에게 막부가 처한 어찌할 수 없는 상황에 대해 설명하는 한편, 수상이 직접 교토로 가서 천황과 귀족들에게 급박하게 돌아가는 국제정세를 설명하고, 조약 체결을 허락한다는 고메이孝明天皇의 칙허를 얻어서 반대파를 누르려고 했다. 막부는 칙허를 낙관하고 있었다. 막부의 수뇌부는 천황의 칙허만 얻을 수 있다면 막부도 정치적인 책임을 면하고, 궁지에서 벗어날 수 있다고 판단했던 것이다.

1858년 1월 막부의 수상은 조약교섭 과정을 천황에게 보고했다. 전쟁을 피하려면 조약을 체결해야 한다고 귀족들을 설득했다. 그러나 천황과 귀족들은 끝내 마음을 돌리지 않았다. 같은 해 3월 천황은 조약을 허락할 수 없고, 막부는 여러 다이묘의 의견을 청취하는 것이 좋겠다는 뜻을 밝혔다. 천황은 쇼군의 후사 문제까지 거론했다. 막부는 혹을 떼려다 오히려 혹을 하나 더 붙이게 된 꼴이 되었다. 천황의 권위를 이용하려다가 오히려 천황의 정치적 위상만 높이는 결과를 초래하고 말았던 것이다.

천황의 칙허를 얻는 데 실패한 막부의 수상 홋타 마사요시는 에도로 돌아온 지 3일 만에 해임되었다. 에도 막부의 운명이 바람 앞에 등불처럼 위태로웠다. 일본인들은 '오랑캐'가 일본의 심장부나 다름없는 에도 만까지 들어와도 전혀 손을 쓰지 못하고 당한 막부의 무위를 의

심하기 시작했다. 이 무렵부터 조약 칙허 문제를 둘러싸고, 페리 내항 이전이라면 도저히 상상도 할 수 없는 일이 벌어졌다. 다이묘·무사는 물론 일반 서민들까지 막부가 하는 일에 '훈수'를 두면서 자기 목소리를 내기 시작했다.

고메이 천황을 중심으로 하는 교토의 조정 또한 막부와 해리스의 교섭을 우려스러운 눈으로 지켜보고 있었다. 막부가 해리스의 압력에 사실상 굴복했다는 소식에 접한 고메이 천황은 탄식했다. "미국의 외교관 한 명도 상대하지 못하면서 어찌 서구 열강과 맞설 수 있겠는가?" 천황과 귀족들은 유약한 막부가 조정과 이세 신궁伊勢神宮을 지키는 방책도 제시하지 못하고, 문호를 완전히 개방한다면 "국체의 안위"에 심각한 위협이 될 수 있다고 판단했다. 천황은 소위 양이주의攘夷主義 입장을 취하게 되었다.

후쿠이 번福井藩의 번주 마쓰다이라 요시나가松平慶永를 필두로 하는 다이묘들은 막부 수뇌부의 의도를 넘어서 총명한 인물을 쇼군將軍으로 영입하고, 여러 다이묘들이 막부의 정치에 적극 참여하는 길만이 막부를 궁지에서 벗어나게 할 수 있는 유일한 길이라고 주장했다. 그들은 조정이 막부에 압력을 가해 주기를 기대하고 있었다.

무사들도 막부를 비판하기 시작했다. 무사계급이 지배층으로 존재할 수 있었던 것은 치안과 국방의 직분을 수행한다는 것을 조건으로 하는 것이었다. 서구 열강의 군사력은 그야말로 막강했고, 그래서 미국의 요구를 수락하지 않을 수 없었다는 막부의 '변명'을 그대로 인정한다면, 본래 전투원으로 '오랑캐'가 일본 열도를 침입하면 즉시 그들을 격퇴하는 직분을 수행해야 마땅한 자신들의 존재를 부정하는 것이나 다름이 없었다. 막부의 쇄국정책을 비판했던 요시다 쇼인吉田松陰조차도 "다른 나라의 힘으로 개항이 된다면 나라를 유지할 수 없다."고 단언하면서 막부의 태도를 비난했다. 호농豪農을 비롯한 민중도 일본이 위기에 직면했다고 판단했다.

막부 수뇌부는 위기감을 느꼈다. 무조건 막부의 편에 서야하는 운명이었던 후다이다이묘譜代大名와 막부에 직속한 무사들이 단결했다. 그들은 막부가 어려움에 처할수록 강력한 권력을 행사해서 무위武威를 과시해야 한다고 생각하는 집단이었다. 이러한 기득권 세력의 대변자로, 1858년 4월 히코네 번彦根藩 번주 이이 나오스케井伊直弼가 막부의 새로운 수상에 임명되었다. 이이씨는 에도 막부 창립 이전부터 대대로 도쿠가와씨에게 충성을 바쳤던 명문 가문이었다. 쇼군의 신임이 각별했다. 이이 또한 결단력 있는 인물로 정평이 나 있었다.

1858년 6월 13일 미국 기선이 시모다 항에 와서 청국이 영·불 연합군에게 완전히 굴복했다는 소식을 해리스에게 전했다. 해리스는 6월 15일 미국 군함을 타고 에도로 갔다. 해리스는 막부의 수상 이이 나오스케에게 청국이 대패했다는 소식을 전했다. 영·불 연합함대가 곧 일본으로 쳐들어올 것이라는 말하며 조약 체결을 압박했다. 막부는 해리스의 요구에 굴복했다. 6월 19일 막부는 일미수호통상조약을 체결했다.

일본과 미국은 서로 수도에 공사를, 개항장에 영사를 두기로 했다. 또 이미 문을 연 항구 이외에 요코하마横浜·나가사키를 비롯한 4개 항을 개방하고, 에도·오사카에서도 시장을 열 수 있도록 했다. 미국인은 개항장에 거류할 수 있게 되었다. 단 에도·오사카에는 상거래를 할 때만 미국인이 체류할 수 있도록 했다. 무역 형태는 자유무역이었다. 그 밖에 치외법권을 인정하고, 영사재판권·협정관세를 인정하기로 했다.

막부는 네덜란드·러시아·영국·프랑스와도 같은 내용의 조약을 체결했다. 서양 열강과 맺은 조약은 어느 것도 치외법권을 인정하고 관세자주권을 부정하는 불평등조약이었다. 하지만 일본의 문호는 활짝

열리게 되었다.

3. 개항

일본이 개국하면서 외국인은 일본과 자유롭게 교역했다. 외국 상인이 일본으로 몰려들었다. 일본에 오래 거주하는 외국인이 크게 늘었다. 특히 요코하마橫浜에 외국인 거류지가 조성되었다. 외국 상관도 속속 들어섰다. 처음에는 주로 규모가 큰 무역회사가 들어섰으나 점차로 중소 회사도 늘어났다.

무역은 1859년 6월부터 요코하마·나가사키·하코다테 항에서 개시되었다. 개항장에 진출한 일본상인이 교역을 주도했다. 가장 많은 교역이 이루어지는 곳은 요코하마였다. 요코하마는 에도와 가깝다는 이점이 있었다. 무역 총액의 70퍼센트 이상이 요코하마에서 거래되었다. 최대 교역 상대국은 영국이었다.

가장 많이 수출되는 물품은 생사였다. 생사는 수출 총액의 50~70퍼센트를 점했다. 생사의 대량 수출로 일본의 양잠업·제사업이 호황을 누렸다. 그 다음에 많이 수출된 것은 차茶였다. 차는 수출 총액의 10퍼센트를 점했다. 그 밖에 기름·구리·해산물이 수출되었다. 가장 많이 수입되는 물품은 방직기로 짠 영국산 면직물이었다. 모직물 수입도 면직물에 뒤떨어지지 않았다. 모직물·면직물이 수입 총액의 70퍼센트를 차지했다. 무기·선박도 중요한 수입품이었다.

수입과 수출이 늘어나면서 300년 가까이 유지한 유통질서가 무너지기 시작했다. 에도 막부는 전통적으로 특권을 가진 어용상인을 통해 상업을 통제하는 정책을 유지했다. 어용상인들은 독점적으로 상품유통 과정에 개입하면서 막대한 이윤을 얻었다. 당연히 영업을 통해 얻은 이윤의 상당 부분을 막부에 상납했다. 어용상인은 막부의 권력에 기생하는 존재였던 것이다.

수출하는 상인들은 당연히 조금이라도 이윤을 많이 남기려고 했다. 수출상들은 산지에서 직접 상품을 매입했고, 지방의 상인들도 에도의 도매상을 통하지 않고 직거래를 했다. 그러자 어용상인의 영업이 부진해졌고, 당연히 막부에 구원을 요청했다. 막부는 요코하마 무역을 에도의 어용상인이 통제하도록 하는 정책을 추진했다. 1860년 막부는 생사·잡곡·포목·유류·양초 5개 품목을 어용상인이 독점하게 하는 명령을 내렸다. 그러자 수출상과 지방 상인들이 반발했다. 교역국도 막부의 조치가 자유무역을 방해하는 것이라고 항의했다. 막부의 어용상인 보호 조치가 유야무야되었다. 어용상인이 시장에서 서서히 모습을 감췄다.

무역은 원료와 반제품을 수출하고 완성품을 수입하는 구조였다. 일본은 수출초과를 기록하며 자유무역을 시작했다. 하지만 곧 수입이 증가하면서 수입초과로 전환되었다. 또 교역이 활발하게 전개되면서 많은 부작용이 나타났다. 특히 심각했던 것은 일본의 금이 해외로 유출되기 시작한 것이었다. 당시 금과 은의 교환 비율이 국제 시장에서 1:15였으나 일본에서는 1:5였다. 해외에서 일본으로 은이 수입되고 금이 유출되었다. 당시 해외로 유출된 금은 약 10만 냥이었을 것으로 추산된다. 막부는 서둘러 금의 함유량을 낮춘 금화를 주조해 금의 유출을 막아보려고 했다. 그러자 화폐 가치가 하락하면서 국내 물가가 급등했다. 물가 급등으로 서민의 생활은 더욱 궁핍해졌다.

외국산 면직물의 유입은 일본의 면직물 제조업에 큰 타격을 안겨주었다. 특히 소규모 공장이 경쟁력을 상실했다. 면직물업에 종사하는 수백만 명의 일본인이 상대적인 빈곤감에 시달렸다. 한편, 수출이 증가하면서 종래의 생산양식으로는 수요에 대응할 수 없는 분야가 생겨났다. 특히 제사업이 그랬다. 교토의 니시진西陣, 기류桐生 등 전통적인 견직물 특산지에서도 원료를 확보하지 못해 조업을 하지 못하는 공장이 속출했다.

생산이 활기를 띠면서 물가가 올랐다. 특히 에도를 비롯한 대도시의 물가 상승률은 상상을 초월했다. 도시 주변에 방대한 빈민층이 형성되었다. 그들의 생활은 극도로 불안한 상태였다. 도시 빈민층의 불안 심리는 개국과 대외무역에 대한 반감으로 나타났다. 외교에 관심조차 없던 서민들도 서양에 저항감을 갖게 되었다. 개국을 강행한 막부와 서양인에 대한 민중의 반감이 고조되었다. 농민 반란과 도시폭동이 자주 발생했다. 양이론은 더욱 민중의 지지를 얻었다.

1860년 영국 공사관 직원이 피습 당했고, 다음 해에는 에도의 영국 공사관이 불탔다. 1862년 일본인 무역상이 피살되었다. 나마무기生麦 사건도 일어났다. 나마무기 사건은 사쓰마 번薩摩藩 무사단이 요코하마 부근의 나마무기라는 마을을 행군할 때 행렬을 가로지른 영국인들을 한 무사가 살상한 사건이다. 평소 서양인에게 반감을 갖고 있던 무사의 분노가 폭발한 것이었다.

03. 모색

혼돈 속의 절규

에도 막부의 수상 이이 나오스케井伊直弼 암살 장면.
일미통상조약 체결에 분개한 존왕양이파 지사들이
사쿠라다몬桜田門 밖에서 이이 수상의 행렬을 습격했다.
그림 / 이바라키茨城 현립도서관 소장

03. 모색

혼돈 속의 절규

1. 대응

어떤 나라도 외국과 전쟁에서 패배하거나 전쟁에 버금가는 사태를 맞이했을 때 국가의 권위와 통치능력이 실추하게 된다. 페리가 군사력을 배경으로 일본의 개국을 요구한 것도 전쟁과 다름없는 사건이었다. 막부는 그 '전쟁'에서 졌고, 미국의 무력에 무릎을 꿇었다. 막부가 쇄국정책을 포기하고 앞으로 닥쳐올 서구 열강의 새로운 요구에 주체적으로 대응하기 위해서는 막부의 권력기반을 획기적으로 확대하고 강화할 필요가 있었다. 막부는 이러한 위기를 어떻게 헤쳐 나가려고 했을까?

일본은 사면이 바다로 둘러싸인 섬나라다. 막부가 단독으로 일본의 해안을 방어할 수 없었다. 에도 앞바다의 방위는 물론 나가사키, 교토, 오사카 앞바다, 천황의 조상신을 모신 이세 신궁伊勢神宮 등 중요한 지역을 포함한 해안 방어에는 모든 다이묘들이 함께 힘쓰지 않으면 안 되는 일이었다. 막부는 다이묘들이 해안 방어에 힘쓰게 하기 위해 250년 간 유지한 참근교대參勤交代 제도를 단축하거나 중지하는 조치를 취했다. 다이묘들의 부담을 줄여주어 해안 방어에 전념하도록 하기 위한 것이었다. 참고로 참근교대는 모든 다이묘들이 격년제로 에도江戸와 자신의 영지를 왕래하는 제도였다. 이 제도는 다이묘들에게 상상을 초월하는 경제적 부담을 안겨주었다. 홋카이도北海道를 막부의 직할지로 삼은 것도 해안 방어의 일환이었다.

막부의 해안 방어 노력은 군사개혁과 맞물려 있었다. 페리가 내항한 직후인 1853년 9월 막부는 17세기 중엽에 공포된 무가제법도武家諸法度의 가장 중요한 다이묘 통제정책이던 대선건조금지령大船建造禁止令을 해제했다. 그리고 서양식 해군을 편성하고 무사들에게 항해술을 배우게 했다. 서양 열강의 일본 접근에 대응하기 위해서였다. 1855년 네덜란드에서 해군 교관을 초빙해서 나가사키에 해군전습소海軍傳習所를 설치했다. 같은 해 에도에 강무소講武所를 설치해서 무사들에게 서양식 포병술을 배우게 했다.

막부는 서구에서 과학과 기술을 도입했다. 1856년에 전문적인 서양연구소라고 할 수 있는 반쇼시라베쇼蕃書調所가 발족되었다. 이곳에서 네덜란드어와 영어를 사용해 서양의 학문을 연구했다. 1857년에는 에도에 일본 최초의 의학연구소라고 할 수 있는 종두관種痘館이 설립되었다. 종두관은 1861년에 전문 의료기관으로 거듭났다. 또 막부는 나가사키에 병원을 설립했다.

여러 다이묘들도 막부의 개혁 정책에 호응해서 군사개혁에 착수했다. 사쓰마 번薩摩藩에서는 근대적 제련소라고 할 수 있는 반사로反射爐를 설치하고, 그곳에서 강철을 생산해서 대포를 주조했다. 반사로의 주변에는 용광로, 유리공장, 도자기 공장, 전신기 생산 공장, 서양식 방적 공장 등이 건설되었다. 사쓰마 번은 모두 무기와 군수품을 생산하기 위한 공업단지를 건설했던 것이다.

실추된 막부의 권위를 회복하는 것도 중요했다. 먼저 막부는 천황·조정과 원만한 관계를 유지하기 위해 노력했다. 1615년 막부는 천황과 귀족을 통제하는 법령을 제정했다. 막부는 천황과 귀족이 정치에 관여할 수 없도록 통제했다. 모든 정치는 막부가 담당했다. 그런데 페리가 내항한 후, 막부는 당면한 외교상의 문제를 천황에게 보고하고 의견을 청취했다. 대포를 주조하기 위해 사원의 범종을 징발할 때도 천황에게 보고하고 조칙을 내려달라고 청원했다.

에도 막부가 성립된 이래 정치는 쇼군이 독재하는 것이 원칙이었다. 대대로 도쿠가와씨에 충성했던 후다이다이묘譜代大名가 막부의 고위 관료로 임명되어 쇼군을 보좌하며 정치의 실무를 담당했다. 그러나 도쿠가와씨의 '객장客將'이라고 할 수 있는 도자마다이묘外樣大名는 정치에서 원천적으로 배제되었다. 그러나 페리가 내항한 후, 막부는 도자마다이묘를 포함한 모든 다이묘들을 결집시키기 위해 노력했다. 1853년 7월 막부는 미국의 국서를 여러 다이묘들에게 공개하면서 의견을 물었고, 이어서 여러 다이묘들의 인망을 모으고 있던 미토 번水戶藩의 다이묘 도쿠가와 나리아키德川成昭를 막정에 참여시켰다. 그러자 나고야 번名古屋藩, 후쿠이 번福井藩, 사쓰마 번薩摩藩, 고치 번高知藩 등 유력한 번의 다이묘들이 적극적으로 막부의 정치에 대해 발언을 하기 시작했다.

막부는 더욱 파격적인 정책을 실시했다. 신분이 낮은 무사라도 능력이 있으면 발탁해서 막부의 관리로 임명했다. 이러한 정책은 신분제의 골간을 무너뜨릴 수 있는 중대한 정책 변경이었다. 신분제사회에서는 신분질서가 엄정했다. 신분제사회에서는 혈통에 따라 사회적 지위가 결정되었다. 에도 시대의 일본도 예외가 아니었다. 신분이 높은 가문에 태어난 무사는 부친의 직책을 상속해서 어린 나이에도 높은 직책에 취임했다. 신분이 낮은 가문에 태어난 무사는 아무리 능력이 출중해도 고급 직책에 임명할 수 없었다. 그러나 아무리 신분제사회라고 해도 관리에게는 능력이 요구되었다. 그래서 에도 막부는 신분제의 기본 틀을 흔들지 않는 범위 내에서 신분은 낮으나 능력이 있는 자를 발탁해서 높은 지위의 관리에 임명하는 경우가 종종 있었다. 하지만 그런 경우는 매우 드물었다.

그런데 일본이 서양 세력 앞에서 무기력하게 문호를 개방한 것은 비상상황이었다. 막부의 쇼군과 각 번의 다이묘는 신분에 구애되지 않고 능력 있는 무사를 발탁해서 난국을 돌파하려고 했다. 가와지 도시아키라川路聖謨, 이와세 타다나리岩瀬忠震, 미즈노 타다노리水野忠徳 등 하급 무사 가문에서 무사들이 대거 발탁되었다. 이들은 에도 막부가 멸망하고, 메이지 정부가 수립되는 격변의 시기에 활약했다. 가난한 무사였으나 재능이 출중했던 가쓰 카이슈勝海舟는 1855년에 해군전습생 감독에 임명되었다.

2. 양이

에도 막부의 쇼군과 각 번의 다이묘는 위기상황에 대응하려고 필사적으로 노력했다. 특히 군사력을 강화해서 서양 열강의 압박에 대항하려고 했다. 그러나 일본인의 대외 위기의식은 갈수록 깊어졌다. 더 이상 막부에 기대할 수 없다는 분위기가 확산되었다.

때마침 쇼군의 후사 문제가 정치의 쟁점이 되었다. 13대 쇼군 도쿠가와 이에사다德川家定는 병약했을 뿐만이 아니라 후사가 없었다. 위기에 처한 막부가 국난에서 벗어나기 위해서는 능력 있는 인물을 쇼군으로 영입해야 한다는 후쿠이 번의 번주 마쓰다이라 요시나가松平慶永의 주장에 동조하는 무사들이 많았다. 이와세 타다나리를 비롯한 개명파 관료들은 막부가 주도적 지위를 유지하기 위해서는 총명하고 정치력이 있는 미토 번水戶藩 번주의 아들 도쿠가와 요시노부德川慶喜를 쇼군의 후계자로 정하고, 막부의 수상을 중심으로 운영하는 정치질서를 개혁하고, 막부의 쇼군이 전면에 나서서 정치를 직접 관장해야 한다고 역설했다. 그러기 위해서는 쇼군을 보필하는 기관을 설치해야 한다고 주장했다.

그러나 이이 나오스케井伊直弼를 비롯한 막부의 수뇌부는 강력한 권력을 행사함으로써 실추된 막부의 권위를 회복하려고 했던 것 같다. 외교는 막부의 대권이고, 쇼군의 후계자를 정하는 문제도 총명함이 아니라 혈통에 의해 정해야 하는 것이고, 그것은 막부의 쇼군, 대대로 막부에 충성한 후다이다이묘譜代大名, 그리고 막부에 직속한 고급무사인 하타모토旗本 등이 논의해서 결정한 문제이지 전통적으로 막부의 정치에 간섭할 수 없었던 도자마다이묘外樣大名가 개입할 문제가 아니라고 생각하고 있었다. 그래서 이이 나오스케는 쇼군과 혈통이 가까운 와카야마 번和歌山藩의 도쿠가와 이에모치德川家茂를 후계자로 정했다. 13대 쇼군 이에사다는 1858년 7월 6일에 사망했고, 같은 해 10월 이에모치가 에도 막부의 14대 쇼군에 취임했다.

한편, 고메이 천황孝明天皇은 막부가 칙허도 없이 통상조약을 체결하자 격노했다. 항의의 표시로 양위한다는 뜻을 밝히기도 했다. 그는 막부의 조치가 경솔했다고 지탄했다. 이례적으로 여러 다이묘들이 막부의 중신들과 의논해 시국책을 제시하라고 지시하기도 했다. 천황이 실로 700년 만에 정치에 간섭하기 시작한 것이다. 천황의 이례적인 행보를 지켜본 지사志士들은 막부를 공공연하게 비판하기 시작했다.

막부와 다이묘의 대립, 13대 쇼군의 급사, 막부와 천황의 대립, 그리고 막부도 모르게 천황과 다이묘가 접촉하는 상황 등 정치상황이 급박하게 전개되는 과정에서 막부는 반대파를 철저히 탄압하는 방법을 택했다. 이이 나오스케를 비롯한 막부의 수뇌부는 적당히 타협하지 않는 철저한 탄압만이 천황의 태도를 누그러뜨리고, 귀족과 각 번의 다이묘들을 공포에 떨게 할 수 있다고 확신했다.

막부의 수상 이이 나오스케는 막부가 천황의 칙허도 없이 조약을 체결했다고 비난하는 다수의 귀족과 그 가신, 다이묘와 그 가신, 그리고 지사들을 잇달아 처벌하거나 체포했다. 미토 번의 번주 도쿠가와 나리아키, 후쿠이 번의 번주 마쓰다이라 요시나가, 오와리 번의 번주 도쿠가와 요시카쓰德川慶勝 등의 다이묘가 처벌되었다. 개명파로 알려진 관료들이 파면되었다. 급진적인 존왕양이론자로 젊은 지사들의 인망을 모으고 있던 조슈 번의 요시다 쇼인吉田松陰이 사형에 처해졌고, 50여 명의 지사들이 사형에 처해지거나 투옥되었다.

이이 나오스케는 소수의 심복 관료들을 거느리고 비상사태를 극복하려고 했다. 그 과정에서 무자비한 숙청을 단행했던 것이다. 이이의 도를 넘은 숙청에 분노한 지사들은 출신 번을 초월해 단결하기 시작했다. 특히 번주가 처벌되면서 막부와 대립하게 된 미토 번水戶藩 출신 과격파 지사들은 1860년 3월 3일 아침 삼엄한 호위 속에 에도 성으로 출근하는 수상의 행렬을 급습했다.

그날 아침부터 함박눈이 내리고 있었다. 온 세상이 흰 눈으로 덮였다. 길목에 매복한 미토 번 출신 지사들의 눈에 이이 나오스케의 행렬이 들어왔다. 60여 명의 무사들이 이이가 탄 가마를 호위하고 있었다. 그런데 눈이 오자 호위 무사들은 헝겊으로 만든 자루에 도검을 넣고, 끈으로 동여매고 있었다. 칼집 안으로 물이 스며드는 것을 방지하기 위해서였다. 매복한 미토 번 출신 지사들은 거사가 성공할 확률이 높아졌다는 것을 알고 쾌재를 불렀다.

행렬이 다가오자 매복한 지사들이 일시에 이이 나오스케 행렬을 급습했다. 가마를 에워싼 호위무사들은 당황했다. 속수무책으로 당했다. 미처 칼을 뽑지도 못하고 죽은 호위 무사들이 대부분이었다. 미토 번 출신 지사들은 가마의 문을 열고 이이 나오스케를 끌어내어 칼로 내리치고 다시 목을 찔러 확인 살해했다.

수상의 피살이라는 미증유의 사건은 막부의 정치에 결정적인 타격을 입혔다. 지도자를 잃은 막부는 결집력을 상실했고, 일관되게 추진되던 강경책은 좌절되었다. 막부의 권위는 걷잡을 수 없이 무너졌다. 정국의 중심은 이미 에도江戶의 쇼군將軍에서 교토京都의 천황天皇으로 옮겨가고 있었다.

막부는 새로운 수상을 임명해 군제개혁과 시장개혁을 추진하면서 정국을 주도하려고 했다. 하지만 막부의 정책에 반대하는 양이론자들의 명분론이 여론의 지지를 얻고 있었다. 막부는 그야말로 진퇴양난의 형국에 처했다. 궁지에 몰린 막부는 난국을 돌파할 수 있는 '묘안'을 찾기에 부심했다.

막부가 찾은 '묘안'은 조정朝廷과 화합하는 모양새를 취하는 것이었다. 막부와 조정이 화합하면 양이론을 앞세운 지사들의 과격한 행동에 제동이 걸릴 것이라고 판단했다. 막부는 반대파를 탄압하는 정책을 철회하고, 천황과 양이론자를 정치에 참여시켜 정국을 안정시키겠다는 뜻을 밝혔다. 그리고 고메이 천황의 여동생 가즈노미야和宮를 14대 쇼군 도쿠가와 이에모치의 정실로 맞아들이는 계획을 추진했다. 1860년 7월 막부는 이 계획을 천황에게 주청했고 10월에 천황의 칙허를 얻었다. 1861년 10월 가즈노미야가 결혼을 준비하기 위해 에도로 갔다. 결혼식은 1862년 2월에 거행하기로 했다. 가즈노미야의 결혼과 동시에 천황의 칙명으로 막부를 개혁하기로 되어 있었다. 이른바 공무합체公武合體 운동은 성공하는 듯이 보였다. 그러나 이 운동은 급진적인 존왕양이론자의 반감을 샀다. 1862년 1월 이번에도 미토 번 출신 무사들이 막부의 수상 안도 노부마사安藤信正를 습격했다. 수상은 중상을 입었다. 이 소동으로 공무합체 운동은 실패로 돌아가고 말았다.

 1860년에 들어서면서 양이론과 존왕론이 결합되어 존왕양이운동으로 발전했다. 양이론은 외국인을 멸시하는 봉건사상을 근간으로 하고 있었다. 개국 후에 서양 열강의 위압적인 태도와 물가 급등에 자극되어 격화되었다. 존왕론은 18세기 중엽부터 점차로 고개를 들기 시작하다가 개국 후 막부의 지도력이 약화되면서 급부상했다. 지사들은 천황을 중심으로 단결해 외세를 몰아내자고 외치면서 존왕양이운동을 전개했다.

 요시다 쇼인에게 배운 조슈 번長州藩 무사 구사카 겐즈이久坂玄瑞·다카스기 신사쿠高杉晋作가 존왕양이운동의 중심인물이 되었다. 그들은 급진적인 성향의 조정 귀족, 사쓰마 번·도사 번土佐藩의 하급무사, 그리고 각 번 출신 지사들과 연합해 주로 교토를 무대로 활동했다. 고메이 천황도 존왕양이운동을 지지하고 있었다.

 개항 이후 계속되는 사회·경제적 혼란이 양이론을 부채질했다. 일본의 앞날을 걱정하는 지사들이 뜻을 모으기 시작했다. 그들은 다이묘의 통제를 벗어나 존왕양이운동에 참여했다. 각 번의 존왕양이파는 노골적으로 막부의 정책을 비판했다. 이러한 분위기에 편승해 조슈 번이 막부에 미국과 맺은 조약을 파기하라고 요구했다. 조슈 번과 존왕양이파 지사들이 천황을 움직여서 막부에 양이의 실행을 촉구하는 단계로 접어들었다.

3. 분열

1862년 11월 고메이 천황이 서양 세력을 물리치라는 칙서를 막부에 보냈다. 막부는 크게 당황했다. 1863년 봄 막부의 14대 쇼군 도쿠가와 이에모치德川家茂가 서둘러 교토로 행차했다. 당시는 존왕양이운동이 한창이었다. 천황은 쇼군에게 서양 세력을 물리치라고 거듭 촉구했다. 궁지에 몰린 쇼군은 같은 해 5월 10일을 기한으로 양이를 결행하겠다고 대답하고 말았다. 하지만 그 약속은 현실적으로 불가능한 일이었다.

쇼군이 약속한 기일이 되자, 조슈 번의 무사들이 시모노세키下関 해협을 지나는 미국 상선과 프랑스·네덜란드 군함에 포격을 가했다. 그러자 미국·프랑스가 군함을 시모노세키 해협에 파견해 반격을 가했다. 조슈 번은 이에 맞서 해협을 봉쇄하고 신식 군대를 편성해 대항했다. 당시 조슈 번의 신식 군대는 종래의 문벌제도에 구애되지 않고 오로지 실력으로 선발된 무사·서민 혼합 부대였다. 그들은 서양 세력을 일본에서 몰아내고야 말겠다는 기세로 싸웠다. 조슈 번의 해협 봉쇄는 외교상의 문제로 비화했다. 하지만 서구 열강은 막부에 조슈 번의 처벌을 요구하는 데 그쳤다. 무역의 단절을 염려했기 때문이다.

한편, 영국은 사쓰마 번에 나마무기 사건의 사죄와 배상을 요구했다. 하지만 사쓰마 번은 영국의 요구에 만족할만한 답변을 못했다. 1863년 7월 영국은 동양함대 소속 군함 7척을 파견해 사쓰마 번의 가고시마鹿児島를 포격했다. 사쓰마 번도 영국의 공격에 대항했지만 무력에 굴복해 같은 해 11월 강화를 맺었다. 영국의 군사력을 실감한 사쓰마 번은 오히려 영국에 접근했다. 영국에서 무기를 구입했다. 근대식 해군도 창설했다. 이때 양성된 장교들이 훗날 일본제국 해군을 이끌게 된다.

영국과 전쟁을 하면서 양이론이 얼마나 무모한가를 깨닫게 된 사쓰마 번의 공무합체파는 조슈 번 양이론자들이 세력을 확대하는 것을 저지하려고 했다. 그래서 서양 세력을 몰아내는 것에는 찬성하나 막부를 타도하는 것에는 반대하는 보수파 귀족 및 막부를 지지하는 다이묘 세력과 연합해 1863년 8월 18일 새벽에 쿠데타를 감행했다. 이 정변으로 조정의 급진파 귀족과 조슈 번 세력이 교토에서 완전히 추방되었다. 조슈 번이 담당하던 천황 궁성의 경비 임무도 해제되었다. 정세의 급변에 당황한 존왕양이파 지사들이 각지에서 거병했으나 진압되었다.

8월 18일 정변 후에도 교토에 남아있던 일부 존왕양이파 지사들은 신센구미新撰組에게 쫓겼다. 신센구미는 막부를 위해 일하는 무사 조직으로 존왕양이파를 탄압하는 데 앞장서고 있었다. 존왕양이파 지사들은 공무합체파 귀족과 막부의 관리를 암살해서 정국의 주도권을 잡으려고 했다. 1864년 6월 존왕양이파 지사들이 교토의 한 여관에 모였다. 그 정보를 입수한 신센구미는 존왕양이파 지사들을 습격해 쌍방 다수의 사상자를 냈다. 이 사건으로 교토의 존왕양이파 지사가 일소되었다.

8월 18일 정변으로 세력을 상실한 조슈 번은 1864년 7월 교토로 군대를 파견했다. 조정에 혁신을 탄원한다는 구실을 내세웠지만 실은 천황 궁성을 탈환하기 위해서였다. 그러나 천황 궁성을 방어하던 사쓰마 번·아이즈 번会津藩·구와나 번桑名藩의 군대가 조슈 번 군대의 공격을 물리쳤다. 이 전투에서 조슈 번은 지휘관인 구사카 겐즈이久坂玄瑞가 전사하는 등 막대한 피해를 입고 물러났다. 막부는 존왕양이파의 근거지나 다름없는 조슈 번을 정벌하기로 결정했다. 제1차 조슈 정벌이 시작된 것이다.

한편, 1863년 5월 시모노세키에서 조슈 번의 포격을 받은 영국·프랑스·미국·네덜란드 4개국 함대가 조슈 번을 공격할 계획을 세우고 있었다. 1864년 9월 영국·프랑스가 앞장서 4개국 연합함대를 이끌고 시모노세키를 포격했다. 연합함대는 조슈 번의 포대를 파괴하고 시모노세키를 점령했다. 막부의 조슈 정벌군도 진군했다. 조슈 번 번주는 책임자를 처벌하고 막부에 공순한 태도를 취했다. 막부는 조슈 정벌을 중지했다. 조슈 번의 존왕양이파는 잠복하지 않을 수 없었다.

조슈 번에서 일시적으로 보수파가 정권을 잡았다. 그러나 1865년 1월 존왕양이파가 거병해 보수파를 타도했다. 다시 정권을 잡은 존왕양이파는 부국강병 정책을 추진했다. 외국 세력에 대항하기 위해서였다. 사쓰마 번이 영국과 전쟁을 하면서 영국의 군사력이 얼마나 강한지 알았듯이, 조슈 번 존왕양이파도 시모노세키 사건을 통해 서양 세력이 얼마나 강한지 알았다. 그래서 일단 힘을 축적해 외세에 대항하려고 했다.

주도권을 잡은 존왕양이파는 농촌 지도자와 협력해서 신식 군대의 전력을 보강했다. 군사제도를 대대적으로 개혁하는 작업에도 착수했다. 막부의 재차 정벌에 대비할 필요성도 있었다. 조슈 번의 신식 군대를 양성한 인물은 훗날 일본 육군의 창시자가 되는 오무라 마스지로 大村益次郞였다. 오무라는 신식 총대를 주력으로 하는 군대 편성을 서둘렀다. 오무라가 양성한 장교들이 훗날 일본제국 육군을 이끄는 간부가 된다.

조슈 번에서 다시 존왕양이파가 정권을 잡자 막부는 조슈 정벌에 나서지 않을 수 없었다. 1865년 4월 막부는 제2차 조슈 정벌을 선언하고, 다음 달에 쇼군이 직접 대군을 이끌고 에도를 출발해 오사카로 향했다. 쇼군은 오사카에 머물면서 정벌 준비에 착수했다. 하지만 막부의 재정은 넉넉하지 못했고, 막부 내부에서조차 정벌에 반대하는 의견이 대두되었다. 쇼군이 동원령을 내리면 즉시 군대를 이끌고 참전해야 마땅한 각 번 다이묘도 쉽사리 쇼군의 통제 아래 들어오지 않았다. 설상가상으로 서부 일본에서 대규모 봉기가 일어났다. 막부의 본거지 에도에서도 폭동이 일어났다. 사회가 더욱 불안해졌다.

4. 선택

조슈 번이 막부의 재차 정벌에 대비하고 있을 때, 사쓰마 번도 정치적인 변화를 겪었다. 사이고 다카모리西鄕隆盛ㆍ오쿠보 도시미치大久保利通를 비롯한 하급 무사가 번정의 실권을 장악했다. 특히 사이고는 사쓰마 번 무사들을 규합해서 전통적인 군역체제를 완전히 타파한 신식 군대를 창설했다.

막부의 제2차 조슈 정벌이 임박한 상황 속에서, 도사 번土佐藩의 무사 사카모토 료마坂本竜馬가 사쓰마와 조슈의 연합을 구상했다. 사쓰마 번과 조슈번은 서로 총을 겨눈 적이 있는 사이였던 만큼 쉽게 앙금이 풀리지 않았다. 하지만 사카모토 료마의 주선으로 두 번의 연합이 극적으로 성사되었다. 1866년 1월 21일 조슈번의 기도 다카요시木戸孝允가 은밀히 교토의 사쓰마번 저택으로 가서 사이고 다카모리와 회견하고 비밀리에 협약을 맺었다.

협약의 내용은 대략 다음과 같다. 막부와 조슈 번이 전투에 돌입하면 사쓰마 번은 2,000명의 병력을 교토로 파견한다. 오사카에는 1,000명의 병력을 배치한다. 조슈 번이 전투에 임하는 동안 사쓰마 번은 조정에서 조슈 번을 위해 외교적인 노력을 한다. 만약 막부가 조정을 장악할 경우 사쓰마 번도 병력을 동원해 막부군과 싸운다. 요컨대 사쓰마는 주로 배후에서 외교전을 펴다가 최후에 군사적으로 조슈 번을 돕는다는 것이었다. 사이고ㆍ기도가 각각 사쓰마ㆍ조슈 번의 실권을 장악하고 있었기에 군사 · 정치적 밀약을 맺을 수 있었던 것이다.

이러한 사정을 알지 못하는 막부는 같은 해 6월 제2차 조슈 정벌을 감행했다. 그러나 사쓰마 번를 비롯한 다수의 번이 출병을 거부했다. 막부군의 사기가 저하되었다. 조슈 번은 신식 군대를 앞세워 각지에서 막부군을 무찔렀다. 새로 구입한 신무기로 무장한 조슈 번 군대는 대부분 구식 무기로 무장하고 전의도 상실한 막부군을 압도했다.

제2차 조슈 정벌에 동원된 막부군은 15만 명이었다. 조슈번 병력은 4,000명이었지만 실제로 전투에 투입된 병력은 2,000명이었다. 조슈번의 신식 군대는 30명 정도의 소대 단위로 편성되었다. 독자적인 전투가 가능한 부대는 약 400명으로 편성되고, 7개 총대와 8개 포대로 구성되었다. 소총으로 무장한 병사는 옷 3벌 이외에는 아무 것도 몸에 지니지 않았다. 그래서 소대 · 중대 단위의 기동작전이 가능했다.

막부군이 연이어 패전하는 중에 14대 쇼군 이에모치가 오사카에서 병사했다. 막부는 9월 하순에 철군을 단행했다. 같은 해 12월에 공무합체론자였던 고메이 천황이 급사했다. 각지에서 폭동이 일어났다. 막부군의 사기가 극도로 저하되었다.

1866년 12월 도쿠가와 요시노부德川慶喜가 15대 쇼군에 취임했다. 쇼군 요시노부는 조슈 번과 휴전했다. 그리고 군사제도를 근본적으로 개혁했다. 막부에 직속한 무사의 봉록을 반감해 군사비로 충당했다. 막부 기구도 대대적으로 정비했다. 또 유력한 다이묘와 조정 귀족들의 신뢰를 이끌어냈다. 쇼군 요시노부는 능력을 유감없이 발휘했다. 그러나 쇼군의 지도력만으로 무너져가는 막부를 일으켜 세우기에는 역부족이었다. 무엇보다도 막말의 사회가 너무 혼란스러웠다.

1867년 1월 9일 메이지 천황明治天皇 이 14세의 나이로 즉위했다. 정치의 주도권은 막부를 타도하고 천황 정부를 세우기로 뜻을 모은 토막파討幕派가 장악했다. 그들은 이전에 조정에서 추방되었던 급진파 귀족들을 조정으로 속속 불러들여 세력을 강화했다. 토막파 세력의 태도가 보다 명확해졌다.

이 무렵 도사 번에서는 에도 막부가 선수를 쳐서 정권을 천황에게 반환해야 한다는 의견이 설득력을 얻고 있었다. 도사 번이 15대 쇼군 요시노부에게 건백서를 제출했다. 건백서에는 통치권을 일단 천황에게 반환한 후에 다이묘들의 합의제로 정권을 수립하는 것이 상책이라는 내용이 담겨져 있었다. 쇼군 요시노부는 건백서를 전격적으로 채택했다.

1867년 10월 14일 천황에게 정권을 반환한다는 상주문을 제출했다. 조정은 상주문을 수리하고, 국가의 방향을 정하기 위해 여러 다이묘가 상경할 때까지 쇼군의 지위는 종래와 같이 유지하면서 정무를 보도록 지시했다.

한편, 조정에서 토막파를 이끌던 귀족 출신 이와쿠라 도모미岩倉具視는 사쓰마 번의 사이고·오쿠보와 모의해 사쓰마 번과 조슈 번에 각각 막부를 토벌할 것을 명령하는 밀칙을 내렸다. 그런데 그 날은 기묘하게도 쇼군이 천황에게 정권을 반환한다는 상주문을 제출한 날이었다. 천황이 쇼군이 제출한 상주문을 수리하자 막부를 토벌하라는 밀칙은 곧 취소되었다.

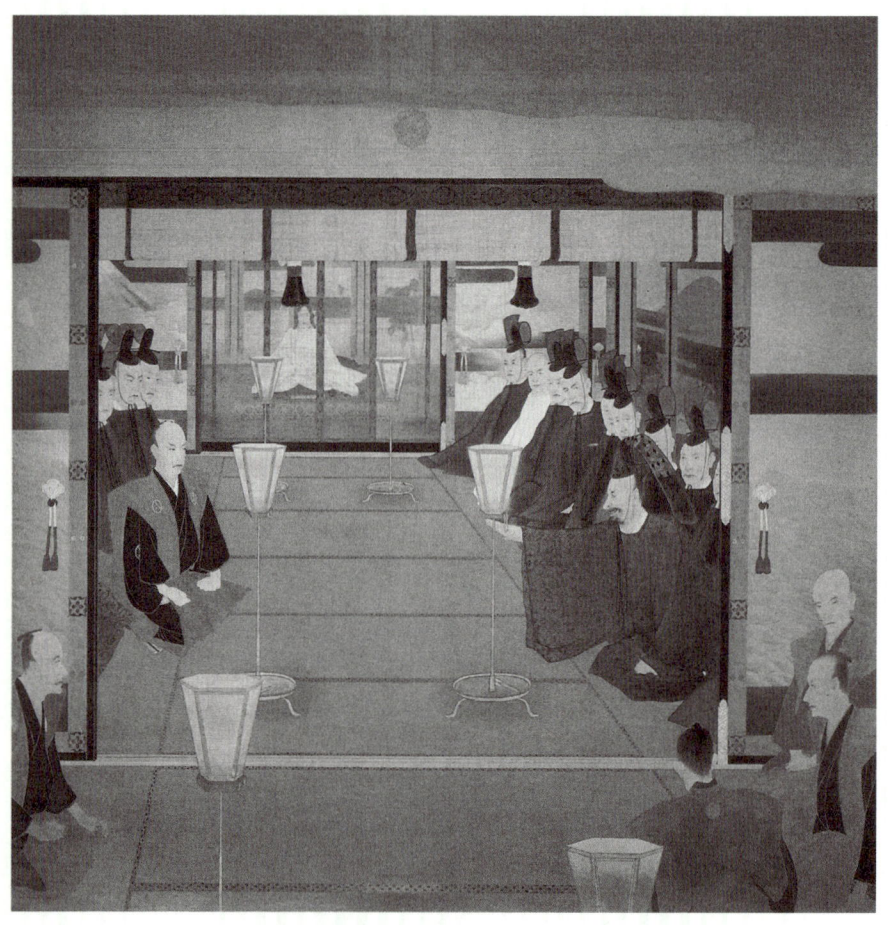

왕정복고를 단행한 날 밤에 개최된 어전회의 광경
그림 / 쇼토쿠聖德 회화관 소장

04. 전환

과감한 전진

메이지 천황

04. 전환

과감한 전진

1. 왕정

　토막파討幕派의 계획은 일단 유보되었다. 하지만 토막파가 무력으로 막부를 타도한다는 계획을 포기한 것은 아니었다. 토막파는 막부 정치를 종식시키고, 천황이 직접 정치의 전면에 나서는 정치체제를 구상하고 있었다. 토막파는 일단 막부 측을 안심시켜 놓고 더욱 치밀하게 계획을 추진했다. 토막파는 이와쿠라 도모미岩倉具視를 비롯한 급진파 공경과 음모해 무력으로 막부를 타도하기로 결정했다. 때마침 교토·오사카 일대에서는 '에에쟈나이카ええじゃないか' 소동이 일어났다.
　많은 사람들이 거리로 몰려나와 '에에쟈나이카'를 외치며 열광적으로 춤을 추는 소동이 전염병처럼 번졌다. 이 소동은 주로 농촌봉기와 도시폭동이 극심했던 지역에서 발생했다. '에에쟈나이카' 소동은 서민들이 집단을 이루어 여행하며 유명한 사원과 신사에 참배하던 전통과 봉건적 질서에서 해방되기를 갈망하는 염원이 사회가 극도로 혼란한 시기에 동시에 폭발한 것이었다. 이 소동은 전국적으로 확산되었다. 막부를 타도할 기회만 엿보고 있던 토막파 일당은 사회가 혼란스러운 때를 이용해 일을 벌이기로 작정했다. 토막파는 사쓰마 번·조슈 번 병력을 교토로 집결시켰다.

1867년 12월 9일 토막파가 쿠데타를 감행했다. 사쓰마薩摩·도사土佐·아키安藝·오와리尾張·에치젠越前의 5개 번 병사들이 교토 천황 궁성을 삼엄하게 경비하는 가운데 토막에 동조하는 친왕과 공경들을 소집해 왕정복고王政復古를 선언하는 대호령大號令을 발포했다. 대호령은 일본인이 초대 천황으로 받드는 진무神武가 일본을 건국한 정신으로 공의정체公議政體의 창출을 지향한다는 선언이었다. 천황을 중심으로 하는 새로운 정부의 수립을 선언한 것이다.

신정부는 에도 막부를 폐지했다. 이로써 700년 가까이 지속되었던 막부의 제도가 역사 속으로 사라졌다. 일본에서는 1192년 7월 가마쿠라 막부鎌倉幕府가 성립된 후, 무사사회의 지도자가 정이대장군征夷大將軍에 취임하면서 막부를 열면 독자적인 정부를 구성해서 일본을 통치하는 전통이 확립되었다. 정이대장군은 보통 쇼군이라고 칭했다. 다시 말하자면, 가마쿠라 막부가 성립되면서 쇼군이 천황의 권력을 빼앗았고, 그 후 천황은 700년 가까이 형식적으로는 일본의 군주였으나 권력을 행사하지 못했다. 천황은 오로지 의식을 집행하거나 전통을 유지하는 권위적 존재였을 뿐이다. 신정부가 막부 제도를 폐지한 것은 막부의 쇼군에게 빼앗겼던 권력을 다시 찾겠다는 선언이었다.

신정부는 그동안 조정 내에서 관습처럼 전해 내려오던 섭관제도攝關制度도 폐지했다. 섭관제도는 10세기 후반부터 일본 고대의 귀족 가문이었던 후지와라씨藤原氏가 대를 이어 셋쇼摂政·간파쿠関白의 지위에 취임하면서 성립된 제도였다. 이때부터 후지와라씨가 사실상 정치를 전횡했고, 천황은 군림하나 통치하지 않는 존재가 되어 정치에 간섭하지 않았다. 11세기 후반부터 상황上皇이 실권을 행사했던 원정院政이 100여 년간 지속되었다. 원정기에도 천황은 정치에 거의 간섭하지 않았다. 그러다가 가마쿠라 막부가 성립되면서 형식적이나마 천황이 보유했던 권력을 완전히 막부의 쇼군에게 빼앗겼던 것이다. 요컨대 섭관제도는 천황이 정치 일선에서 물러난 출발점이었던 것이다. 신정부가 섭관제도를 폐지한 것은 천황이 정치의 수장으로 복귀하는 왕정복고의 선언이었다.

신정부는 그동안 에도 막부에 동조했던 천황의 일족·귀족을 조정朝廷의 관직에서 파면했다. 그리고 총재總裁·의정議定·참여參與의 3직을 두어 정치를 관장하게 했다. 참여에는 왕정복고 쿠데타에 가담한 5개 번에서 각각 세 명의 무사를 추천해 임명했다. 사쓰마 번의 사이고 다카모리西鄕隆盛·오쿠보 도시미치大久保利通, 도사번의 고토 쇼지로後藤象二, 조슈번의 기도 다카요시木戶孝允, 그리고 귀족 이와쿠라 도모미 등이 실권을 장악했다. 이로써 정권은 막부에서 조정으로 옮겨졌고, 토막파 공경과 위에 열거한 5개 번의 연합정권이 성립되었다. 그동안 조적朝敵으로 규정되었던 조슈 번이 사면되었다. 조슈 번은 정예 군사를 교토로 급파했다.

1867년 12월 9일 밤, 천황 궁전에서 어전회의가 열렸다. 회의가 시작되자 도사 번의 번주로 쇼군도 정치에 참여해야 한다고 주장하는 공의정체파의 대표격인 야마노우치 도요시게山內豊信가 종래의 막부 정치를 옹호하면서 쿠데타를 비판했다. 도요시게는 격앙되어 있었다. "어린 천황을 앞세우고 일부 토막파 세력이 권력을 훔치려고 한다."고 말하며 쿠데타 세력을 몰아세웠다. 그리고 쇼군 도쿠가와 요시노부德川慶喜를 의정에 참가하도록 해 줄 것을 요구했다. 그러자 이와쿠라 도모미가 큰 소리로 외쳤다. "어전이다. 무례하다." 회의가 잠시 중단되었다. 이때 군사권을 쥐고 있던 사이고 다카모리가 공의정체파를 노골적으로 협박했다. "칼 한 자루면 그대들을 없애버릴 수 있다." 사이고의 부릅뜬 눈은 이미 살기를 띠고 있었다. 회의장은 사이고 다카모리의 명령에 따르는 군사들이 에워싸고 있었다. 생명의 위협을 느낀 공의정체파는 발언을 삼갔다. 그 결과 소수의 토막파가 다수를 차지하고 있던 공의정체파의 의견을 눌렀다. 어전회의에서 쇼군 요시노부에게 관위를 사퇴하고 영지를 반납할 것을 요구하기로 결정했다. 쇼군에게 무조건 항복을 하라는 것이었다.

2. 토막

막부에 동정적이던 공의정체파는 어전회의 결과에 격분했다. 쇼군 직위를 박탈당한 도쿠가와 요시노부는 결정을 유예해 달라고 요청했다. 요시노부는 충돌을 피해 일단 오사카 성大阪城으로 물러났다. 공의정체파와 막부파 다이묘는 숫자상으로 우위였고 토막파는 열세였다. 쇼군 도쿠가와 요시노부가 전쟁을 회피하는 태도를 취했기 때문에 토막파가 수세에 몰렸다.

위기감을 느낀 토막파는 막부 세력을 도발했다. 사이고 다카모리는 에도江戶에 있는 사쓰마 번 출신 무사들에게 부랑배들을 동원해 혼란을 조장하라고 명령했다. 사이고의 공작은 적중했다. 신정부가 요시노부의 의정 취임을 거의 결정하고 공의정체파가 우세를 점한 바로 다음 날 에도에서 막부에 충성하는 쇼나이 번庄内藩이 군대를 동원해 사쓰마 번 다이묘 저택을 포위하고 불을 질렀다. 오사카에서도 막부에 충성하는 세력이 사쓰마 번을 단죄하자고 외치며 군사행동을 개시했다. 막부를 따르는 각 번의 군대가 교토로 진군해서 사쓰마 번 군대와 대치했다. 토막파가 원하는 무력충돌 국면이 조성되었다.

1월 3일 신정부는 전 쇼군 도쿠가와 요시노부와 친막부 다이묘들을 조적朝敵으로 규정하고 사쓰마 번 군대에 천황의 깃발을 수여했다. 졸지에 조적으로 몰린 친막부군의 군대는 사쓰마 번 군대를 중심으로 하는 신정부군과 교토 근교에서 교전했다. 보신 전쟁戊辰戰爭이 시작되었다. 전쟁은 처음부터 신정부군이 우세했다. 격전 끝에 친막부군은 신정부군에 패배했다. 1월 4일 신정부는 천황의 일족을 정토대장군으로 삼아 친막부군을 토벌할 것을 명했다. 1월 7일 새벽 도쿠가와 요시노부는 측근들과 함께 군함을 타고 에도로 도주했다.

주도권을 장악한 신정부는 다시 도쿠가와 요시노부 토벌령을 내렸다. 그리고 서부 일본에 있는 막부의 영지와 조적으로 규정된 친막부 다이묘들의 영지를 신정부가 접수한다고 선언했다. 이때 신정부는 에도 막부 시대에 거두던 조세율을 2분의 1로 낮추겠다고 공약하고, 천황의 일족을 대장군으로 삼아 도쿠가와 쇼군 가문의 직할령을 공략했다. 막부 직할령의 농민들이 앞장서서 막부의 관리들을 몰아내고 신정부군을 맞이했다. 신정부는 1개월도 채 되지 않아서 교토·오사카를 비롯한 서부 일본의 친막부 세력을 일소했다. 서부 일본을 장악하는 데 성공한 신정부는 곧 조세를 2분의 1로 낮추겠다는 공약을 취소했다. 신정부는 새로운 세상을 갈망하던 농민들을 전략적으로 이용하고 버렸다.

서부 일본을 장악한 신정부는 에도江戶의 막부 세력을 군사적으로 해체하는 작업에 착수했다. 2월 9일 신정부는 1만 명의 동정군을 에도로 보냈다. 5만 명이라고 알려진 동정군의 사령관은 사이고 다카모리였다. 신정부군은 도카이도東海道, 즉 일본 열도의 동쪽 해안을 따라 에도로 이어지는 간선도로를 따라 행군했다. 신정부군은 큰 저항 없이 진격했다.

한편, 에도성에서 쇼군 도쿠가와 요시노부와 막신들이 회의를 열었다. 주전파와의 의견과 주화파의 의견이 대립했다. 주전파의 한 사람이었던 하타모토旗本 오구리 타다마사小栗忠順는 쇼군 요시노부에게 항전해야 한다고 직언했다. 오구리의 작전은 다음과 같았다. "신정부군은 길게 늘어선 소위 장사長蛇의 대열로 행군하고 있습니다. 도카이도는 반드시 하코네箱根라는 천험의 요새를 통과하지 않으면 안 됩니다. 신정부군이 하코네에 다다랐을 때 그 부대의 허리를 끊는 작전을 전개하면 됩니다. 구체적인 방법은 막부군이 보유한 일본최대의 함선을 쓰루가 만駿河灣에 집결시켜 도카이도를 향해 포격을 해서 후방의 신정부군의 행군을 저지하고, 앞서 하코네 요새를 통과한 신정부군은 그대로 둡니다. 관동 지방으로 진입한 신정부군은 그야말로 독안에 든 쥐 신세가 될 것입니다. 그때 막부군이 총공격하면 필승할 것입니다." 훗날 신정부군의 총사령관이 된 일본 육군의 창설자 오무라 마스지로大村益次郎가 오구리 타다마사의 작전계획을 검토하고 등에 식은땀을 흘렸다고 한다. 쇼군 요시노부가 오구리 요시노부의 작전을 수용했다면 아마도 역사는 전혀 다른 방향으로 전개되었을 것이다.

그러나 에도 막부의 마지막 쇼군 도쿠가와 요시노부는 오구리 타다마사의 주전론을 물리쳤다. 그 대신에 주화론자 가쓰 카이슈勝海舟의 제안을 수용했다. 쇼군 요시노부는 공순恭順, 즉 어떠한 행위도 하지 않고 신정부의 처분에 맡긴다는 방침을 취했다. 뒷일을 가쓰 카이슈에 일임하고 본인은 에도 성에서 물러났다. 대대로 도쿠가와씨에 충성을 다한 집안 후예인 오구리 타다마사는 조용히 에도를 떠나서 자신의 영지가 있는 고즈케上野의 군마군群馬郡(지금의 군마현 구라부치무라倉淵村)으로 돌아갔다. 신정부는 오구리 타다마사를 체포해서 참수했다. 신정부는 막부의 관리는 물론 신정부군에 대항했던 무사들에게도 죄를 묻지 않았다. 하지만 유독 오구리에게는 가혹한 처벌을 내렸다.

막부의 쇼군 도쿠가와 요시노부가 아무런 저항을 하지 않고 미토 번水戶藩으로 물러나자 전의를 상실한 막부군의 저항은 미미했다. 신정부군을 3월 중순에 에도 성 총공격 준비에 들어갔다. 에도의 서민들 사이에 곧 시가전이 벌어진다는 소문이 돌았다. 에도는 그야말로 공포의 도가니였다.

에도에서 멀지 않은 곳에 있는 요코하마橫浜에 거주하는 외국인들도 공포에 떨었다. 무역도 중단되었다. 그러자 영국이 일본 내정에 간섭했다. 영국 공사 해리 팍스Harry S. Parkes는 에도 인근에서 전투가 발생하면 곤란하다는 뜻을 표명했다. 당시 일본 무역을 주도하고 있었던 영국은 에도 일대에서 전쟁이 벌어지면 자국의 무역이 타격을 입을 것을 염려했던 것이다.

에도 성 진입 작전을 구상하고 있던 동정군 사령관 사이고 다카모리는 영국의 충고를 무시할 수 없었다. 때마침 도쿠가와 요시노부는 항복할 뜻을 비쳤다. 사이고 다카모리는 막부 측 사령관 가쓰 카이슈와 담판했다. 신정부는 요시노부의 사죄를 철회하고 에도 성 총공격을 중지했다. 그리고 도쿠가와씨 종가의 존속과 막부의 마지막 쇼군 도쿠가와 요시노부가 편안하게 여생을 마칠 수 있도록 허락했다. 같은 해 4월 신정부군이 에도 성에 무혈 입성했다.

막부군의 일부 부대가 에도의 여러 곳에서 결사 항전을 외치며 농성에 들어갔다. 하지만 신정부군은 막부군을 어렵지 않게 진압했다. 막부에 충성하는 아이즈 번을 비롯한 동북 지방 여러 번이 동맹을 맺고 신정부군에 저항했다. 신정부군은 막부에 동조하는 다이묘의 거성을 차례로 공략했다. 같은 해 9월 아이즈 번의 거성이 점령되면서 동북 지방이 평정되었다.

신정부군이 에도 성에 입성하자 막부의 해군 부총재 에노모토 다케아키榎本武揚가 군함 여덟 척을 이끌고 에도를 벗어났다. 에노모토는 도중에서 1,600명의 보병을 태우고 홋카이도北海道로 향했다. 에노모토는 홋카이도 하코다테의 고교카쿠五稜郭를 본부로 하는 공화국을 수립하려고 했다. 에노모토는 스스로 총재가 되어 해군·육군의 지휘관을 임명하는 등 신정부에 대항하는 태세를 취했다. 1869년 2월 신정부는 대규모 정토군을 홋카이도로 파견했다. 신정부군은 4월 상순 홋카이도에 상륙해 전투를 벌였다. 5월 18일 에노모토 다케아키가 항복하면서 보신 전쟁이 끝났다. 통일이 달성되었다.

3. 유신

신정부는 막부 시대의 구습을 일신하고 새로운 정치를 추진한다는 결의를 보여주었다. 이와 같은 정치적·사회적 대변혁을 당시 고잇신御一新이라고 했는데, 오늘날에는 메이지 유신明治維新이라고 한다.

에도 성 총공격을 앞둔 1868년 3월 14일 메이지 천황은 신정부의 방침이라고 할 수 있는 5개조서문을 발포했다. 이것의 발포는 천황이 귀족·다이묘를 거느리고 역대 천황 영전에 고하는 형식으로 진행되었다. 5개조서문은 공의와 여론의 존중, 개국화친, 인심의 일신 등을 골자로 하면서 천황이 국가의 중심이라는 것을 국내에 선포한 것이었다. 이것은 정국의 동요를 막고 공경·제후·무사를 신정부의 기치 아래 결집시키기 위한 목적도 아울러 지니고 있었다.

신정부는 5개조서문을 공포함과 동시에 구 막부가 설치한 게시판을 철거하고, 그 대신에 일본 국민에게 다섯 가지 금령禁令을 공시했다.

그것은 오륜五倫의 준수, 법질서의 준수, 도당·강소强訴의 금지, 크리스트교의 금지, 외국인 폭행금지 등을 내용으로 하고 있었다.

같은 해 윤4월에는 5개조서문의 취지를 구체적으로 밝히는 정체서政體書를 발표했다. 이것은 오쿠보 도시미치大久保利通, 기도 다카요시木戸孝允, 고토 쇼지로後藤象二郎 등 5개 번 무사들이 2개월에 걸쳐 머리를 맞대고 구상한 것이었다. 오쿠보를 비롯한 신정부 실력자들이 제도를 정할 때 참고했던 것은 근대 국제법인 『만국공법』이었다. 한문으로 번역된 미국 헌법도 참조했다. 미국 헌법의 정신과 법리도 도입했다.

정체서를 발표함으로써 모든 권력을 태정관太政官으로 집중시키는 중앙집권화를 꾀함과 동시에 그 권력을 입법·사법·행정의 3권으로 분리했다. 형식적으로 삼권분립 체제가 수립된 것이다. 삼권분립을 위해 관직을 겸하는 규정도 두었다. 관료 공선제도도 채택되었다.

7월에는 에도江戸의 지명을 도쿄東京로 바꿨다. 1868년 7월 17일 신정부는 메이지 천황의 도쿄 행행을 발표했다. 오쿠보 도시미치는 사실상의 천도를 단행하면서 천황의 측근·귀족·궁녀를 철저히 배제했다. 또 천황을 교토 문화에서 완전히 벗어나게 하려고 노력했다.

9월에는 연호를 메이지로 정하고, 천황이 재임하는 기간에 연호는 하나만 쓰기로 했다. 10월에는 에도 성을 천황 거소로 정했다. 12월에는 서양 열강이 신정부를 일본의 유일한 정부로 승인했다. 1869년 3월에는 천황이 도쿄로 행행했다. 천황이 도쿄로 행행한 후 다시는 교토로 돌아가지 않았다. 천황이 사실상 도쿄에 정착하면서 자연스럽게 정부도 이전하게 되었다. 시실상의 천도를 단행한 것이다.

신정부는 명실상부한 왕정복고를 실현하기 위해 제정일치를 선언했다. 제사를 담당하는 기관을 설치하고 국학자와 신사神社에 속한 종교인들을 많이 등용했다. 1870년에는 대교선포大敎宣布의 조칙을 내려서 신도神道의 보급에 힘을 기울였다. 국민에게는 천황이 태고부터 일본을 통치했다고 선전했다. 천황의 신격화도 진행되었다. 천황의 생일인 천장절天長節이나 일본인이 초대 천황으로 받드는 진무神武가 즉위한 날을 기념하기 위한 기원절紀元節이 일본의 가장 중요한 국경일로 정해졌다.

문명개화의 상징 도쿄 긴자 거리
그림 / 아사이 컬렉션 소장

05. 혁신

혁명적 개혁

05. 혁신

혁명적 개혁

1. 정치

1) 판적봉환

신정부의 목표는 중앙집권적 정치 질서를 확립하는 것이었다. 그러기 위해서는 지방분권적 정치 질서를 부정해야 했다. 하지만 메이지 정부가 성립된 후에도 전국에 260여 개의 번이 존재하고 있었다. 각 번의 번주들은 여전히 무사단을 거느리고 자신의 영지를 지배하고 있었다.

정부는 단계적으로 왕정복고王政復古라는 목표에 접근하려고 했다. 1869년 정부를 세우는 데 중심적인 역할을 했던 사쓰마·조슈·도사·히젠肥前의 번주가 연명해 판적봉환版籍奉還 청원서를 정부에 제출하게 했다. 판적봉환은 토지와 인민을 천황에게 바치는 것이었다. 청원서에는 변혁의 기회를 유명무실하게 해서는 안 된다는 내용이 있었다. 하지만 번주들은 영지의 지배권을 인정해 주기를 바라고 있었다.

사쓰마·조슈·도사·히젠의 판적봉환 문제는 같은 해 5월 정부 회의 안건으로 상정되었다. 정부는 지금의 국회에 해당하는 공의소公議所에도 자문을 구했다. 관리들은 청원서의 취지에 동의하면서도 곧바로 군현제郡縣制로 전환하는 것은 우려하는 분위기였다. 회의에서 분권적인 봉건제로 할 것인가 집권적인 군현제로 할 것인가를 놓고 의견이 대립했다. 결국 봉건제와 군현제의 절충안이 채택되었다. 판적봉환 문제는 같은 해 6월에 확정되었고, 274명의 번주가 판적을 봉환했다.

판적을 봉환한 번주들은 번지사藩知事에 임명되었다. 그러나 세습은 부정되었다. 정부는 번지사에게 번정 개혁을 명령했다. 정부는 각 번의 조세, 산물, 지출, 직제, 무사와 병졸의 수, 인구, 호수 등 자세한 자료를 제출하도록 했다. 정부의 통제력을 강화하기 위해서였다.

에도 시대에는 가격제도家格制度를 두었다. 그 제도에 의해 가문의 지위·서열이 정해져 있었다. 가격제도에 따라서 신분이 높은 가문 무사는 높은 관직에 나아가고, 신분이 낮은 가문 무사는 낮은 관직에 나아갔다. 그런데 메이지 정부는 가격제도를 폐지하고 무사를 사족士族과 졸족卒族의 2계급으로 나누었다.

2) 폐번치현

정부는 지방분권적 정치 질서의 해체를 목표로 했지만, 일거에 폐번을 단행할 엄두를 내지 못했다. 폐번이라는 혁명적 전환을 시도하려면 사전에 정책을 추진하는 정부 내부의 의견이 조율되어야 했다. 그러나 출신 번이 다르고 정치적인 이해가 반드시 일치한다고 할 수 없는 관료들이 의기투합하기란 쉽지 않은 일이었다.

오쿠마 시게노부大隈重信의 회상에 의하면, 오쿠보 도시미치와 기도 다카요시가 폐번을 단행하기로 결심했지만 사이고 다카모리가 어떤 태도를 취할지 몰라 불안했다. 그래서 오쿠마와 이노우에 가오루井上馨가 마음을 굳게 먹고 사이고를 방문했다. 만약 사이고가 폐번치현廢藩置縣에 반대하면 일전을 불사할 각오였다. 그런데 두 사람의 설명을 들은 사이고는 폐번치현에 흔쾌히 동의했다.

정부의 실력자들이 폐번치현에 합의했더라도 분위기가 성숙되지 않은 시점에서 그것을 단행하는 것은 어려운 일이었다. 각 번은 여전히 번지사가 다스리고 있었다. 폐번이 되면 번지사를 주군으로 섬기는 무사들이 크게 동요할 가능성이 있었다. 폐번은 곧 무사들이 누리던 신분적 특권이 폐기되는 것을 의미했기 때문이다.

그런데 각 번의 재정이 날로 악화되면서 폐번의 필요성이 급속하게 대두되었다. 정부가 수립된 이래 13개 번이 자발적으로 폐번을 신청했다. 그중에서 가장 규모가 큰 번은 생산량이 20만 석이 넘는 모리오카 번盛岡藩이었고, 나머지 번은 생산량이 1만 석에서 5만 석에 달하는 규모의 번이었다. 심각한 재정난이 자발적으로 폐번을 신청한 근본적인 이유였다. 그러나 표면적으로는 번주가 일본의 통일을 위해 폐번을 신청했고, 그러한 요구를 정부가 수용하는 형식을 취했다.

각 번의 정치적 변화가 정부의 의도를 벗어나 진행되었던 점도 폐번을 재촉한 이유의 하나였다. 각 번의 상황이 정부가 통제할 수 없는 방향으로 진행된다면 큰일이었다. 폐번을 재촉한 또 하나의 이유는 정부의 재정 문제였다. '만국대치' 상황에서 통일국가의 내실을 다지는 일이 시급한 문제였다. 그런데 그것은 충실한 재정의 확보를 전제로 했다. 메이지 정부가 재정을 확보하려면 강력한 중앙집권적 정치체제를 확립하지 않으면 안 되었다. 정부 내부의 분위기는 점진적 폐번론에서 급진적 폐번론으로 급변했다.

1871년 7월 14일 폐번치현이 단행되었다. 폐번치현은 기도 다카요시, 오쿠보 도시미치, 사이고 다카모리 등 사쓰마·조슈 출신 실권자들이 일으킨 쿠데타였다. 폐번치현 계획은 최고지도자 이와쿠라 도모미岩倉具視에게도 겨우 이틀 전에 알렸다. 다른 번 출신 유력자에게는 일체 비밀로 했다.

폐번치현은 전격적으로 단행되었다. 판적봉환 때는 밑으로부터의 청원을 천황이 승인하는 형식을 취했다. 정부는 서두르지 않고 공의소에서 의논하게 했다. 그런데 폐번치현은 천황이 명령하는 형식을 취했다. 번지사가 열석한 가운데 천황은 담담하게 조서를 읽었다. 안으로는 일본 국민을 보호하고 밖으로는 여러 나라와 대치하자면 명실상부하게 통일국가를 이루어야 한다는 취지의 말이었다. 조서는 200자도 되지 않았다. 천황은 일방적으로 폐번치현을 선언했다. 회의장은 조용했다. 이의를 제기하는 번지사는 없었다. 역사의 한 획을 긋는 혁명이라고 할 수 있는 폐번치현은 이렇게 달성되었다.

정부는 261번을 폐지하고 전국에 1사使3부府306현을 두었다. 번지사는 면직되었다. 1872년에 1사3부72현으로 통합되었고 개척장관, 부지사, 현령이 임명되었다. 정부는 지방행정도 완전히 장악했다.

3) 관제개혁

메이지 정부는 정체서에 입각해서 관제를 개혁했다. 입법기관의 성격을 지닌 의정관議政官에는 천황의 일족, 귀족·제후, 그리고 고급관료로 구성된 상국上局과 각 지역 사족 중에서 선발된 인물로 구성된 하국下局이 두어졌다. 하지만 의정관은 진정한 입법부로서의 기능을 수행하지 못했다. 의정관의 상국은 1869년에 폐지되었고, 하국도 일개 자문기관으로 명맥을 유지하다가 1873년에 좌원左院에 흡수되었다.

정권의 고급관료는 호선을 원칙으로 했다. 유력한 번 출신의 무사들이 천황의 관료로 발탁되었다. 고급관료들이 원했던 것은 절대군주 천황을 앞세우고 소수 관료가 전제권력을 행사하는 정치체제였다. 실제로 고급관료들은 무소불위의 권력을 행사했다. 권력은 고급관료에 집중되었다. 관료의 공선은 1회에 그쳤다. 입법기관과 행정기관의 관계도 불명확해졌다.

태정관과 나란히 신기관神祇官이 설치되었다. 민부성民部省, 대장성大藏省 등 6성이 설치되었다. 1871년 태정대신 · 좌대신 · 우대신 · 참의參議가 천황의 임석 하에 정무를 총괄하는 정원正院, 입법을 관장하는 좌원, 각 성의 연락기관 성격을 지닌 우원右院 등 삼원제가 성립되었다. 같은 해 8월 신기관이 신기성으로 격을 낮추어 개편되었다. 이 단계에서 복고조의 관제는 청산되고 정부의 기구가 강화되었다.

관제개혁의 결과, 사쓰마 · 조슈 · 도사 · 히젠 번, 특히 사쓰마 · 조슈 번 하급무사 출신 관료들이 실권을 장악했다. 귀족 출신자들은 산조 사네토미三條実美 · 이와쿠라 도모미 등 극소수의 인물을 제외하고는 정부 내에서 세력을 잃었다. 다이묘 출신도 극소수의 인물을 제외하고는 중요한 지위에서 배제되었다. 번벌정부藩閥政府가 성립된 것이다.

4) 병제개혁

　1869년 7월 병부성이 설치되었다. 1870년 11월 징병규칙이 제정되었다. 1871년 8월 전국의 성곽·병기·탄약이 접수되었다. 1872년 2월 가고시마 번鹿兒島藩 보병 4개 대대·포병 4개 대대, 야마구치 번山口藩 보병 3개 대대, 고치 번高知藩 보병 2개 대대·기병 2개 소대·포병 2개 대대를 친병으로 편성했다. 친병은 병부성 관할 하에 두었다. 병력은 약 1만 명이었다. 친병은 다음해 3월 근위병으로 개칭되었다.
　1872년 4월 일본의 동부와 서부에 진대鎭臺를 설치했다. 같은 해 8월에는 도쿄와 오사카에도 진대를 설치했다. 1872년 11월에 징병조칙이 발표되고, 1873년 1월에 징병령이 공포되었다. 사족과 평민의 차별 없이 만 20세 된 남자가 병역의 의무에 복무하는 새로운 군제가 확립되었다. 징집된 장병은 서양식 장비를 갖추고 서양인 교관에게 신식 군사훈련을 받았다.
　징병령이 공포되자 국민의 저항에 부딪혔다. 사족들은 무사의 특권이 박탈되었다고 분노했고, 평민들은 조세 부담이 늘어났다고 비난했다. 소위 혈세血稅 폭동이 일어나기도 했다. 1872년의 태정관의 징병고유에 '혈세'라는 문구가 포함되어 있었다. 민중은 그것을 정부가 실제로 젊은이들의 피를 짜내는 것이라고 오해했고, 급기야 걷잡을 수 없는 징병반대 폭동으로 발전했다.
　징병령 공포 후, 정부는 히로시마広島와 나고야名古屋에도 진대를 설치했다. 군대의 정비에도 힘을 기울였다. 육군은 처음에 프랑스식 병제를 취했으나 후에는 독일식으로 변경했다. 1885년 독일에서 파견된 장교가 일본 육군의 교육을 담당했다. 육군은 보병·기병·포병·공병·치중병輜重兵의 5병과 6진대의 편제를 취했다. 평시에는 3만2,000명, 전시에는 4만6,000명의 병력을 보유하게 되었다.

당시 해군은 에도 막부의 군함을 인수해 겨우 체제를 갖추고 있을 정도였다. 1872년에 해군성이 설치되면서 해군이 근대식으로 정비되었다. 해군은 영국식 병제를 채용했다. 하지만 1879년이 되었어도 일본이 보유한 함정은 목제함을 포함해 17척, 총 배수량은 1만3,800톤에 지나지 않았다. 해군은 도쿄 만과 나가사키 항에 각각 해군구을 두는 편제를 취했다. 해군은 너무 빈약해서 육군에 종속된 것처럼 보였다. 해군의 전력증강은 좀처럼 실현되지 못했다.

5) 교육개혁

1869년 소학교 설립 방침이 정해졌다. 교토에 처음으로 소학교가 개설된 것을 시작으로 64개 소학교가 개교했다. 1870년 도쿄의 사원 건물을 이용해 6개 소학교를 세웠다. 1872년 근대적 학교법규인 학제學制가 반포되었다. 교육의 목적을 개인의 완성에 두고, 평등과 기회균등을 지향하는 의무교육 방향이 정해졌다.

학교가 빠른 속도로 증가했다. 1873년 이미 공립 소학교가 8,000개소, 사립 소학교가 4,500개소에 달했고, 아동의 취학률도 31퍼센트에 달했다. 1878년에는 아동의 취학률이 41퍼센트를 넘었다. 그러나 획일적인 학제는 지방의 실정에 맞지 않았을 뿐 아니라 교육 내용도 문제가 많았다.

1879년 학제가 폐지되고 새로운 교육령이 마련되었다. 이번에는 미국의 제도를 모방했다. 지방자치를 존중하고, 지방의 실정에 맞춘 민주주의 교육제도를 채용했다. 그런데 교육 내용이 너무 서양적이고 전통을 무시한다는 비판이 많았다. 정부 내부에서도 불만이 터져 나왔다. 1880년 정부는 개정교육령을 반포했다. 교육 내용에 대한 통제도 강화되었다. 교육은 국가주의적인 경향을 띠게 되었다.

 1872년 소학교 교원양성을 목적으로 하는 사범학교가 도쿄에 설립되었다. 미국인 교육자를 초빙해 교원양성을 전담하게 했다. 사범학교는 순차적으로 전국에 설치되었다. 1874년 도쿄에 여자사범학교가 개설되었고, 1886년 중등교원 양성을 목적으로 하는 고등사범학교가 도쿄에 설립되었다.

 정부는 에도 막부가 운영하던 학교를 통합해 1877년에 도쿄대학을 설립하고 의학·법학·문학·이학과를 두었다. 정부는 산업교육에도 힘써서 전문학교도 설립했다. 전문학교에도 외국인 교사를 고용해 교육했다. 1872년 여학교가 설립되었다.

 사립학교도 설립되었다. 1869년 후쿠자와 유키치福沢諭吉가 게이오대학의 전신인 게이오기주쿠慶応義塾를 설립했다. 1875년 니이지마 조新島襄가 교토에 도시샤同志社를 설립했다. 1881년 메이지대학의 전신인 메이지법률학교가 개교했다. 1882년에 와세다대학早稲田大學의 전신인 도쿄전문학교가 개교했다.

2. 경제

1) 지조개정

 정부는 재정의 안정이 가장 절실했다. 그것은 서양 열강의 침략에 대항하고 반정부 세력을 억압하기 위해서도 필요했다. 막대한 군사비를 지출해야 했던 정부는 조세만으로 나라 살림을 꾸릴 수 없었다. 공채와 불환지폐를 발행해 부족한 재정을 충당해야 했다.

폐번치현이 달성되면서 지조地租의 비율이 높아졌다. 지조가 세입의 40~50퍼센트를 점했다. 하지만 정부의 재정은 여전히 부채로 유지되는 구조였다. 정부는 재정을 안정시키기 위해 가능한 모든 조치를 취했다. 경제의 자유로운 발전을 저해하는 봉건시대 제도를 과감히 폐지했다. 하지만 재정을 근본적으로 재건할 수 없었다. 조세제도를 통일하고 토지제도를 개혁할 필요가 있었다.

정부는 1871년부터 지조개정을 위한 사전 개혁을 단행했다. 작물을 통제하던 에도 시대의 정책을 버리고 자유롭게 작물을 재배하도록 했다. 또 농민이 경작지를 매매할 수 없게 했던 에도 시대의 제도를 폐지했다.

1873년 정부는 모든 경작지를 대상으로 지조개정 사업에 착수했다. 이 사업은 1881년에 완료되었다. 지조개정은 과세의 기준을 수확고에서 지가로 변경하고, 현물로 납부하던 조세를 금납으로 정하고, 조세율을 지가의 3퍼센트로 정하고, 토지소유권을 인정하고, 경작 유무에 관계없이 토지소유자를 납세자로 하는 것을 골자로 했다.

지조개정 사업으로 봉건적 토지지배 질서가 해체되었다. 각 지역별로 달랐던 조세율이 통일되었고, 풍년·흉년에 관계없이 세금을 일률적으로 징수할 수 있게 되었다. 근대적인 조세의 형식이 정비되었다. 국가재정이 안정되었다.

농민의 부담은 지조만으로도 생산량의 30퍼센트였다. 지조의 3분의 1인 지방세를 합하면 농민의 부담은 생산량의 40퍼센트에 달했다. 그런데 지가는 실제 생산량보다 더 높게 책정되는 경우가 많았다. 농민의 부담액은 에도 시대보다 과중했다고 할 수 있다.

지조는 세입의 80퍼센트를 점했다. 정부는 지조를 낮출 수 없었다. 처음부터 지조를 에도 시대의 조세 수준으로 유지한다는 방침이었다. 고액의 지조는 농민의 수입을 감소시켰고, 결과적으로 근대적 토지소유의 성립을 저해했다. 토지를 매매하거나 저당할 수 있게 되면서 대지주와 소작농이 동시에 증가했다.

2) 제도정비

부국강병을 달성하려면 생산을 늘리고 기업을 육성해야 했다. 정부는 취약한 산업구조를 바꾸고 경쟁력을 갖춘 사업가를 육성하기 위해 강력한 지도력을 발휘했다. 식산흥업은 자본주의를 육성하는 데 초점이 맞춰졌다.

정부는 봉건적인 유통구조를 과감히 개혁했다. 먼저 동업조합의 특권을 폐지했다. 이어서 각 번의 전매사업, 자유로운 상품유통과 사람의 이동을 제한하던 에도 시대의 관소関所, 각 번의 다이묘가 물자의 이동과 인원의 출입을 금지하거나 제한하던 제도, 농민에 부담으로 작용했던 부역 등의 제도가 잇달아 폐지되었다. 화족華族과 사족은 물론 농민도 상업에 종사 할 수 있게 했다.

정부는 상법사商法司을 설립했다. 상법사는 유통구조를 자유롭게 하는 일을 전담했다. 1869년 상법사는 통상사通商司로 명칭이 변경되었다. 오쿠보 도시미치大久保利通가 통상사 업무를 총괄했다. 오쿠보는 무역을 통해 전국의 유통기구를 통제했다. 또 호상을 통상회사나 금융회사로 조직해서 정상政商으로 육성했다.

1870년에 공부성工部省이 설치되고, 1873년에는 내무성內務省이 설치되었다. 내무성·공부성은 부국강병 정책을 추진하는 중심기관이었다. 내무경에 오쿠보 도시미치, 공부경에 이토 히로부미伊藤博文가 취임했다. 특히 식산흥업 정책은 이토가 책임지고 추진했다.

3) 관영사업

정부는 에도 막부와 각 번이 경영하던 광산·공장·탄광을 접수해 관영으로 운영했다. 특히 정부가 심혈을 기울여 육성했던 것은 소총·대포·포탄·탄약·철강을 생산하는 도쿄포병공창과 오사카포병공창이었다. 탄약·엔진·군함·강철을 생산하는 요코스카해군공창과 나가사키해군조병창도 중점적으로 육성했다. 정부는 광산의 근대화에도 힘을 기울였다.

정부는 수입품을 조금이라도 줄이려고 했다. 많은 외채를 짊어진 경제적 반식민지 상태에서 벗어나기 위해서였다. 그래서 거대한 규모의 관영공장을 설립했다. 방직업·군수공업에 중점을 두었다. 관영공장에서 군복·시멘트·유리와 같은 군수품과 건축자재가 생산되었다. 군마 현群馬縣 도미오카富岡에 거대한 규모의 제사장製絲場을 세우기도 했다. 관영공장을 운영하기 위해 외국인 기술자를 초빙했다. 또 유학생을 외국에 파견해 새로운 기술을 배우도록 했다.

정부는 농업·축산의 근대화에 박차를 가했다. 도쿄에 농업학교와 육종장을 세웠다. 홋카이도 개척에도 힘을 기울였다. 홋카이도 개척 사업은 군사적인 목적도 있었다. 1869년에 홋카이도에 개척사를 두고 집중 관리했다. 미국인 캐프론H. Capron을 개척사 고문으로 영입했다. 캐프론은 기사들을 거느리고 삿포로의 건설, 농장 경영, 삿포로농학교 설립 등 홋카이도 개발의 기초를 다졌다. 1874년 둔전병제도가 시행되었다. 몰락한 사족이 둔전병으로 홋카이도에 정착했다. 둔전병은 황무지를 개간하면서 홋카이도를 지켰다.

4) 금융제도

에도 막부는 금화·은화·철화를 화폐로 발행했다. 각 번에서도 약 1,800종의 지폐를 발행했다. 개국 후에는 외국 화폐도 유입되었다. 이런 화폐가 한꺼번에 유통되면서 금융시장이 매우 혼란스러워졌다. 정부는 각 번에서 발행한 지폐를 폐지하고 새 화폐 발행을 계획했다. 새 화폐에는 엔円·센錢·린厘의 10진법이 적용되었다.

1871년 정부는 미국에 체류하던 이토 히로부미의 건의로 금본위제도를 도입하고, 다음 해부터 새로운 지폐를 발행하기 시작했다. 그러나 당시의 금본위제도는 매우 불완전했다. 실제로는 은본위제였다. 금본위제가 명실상부하게 확립되기까지 20년 가까운 시간이 걸렸다.

정부는 예금·지폐발행·외환·환전 업무를 관장하는 회사를 세웠다. 1872년 국립은행조례를 제정하고 4개 은행을 설립했다. 1876년에 조례가 개정되면서 은행 수가 증가했다. 1879년 당시 150개가 넘는 은행이 있었다. 사립은행도 영업을 했다.

5) 교통과 통신

1869년 도쿄와 요코하마橫浜 간에 전신이 개통되었다. 1873년 도쿄와 나가사키長崎 간, 도쿄와 아오모리青森 간, 하코다테와 삿포로札幌 간의 전신이 개통되었다. 1885년 전국 균일요금제가 실시되었다. 전신은 내전 때 정부군이 승리하는 데 결정적인 공헌을 했다. 전화는 벨G. Bell이 발명한 다음 해에 일본으로 수입되었다. 1877년 도쿄와 요코하마 간에 전화가 개통되었고, 이어서 내무성·재판소·경찰서·형무소를 연결하는 전화망이 구축되었다. 1890년에 도쿄와 요코하마에 교환국이 설치되면서 민간인도 전화를 이용할 수 있게 되었다.

우편제도가 관영으로 발족되었다. 1871년부터 도쿄·오사카·교토 간의 우편업무가 개시되었다. 다음 해부터 전국적으로 실시되었고, 1873년 균일요금제가 도입되었다. 마을에는 우편국과 우편함이 설치되고, 우편배달부가 편지를 수거하고 배달했다. 1877년에는 국민 1인당 보통우편 이용 건수가 연간 3.6통에 달했다. 일본은 이 해에 만국우편연합에 가입했다.

1872년 도쿄 신바시新橋와 요코하마를 연결하는 철도가 개통되었다. 철로는 영국이 식민지 인도에 부설한 협궤였고 기관차도 영국에서 수입되었다. 부지의 확보·측량·공사, 영업의 개시는 전적으로 공부성의 지도로 추진되었다. 처음에 철도는 유용한 교통수단이 아니었다. 기차가 처음 개통되었을 당시 오전·오후에 각각 3번씩 도쿄와 요코하마를 왕복했다. 1874년에는 오사카와 고베神戸, 1877년에는 교토와 오사카大阪를 연결하는 철도가 개통되었다.

도시의 중요한 교통수단은 마차였다. 두 필의 말이 끄는 마차를 타는 사람은 화족이나 정부의 고관이었다. 서민은 합승 마차나 인력거를 이용했다. 인력거는 1870년에 일본인이 발명했다. 인력거는 발명된 지 2년도 채 되지 않아서 전국 어디서나 볼 수 있었다.

6) 재정정책

정부는 식산흥업, 질록처분, 사족지원, 전쟁비용 등으로 막대한 경비를 지출했다. 에도 막부가 멸망하기 전에 각 번이 진 부채도 정부가 인수했다. 그 과정에서 정부는 대량의 지폐를 발행했다. 화폐발행권을 가진 국립은행이 불환지폐를 남발하기도 했다.

화폐의 남발로 경제가 위기에 처했다. 값이 하락한 불환지폐가 대량으로 유통되면서 물가가 급등했다. 시간이 갈수록 인플레이션 현상이 심각해졌다. 특히 내전 후에 인플레이션 현상이 극심했다. 설상가상으로 수출이 감소하면서 재정이 파탄에 직면했다. 국민 생활은 더욱 어려워졌다. 농촌에서는 계급분화가 촉진되었다. 지주는 쌀값 급등으로 부유해졌지만 영세한 자작농과 소작농의 생활은 곤궁해졌다.

인플레이션이 진행되면서 정부 수입의 3분의 2 이상을 점하는 지조의 가치가 하락했다. 이자가 올라서 공업자본을 조달하는 데 어려움을 겪었다. 그것은 부국강병 정책을 붕괴시킬 수도 있는 악조건이 되었다. 정부는 그런 현상을 방치할 수 없었다.

1881년 마쓰카타 마사요시松方正義가 대장경大蔵卿에 취임했다. 그는 철저한 지폐정리·재정긴축으로 인플레이션을 잡으려고 했다. 마쓰카타는 자신이 시행하는 지폐정리 정책이 서민에게 얼마나 가혹한 것인지 알고 있었다. 그는 정책을 도중에 변경하지 않을 것이며, 폭동이 일어나면 진압해 달라고 정부 고관들에게 당부했다. 마쓰카타는 정부 고관들의 약속을 받고나서야 정책을 추진했다.

마쓰카타는 세금을 대폭 올렸다. 특히 주세·담배세와 같은 간접소비세, 영업세, 호구세 등이 많이 인상되었다. 마쓰카타는 세수를 확보하면서 지폐를 정리하려고 했다. 증세 결과 1880년 589만 엔이었던 간접소비세는 1882년에 1,697만 엔으로 3배나 증가했다. 간접소비세 비율은 조세 총액의 10퍼센트에서 25퍼센트로 증가했다. 지방세는 지조의 5분의 1에서 3분의 1로 증가했다. 살인적인 증세정책으로 1883년까지 약 2,500만 엔의 지폐가 정리되었다. 1885년에는 2,500만 엔의 여유 자금이 생겼다.

1882년 마쓰카타는 일본은행을 설립했다. 일본은행을 유일한 화폐발행 은행으로 지정해 불환지폐를 회수하는 정책을 추진했다. 1885

년부터 은화의 교환이 가능한 태환은행권을 발행했다. 그 결과 화폐의 신용이 회복되고 물가가 하락했다. 무역이 경쟁력을 회복하면서 수출 초과로 전환되었다.

그러나 긴축재정 여파는 참혹했다. 1880년대 전반에 불경기가 찾아왔다. 중소기업은 잇달아 도산했고, 농민층의 양극분화 현상이 두드러졌다. 호농을 중심으로 추진되던 사업도 파탄에 이르렀다. 특히 양잠을 장려해 농촌 번영을 이룩하려던 꿈이 물거품이 되었다. 농산물 가격이 반액 이하로 폭락했기 때문이다. 그런데도 정부는 각종 세금을 인상했다. 농민 부담이 가중되었다. 세금 체납으로 재산이 강제 처분되었고, 빚을 갚지 못해 토지를 빼앗기는 농민이 급증했다. 몰락한 농민은 소작인으로 전락하거나 농촌을 떠났다. 토지는 대지주에게 집중되었다. 기생지주제가 성립된 것이다. 몰락한 농민은 도시로 나아가 방대한 빈민층을 형성했다.

한편, 이자가 하락하면서 공채증서는 안정된 재산이 되었다. 자본가들이 회사를 설립·출자하는 조건이 조성되었다. 때마침 정부는 재정을 긴축하기 위해 관영공장을 불하했고, 상업자본과 금융자본이 공업생산 자금으로 투하되었다. 자본주의 경제가 성립할 수 있는 조건이 무르익었다.

1884년부터 관영공장이 순차적으로 민간에 불하되었다. 관영공장은 권력과 유착된 정상에게 터무니없이 싼 가격으로 불하되었다. 관영공장의 불하는 민간기업의 발달을 촉진했다. 민간자본은 대규모 공장을 잇달아 창업했다. 1883년 설립된 오사카방적이 대표적인 것이었다. 1881년에는 화족이 투자해서 설립한 일본철도회사가 실적을 올리기 시작했다. 민간자본에 의한 철도회사가 잇달아 설립되었다. 1893년에는 도쿄·아오모리 간의 철도가 개통되었다.

해운업 분야에서는 1870년에 쓰쿠모상사九十九商社가 설립되었다.

이 회사는 1873년에 미쓰비시상사三菱商社로 이름을 바꾸었다. 미쓰비시상사는 1874년 일본의 타이완 침략 때 일본군을 수송해 막대한 부를 축적했다. 1875년 미쓰비시상사는 미쓰비시기선회사로 회사명을 변경했다. 이 회사는 국가의 배를 무상으로 인도받았을 뿐만 아니라 보조금까지 받으면서 운행했다.

1882년에는 미쓰이三井를 중심으로 공동운수회사가 설립되었다. 그러나 이 회사는 적자가 누적되었다. 그러자 정부가 개입했다. 미쓰이가 설립한 운수회사는 미쓰비시기선회사와 합병해 일본우선회사日本郵船會社로 거듭났다. 소규모 해운회사가 합병해 규모가 큰 회사를 설립하기도 했다. 해운업은 정부의 적극적인 후원 아래 발전했다

3. 사회

1) 신분철폐

정부는 봉건제도를 잇달아 폐지했다. 판적봉환에 즈음해 신분제도가 정리되었다. 공경·제후의 칭호를 폐지하고 다이묘와 상층 귀족을 화족이라고 칭했다. 일반 무사를 사족, 서민을 일괄해 평민이라고 했다.

평민도 성을 사용할 수 있게 했다. 에도 시대에는 무사만 성을 사용했다. 성을 사용할 수 없었던 서민은 이름만 사용했다. 정부는 신분의 차별 없이 결혼도 자유롭게 할 수 있도록 했고, 거주이전이나 직업선택의 자유도 보장했다. 관리 이외에는 화족·사족도 농업이나 상업에 종사할 수 있게 되었다. 평민도 관리가 될 수 있었다. 소위 사·농·공·

상의 신분 질서는 소멸되었다. 적어도 이론적으로는 모든 국민이 법 앞에 평등하게 되었다. 정부는 천황의 이름으로, 호적을 통해 국민을 지배하게 되었다.

화족·사족·평민의 인구 구성을 살펴보면, 1873년 총인구 3,330만 명 중에서 93퍼센트인 3,110만 명이 평민이었다. 화족은 2,800명, 사족은 190만 명 이었다. 그 밖에 승려·신관이 있었다. 평민의 80퍼센트는 농민이었다. 직인·상인은 10퍼센트 정도였다.

1871년 신분해방령을 내려 에타穢多와 같은 피차별민의 칭호를 폐지했다. 피차별민도 평민이 되었다. 하지만 피차별민의 차별은 여전히 존재했다. 일본인은 피차별민이 거주하는 지역을 '부락部落'이라고 하고, 그곳에 사는 사람들을 '부락민'이라고 차별했다. '부락민'은 거주·교육·직업·결혼에서 차별을 받았다.

사회전반에 걸쳐서 봉건제도는 급속하게 해체되었다. 각종 특권과 관습도 폐지되어 사회의 면목이 일신되었다. 인신매매·고문·복수의 금지는 물론, 신분이 높은 사람이 지나갈 때 땅바닥에 엎드려 절하던 풍습도 폐지되었다. 천황이 행행할 때조차 서서 예를 표하면 되었다. 승려도 성을 사용하고, 결혼을 하고, 육식을 할 수 있게 되었다.

2) 질록처분

무사의 특권은 소멸되었으나 사족은 큰 세력을 형성했다. 일본 근대사회는 시민혁명에 의해 달성된 것이 아니고, 무사 계급이 주도해 달성한 것이었다. 그래서 사족이 여전히 일본사회를 이끌고 있었다. 사족은 관리가 되어 평민보다 우월한 지위를 누렸다. 메이지 초년에 약 40만 호로 추산되는 사족이 존재했다.

정부는 화족·사족에게 가록을 지급했다. 전쟁에서 공훈을 세운 자들에게는 상전록도 지급했다. 사족에게 지급되는 비용은 정부 세출의 2분의 1내지 4분의 1을 점했다. 그것은 정부의 재정난을 가중시켰다. 재정난을 해결하려면 사족에게 지급하는 가록을 정리해야 했다. 정부는 질록처분秩祿處分에 착수했다.

1873년 정부는 질록을 국가에 반납하기를 원하는 자에게 반액은 현금으로, 반액은 공채증서로, 4~6년분의 질록을 일시에 지급하기로 했다. 그러나 질록을 반납한 사족은 전 사족의 4분의 1에 지나지 않았다. 정책이 사족의 호응을 얻지 못하자 제도는 곧 폐지되었다.

정부는 질록을 완전하게 폐지하는 방안을 강구했다. 1876년 정부는 공채증서를 교부하고 질록제도를 폐지했다. 사족에게는 5~14년분의 공채증서가 지급되었고, 5~7퍼센트의 이자를 수령할 수 있는 권리가 주어졌다. 하지만 사족은 일체의 특권을 상실했다. 공채는 30년에 걸쳐서 상환하기로 되어 있었다. 정부는 이자 부담을 떠안았지만 재정을 압박하던 질록은 처분되었다.

공채증서를 수령한 화족·사족의 운명은 명암이 엇갈렸다. 예를 들면 생산량이 18만 석이었던 다이묘에게는 액면가 30만8,000엔, 연이율 5퍼센트의 공채증서가 교부되었다. 화족들은 금리로 여유로운 생활을 하면서 지주나 자본가의 길을 걸을 수 있었다. 드물지만 실업계 지도자로 성공한 사족도 있었다. 일본 금융계의 거물이었던 시부자와 에이이치渋沢栄一와 미쓰비시의 설립자 이와사키 야타로岩崎弥太郎가 대표적인 인물이었다.

대부분의 하급 사족에게는 평균 548엔의 공채증서가 교부되었다. 그들은 새로운 직업으로 관리·군인·순사·교원·간수의 길을 택했다. 농업에 종사하는 사족도 있었다. 둔전병으로 홋카이도에 정착한 자들과 시즈오카静岡에서 차밭을 일구기 시작한 자들이 대표적인 존재였다. 하지만 귀농한 사족들의 대부분이 실패했다. 중노동을 견디지 못하고 겨우 목숨을 연명하다가 개척지를 고리대금업자에 넘겨주는 경우가 많았다. 정착에 실패한 사족들은 광부가 되거나 해외로 이민을 떠났다. 1884년에는 공채증서의 약 80퍼센트가 고리대금업자의 손에 들어갔다.

정부는 사족 구제책을 마련했다. 1870년 개간을 장려하는 시책을 폈고, 1874년에 관유지를 사족에게 불하하거나 불모지를 무상으로 지급하기도 했다. 1879년에는 사족에게 창업자금을 빌려주기도 했다. 하지만 근본적인 문제는 해결되지 않았다. 임금노동자로 전락하는 사족이 많았다. 빈곤한 사족의 증가는 반란과 자유민권운동의 원인이 되기도 했다.

3) 폐도와 산발

에도 시대 무사는 크고 작은 두 자루의 도검을 허리에 차고 다녔다. 서민의 대도는 법률로 엄격하게 금지되어 있었다. 대도는 무사의 신분을 상징하는 것이었다. 무사에게 대도가 무엇이었는지는 메이지 시대 초기에 있었던 폐도론을 둘러싼 논쟁에서 극명하게 드러났다.

1868년 외국관권판사 모리 아리노리森有礼가 '폐도에 관한 건의서'를 의회에 제출했다. 모리는 "본래 도검이란 몸을 지키기 위한 무기로 나라가 어지러웠을 때는 필요한 것이었으나 이제 새 시대가 되었으니 대도의 의미가 없어졌다"고 주장했다. 그러나 무사가 생각하는 도검은 단순한 무기가 아니었다. 도검은 오랜 세월동안 무사의 인격과 동일시되었다. 메이지 초기까지 대도는 무사의 혼이라고 생각하는 사람이 많았다. 이러한 분위기에서 모리의 '폐도에 관한 건의서'가 수용될 리 만

무했다. '폐도에 관한 건의서'는 출석의원 만장일치로 부결되었다.

정부는 무리를 해서라도 봉건시대의 상징인 대도 관행을 부정하려고 했다. 정부는 "문명의 시대에 도검은 흉기에 지나지 않는다."고 무사들을 설득했다. 고급 관리들도 폐도의 불가피성을 역설했다. 정부는 무사들의 반대를 무릅쓰고 폐도령을 내렸다. 폐도에 반대하는 반란이 전국에서 일어났다. 하지만 정부는 반란을 진압하고 1876년 3월에 폐도령을 관철시켰다.

1871년 8월 산발령을 내렸다. 산발령은 큰 저항 없이 관철되었다. 정부는 민중에게 서양인과 같은 머리 모양을 장려했다. 당시 상투를 자른 머리 모양을 잔기리 머리라고 했다. 잔기리 머리는 문명개화의 상징이었다. 당시에 유행한 노래 가사 중에 "잔기리 머리를 두드리면 문명개화의 소리가 들린다."라는 내용이 있을 정도였다.

4) 문명개화

1868년 도쿄의 외국인 거류지에 호텔이 세워졌다. 이 호텔은 메이지 초기의 대표적인 서양식 건축물이었다. 1874년 정부는 도쿄 긴자銀座에 기와로 지붕을 덮은 이층집 300호를 건설해 상인에게 불하했다. 이것을 시작으로 서양식 건물이 잇달아 세워졌다. 당시 세워진 서양식 건물의 대부분은 관청과 학교였다.

1867년 군복이 도입되었다. 군인은 평상복으로서 양복을 입었다. 군인이 양복을 입으면서 민중도 양복을 입기 시작했다. 관청에서 양복을 예복으로 정했다. 전통적인 일본 옷은 제례 때나 입는 옷이 되어버렸다. 양복이 개화기에 어울린다고 여기는 사람들이 많았다. 아예 법으로 일본 옷을 입지 못하도록 하자는 의견이 있을 정도였다. 양복을 입으면 당연히 구두를 신어야 했다. 1870년부터 도쿄의 제화공장에서 구두가 생산되기 시작했다.

문명개화로 일본인이 육식을 즐기게 되었다. 그렇다고 전근대 일본인이 육식을 하지 않았다는 것은 아니다. 일본인들도 닭, 토끼, 사슴 등의 고기는 먹었다. 하지만 가축을 식용으로 하지 않았다. 네발 달린 짐승을 먹는 것을 꺼리는 불교의 영향이 컸다. 그런데 문명개화 바람이 불면서 육식이 유행했다. 1870년대 일본에서 유행했던 것은 소고기 냄비요리였다. 냄비에 소고기를 넣고 간장이나 된장으로 간을 해 끓여 먹었다.

문명개화의 첨단을 달리는 사람은 잔기리 머리를 하고, 양복을 입고, 구두를 신고, 소고기 냄비요리를 먹었다. 젊은 나이에 안경을 쓰고 단장을 짚고 거리를 활보하는 것조차 문명개화를 상징하는 것으로 비쳐졌던 시대였다.

정부는 종래의 태음력을 태양력으로 바꾸었다. 태음력이 태양력으로 바뀌면서 1872년 12월 3일을 1873년 1월 1일로 정했다. 달력에서 26일이 사라진 것이다. 태양력을 도입하면서 시각의 표시도 1일 24시간제로 통일했다. 관청에서는 일요일을 휴일로 정했다. 음력으로 기리던 명절이나 절기도 그대로 양력 날짜로 바꾸었다. 예를 들면 음력 정월 초하룻날 쇠던 설은 양력 1월 1일에 쇠면 되고, 음력 4월 8일 석가탄신일은 그대로 양력 4월 8일에 기리면 된다는 식이었다. 천황이 정하면 일본인은 따랐다.

옛것을 타파하는 것이 곧 문명사회로 나아가는 지름길이라는 믿는 사람이 늘어나면서 부작용이 나타났다. 전통적인 일본문화가 극단적으로 경시되었다. 일본인은 전통적인 풍속화 우키요에浮世絵를 수치스럽게 생각했다. 많은 미술품과 문화재가 헐값에 해외로 유출되었다.

5) 국제교류

문명개화의 선구자들은 유학생들이었다. 1871년 사절단을 따라 남자 54명, 여자 5명이 미국으로 유학을 떠났다. 가장 나이가 어렸던 여자 유학생은 당시 아홉 살이었던 쓰다 우메코津田梅子였다. 나머지도 11~16세의 어린 여성들이었다. 1868년부터 5년간 500명이 넘는 젊은이가 미국으로 유학을 떠났다.

메이지 천황은 화족 유학생을 모아놓고 훈시했다. 지식을 쌓고, 재능을 연마하고, 실용적인 학문을 배워서 귀국하라고 당부했다. 황후는 여자 유학생에게 몸소 편지를 전하고 기념촬영을 했다. 새로운 학문을 배우고 귀국해 부녀자의 모범이 되라고 당부했다.

해외유학생이 증가하자, 정부는 해외유학생 규정을 정비했다. 인원수를 엄격하게 제한하는 방침을 정했다. 1875년 새로운 규정에 따라서 유학을 떠난 자들 중에는 메이지 중기 이후 일본의 지도자로 활약한 인물이 많았다. 유학생은 대부분 국비를 지급받았다. 정부가 선발한 유학생은 주로 도쿄대학을 비롯한 국립대학 출신자에 한정되었다. 특히 도쿄대학 출신 유학생은 귀국 후에 관계에 진출하는 것이 보장되었다.

정부는 서양의 교육자나 기술자를 적극적으로 초빙했다. 1870년대 일본으로 초빙되어서 어학을 지도한 교사는 211명이었다. 관청에서도 외국인을 고문으로 초빙했다. 초빙된 외국인들은 건축·인쇄 기술자, 화학·물리 이론과학자, 동물학자, 의학자, 법률가 등 다양한 분야의 전문가였다. 물리학 분야에서는 중력의 측정, 지구 밀도의 측정, 기상관측대의 설치 등 일본의 물리학 발전에 기여한 미국인 메덴홀T. C. Medenhall이, 지질학 분야에서는 지질조사소 설립에 공헌한 독일인 나우만J. F. Nauman이 유명했다. 미국인 동물학자 모스E. Morse는 진화론을 소개했고, 독일인 의학자 베르츠E. Baelz은 일본에 30년간 머물면서 일본 의학의 기초를 다졌다.

4. 문화

1) 외국사상

외국 사상은 계몽사상가들에 의해 국내에 소개되었다. 영국의 공리주의와 프랑스의 공화주의가 먼저 소개되었고, 이어서 크리스트교 사상에 뿌리를 둔 미국의 인도주의와 독일의 국권주의가 차례로 소개되었다.

아담 스미스, J. S. 밀, 맬서스, 리카도 등 자유·평등을 외치는 영국의 공리주의 사상은 후쿠자와 유키치福沢諭吉·나카무라 마사나오中村正直·다쿠치 우키치田口卯吉 등에게 영향을 미쳤다. 후쿠자와는 일본을 대표하는 계몽사상가로『서양사정』,『학문을 권함学問のススメ』등의 책을 저술해 일본인을 일깨웠다. 나카무라는 J. S. 밀의『On Liberty』, 스마일즈의『Self Help』등의 책을 일본인에게 소개했다.『일본개화소사』를 저술한 다쿠치는 영국의 공리주의 사상을 소개했다. 이들의 저술은 일본인들이 봉건사상을 타파하는 데 기여했다.

프랑스의 공화주의는 천부인권사상을 근본으로 하고 있었다. 나카에 조민中江兆民은 루쏘의 명저『민약론』을 해설한『민약역해』를 저술했다. 이 책은 급진적인 인민주권주의 사상에 근거하고 있었다. 독재정치를 공격하고 자유민권운동을 일으키는 데 기여했다. 가토 히로유키加藤弘之는『국체신론』을 저술했다.

인도주의 사상은 도시샤 설립자 니이지마 조가 일본에 소개했다. 이 사상은 도시샤 졸업생으로 1901년 사회민주당을 창립한 아베 이소오安部磯雄, 독실한 크리스천 우치무라 간조內村鑑三 등에게 영향을 미쳤다. 우치무라는 교육칙어에 예배하는 것을 거부하고 러일전쟁 때 비전론을 펼친 강골이었다.

2) 계몽사상

공화주의를 일본에 소개한 적이 있는 가토 히로유키는 독일 국권주의 사상의 영향을 받아서 국가유기체설을 주창했다. 그는 1882년 이전의 저작을 절판하고, 천부인권론을 부정하는 『인권신설』을 저술해 민권주의 사상과 대립했다. 가토는 적자생존과 자연도태는 국제간의 원리이며, 강한 나라는 발전하고 약한 나라는 멸망한다고 했다. 민권 운운하지 말고 국권을 강화하는 일이 중요하다고 역설했다.

후쿠자와 유키치도 민권의 확대는 국권을 약화시킨다고 주장했다. 대내적으로 일치단결해 안정을 확보하고, 대외적으로 치열하게 경쟁해야 한다고 강조했다. 특히 대외 경쟁은 무력을 전제로 하기 때문에 무엇보다도 군비를 충실히 해야 한다고 주장했다.

후쿠자와의 소망은 일본이 서구 열강과 어깨를 나란히 하는 단계로 발전하는 것이었다. 그래서 개인과 국가의 독립에 지대한 관심을 보였다. 『학문을 권함』에서 다음과 같이 말했다. "독립의 기력이 없는 자는 나라를 생각하는 것이 깊고 절실하지 않다." 그래서 "외국의 대해서 우리나라를 지키려면 자유독립의 기력을 전국에 충만"하게 해야 한다고 역설했다. 후쿠자와는 당시의 국제관계를 약육강식의 논리로 인식했다. 그는 『통속국권론通俗國權論』에서 국제관계를 "죽이느냐, 죽느냐 아니면 멸하느냐, 멸함을 당하느냐의 두 길밖에 없다."고 말했다. 제국주의 논리를 적극적으로 수용했던 것이다. 그가 말하는 국제관계는 "백 권의 만국공법은 몇 정의 대포만 못하고, 여러 권의 화친조약은 한 상자의 탄약만 못"했다. "대포와 탄약은 있는 도리를 주장하기 위해서 준비하는 것이 아니라 없는 도리를 만들기 위해서" 필요한 것이었다.

후쿠자와는 일본이 서구 열강의 위압에서 벗어나는 길은 정치의 안정과 국론을 통일한 다음 군사력을 강화해 해외로 진출하는 것이라고 믿었다. 그는 "국내 정치의 기초가 확고해지고 안정되면 눈을 해외로 돌려 국권을 진흥할 계책을 강구해야 할 것"이며, 국권의 확장은 이 시대를 사는 "우리들의 필생의 목적"이라고 외쳤다. 그가 말하는 국권 '확장'의 대상은 아시아였고, 그의 '계책'은 무력을 바탕으로 한 침략이었다.

후쿠자와는 일본이 앞장서서 '야만'의 세계인 아시아를 서양의 침략으로부터 보호할 의무가 있다고 주장했다. 후쿠자와는 다음과 같이 생각하고 있었다. 어차피 중국은 서양 여러 나라에 의해 분할될 것이고, 그때 일본은 "이를 수수방관할 것이 아니라 앞장서서" 중국을 침략해야 한다. 한반도는 "일본을 지키기 위한 방어선"이다. 반드시 일본이 지배해야 하는 나라다. 요컨대, 후쿠자와가 생각하는 중국과 한국은 일본이 무력을 앞세워 침략해야 하는 나라였다.

후쿠자와의 해외팽창론은 탈아론脫亞論의 논리로 발전했다. 후쿠자와는 말했다. "일본의 국토는 아시아 동쪽에 위치해 있지만, 국민의 정신은 이미 아시아의 고루함을 벗어나서 서양의 문명으로 옮겨졌다." 그런데 중국과 한국은 여전히 '야만'의 상태에 머물고 있다. 더구나 그 나라는 머지않아 멸망할 것이다. 이런 상황에서 일본은 어떤 길을 택해야 하는가? 아시아 여러 나라와 연대를 꾀할 것이 아니라 "오히려 그 대열에서 벗어나 서양의 문명국과 진퇴를 같이하고, 중국이나 한국을 이웃 나라라고 해서 특별히 대할 필요가 없다." 후쿠자와는 '야만'의 단계에 머무는 한국·중국과 결별을 선언했던 것이다.

3) 계몽단체

문명개화를 사상면에서 선도한 것은 계몽사상 단체 메이로쿠샤明六社였다. 메이로쿠샤는 1873년 미국에서 귀국한 모리 아리노리를 중심으로 선구적인 지식인들이 결성한 단체였다. 후쿠자와 유키치도 이 단체 결성에 참여했다. 구성원의 대부분은 정부의 관리였다. 메이로쿠샤는 기관지『메이로쿠잡지』를 간행했다.

메이로쿠샤 동인들은 서양 근대사상을 일본에 소개했다. 후쿠자와는 문명의 발달에 따라 국가의 독립이 달성되는 것이니 일본인은 합리적인 정신과 자연과학을 배워서 자주독립의 정신을 길러야 한다고 역설했다. 궁내성 관리 가토 히로유키는 천황을 신으로 받들고 무비판적으로 복종하는 풍조를 비판했다. 병부성 관리 니시 아마네西周는 콩트와 밀의 철학을 소개했다. 니시는 일본어를 로마자로 바꾸자고 주장하기도 했다.

그들은 민중을 계몽하려고 했다. 또 문명개화로 나아가기 위해서는 정부가 강한 지도력을 발휘해야 하며, 국민은 정부에 협력하는 것이 마땅하다고 여겼다. 가토는 의회정치의 필요성을 역설했지만, 국회의 개설을 요구하는 자유민권운동이 일어나자 "국민의 의식수준이 낮기에 시기상조"라고 반대했던 인물이다. 1875년에 언론을 통제하는 법이 성립되자, 메이로쿠샤 동인들은 "정치적인 발언을 삼가는 것이 좋다고 판단해" 기관지의 발행을 중지했다.

4) 신문잡지

1862년 일본에서 근대적인 신문이 처음으로 발행되었다. 그것은 오늘 날과 같은 신문이 아니었다. 에도 막부가 네덜란드에서 입수한 동인도총독부 기관지와 중국 신문을 번역한 것이었다. 민간에서 발행한 신문으로「해외신문」이 있었다. 이것은 주로 해외사정을 알고자 하는 사람들에게 보급되었다.

메이지 정부가 수립되기 이전에 발행된 신문은 목판 또는 목판활자로 인쇄한 것이었다. 신문 발행에 처음으로 납활자를 사용한 것은 1870년에 발행된「요코하마마이니치신문橫浜毎日新聞」이었다. 신문은 발행부수를 늘려갔고 영향력을 행사하기 시작했다.

신문에는 문명개화를 선도하면서 정부를 비난하는 내용이 많았다. 정부는 신문을 단속하는 법령을 제정했다. 신문인들은 정부에 출사하기를 꺼렸던 인재들이었다. 당시 기자가 사족이었던 것처럼 독자 또한 사족이나 지식인들이었다. 신문은 아직 서민과는 거리가 먼 읽을거리였다.

도쿄에는 신문을 읽어주고 차를 파는 다방과 같은 곳이 있었다. 1877년경부터 농촌의 지주나 상인도 신문을 구독했다. 당시 대표적인 반정부 신문이었던「조야신문朝野新聞」의 한 달 구독료는 1원 10전이었다. 민중은 신문을 통해 정치의 움직임이나 풍속의 유행을 일찍 감지할 수 있었을 뿐만이 아니라 쌀값을 비롯한 물가의 변동을 알 수 있었다. 신문은 다양한 지식을 독자들에게 제공했다.

학술잡지나 문학잡지 이외에 다양한 전문잡지가 간행되었다.『태양』,『중앙공론』등과 같은 종합잡지도 발행되었다. 1880년경부터 활자 인쇄가 발달했다. 규모가 큰 출판사가 설립되었다. 일본 고전이 복간되기도 했다.

06. 결심

강병부국의 길

1871년 11월 요코하마 항을 출발하는 이와쿠라사절단 일행 / 그림

06. 결심

강병부국의 길

1. 정한

1) 조선통교

메이지 정부는 침략외교의 길을 선택했다. 그 첫 대상으로 이웃나라 조선을 골랐다. 조선은 지리적으로 가까웠을 뿐만이 아니라 한반도는 일본이 대륙으로 진출하기 위해서 반드시 손에 넣어야 하는 중요한 곳이었다. 일본의 실력자 기도 다카요시木戶孝允가 주변 인물들에게 보낸 편지에는 다음과 같은 내용이 있다. "병력을 동원해 조선의 부산을 개방시키고 싶다. 천황 국가를 흥기시켜 영원히 유지시키려면 다른 방책이 없을 것이다."

일본은 조일수교를 회복한다는 명목으로 1868년 12월 조선에 외교문서를 보냈다. 그동안 일본에 정변이 있어서 에도 막부는 붕괴되었고 메이지 정부가 수립되었으니 새로운 외교관계를 맺자는 내용이었다. 그런데 외교문서의 형식은 물론 내용도 종래와 달랐다. 특히 문서에 "황" "칙" 등의 문자가 보였다. 조선 관리의 눈으로 보았을 때, "황"이나 "칙"은 중국 황제만 사용할 수 있는 용어였다. 관례상 교린관계를 맺었던 일본이 조선에 그런 용어를 사용할 수는 없는 일이었다. 일본이 보낸 문서를 받아들인다면 국가체면이 크게 손상되는 중대한 문제였다. 조선 관리는 외교문서 수리를 거부했다. 조선 관리의 경직된 태도로 대일 교섭은 3년간이나 단절되었다. 일본 사절은 1872년 1월에 귀국하고 말았다.

조선이 일본의 외교문서를 수리하지 않았다는 소식이 전해지자, 일본의 고관들은 물론 사족들도 불쾌한 감정을 숨기지 않았다. 쓰시마 번 영주는 조선침략을 부추기는 상신서를 중앙정부에 올렸다. 상신서에는 다음과 같은 내용이 있다. "일본은 옛날 조선 땅에 일본부日本府을 세웠던 적이 있습니다. 그렇다면 조선은 우리의 영토와 다름없는 나라입니다. (중략) 현재 진행 중인 홋카이도 개척사업과 같이, 조선에 관한 사업을 널리 공론을 조성해 전략적으로 속히 그 기초를 다져야 할 것입니다."

"현재 진행 중인 홋카이도 개척"이라는 말은 1869년 일본이 홋카이도에 개척사를 설치하고, 홋카이도와 주변 여러 섬들을 영토로 편입하는 작업을 가리키는 말이다. 당시 일본은 러시아와 교섭해 국경을 확정하고, 일본인을 홋카이도로 이주시키는 정책을 추진하고 있었다. 쓰시마 영주는 홋카이도를 일본 영토로 개척한 것처럼, 조선도 일본 영토의 확장이라는 관점에서 접근할 필요가 있다는 의견을 개진한 것이다.

일본은 청국과 먼저 외교관계를 맺었다. 일본은 열강이 중국에 요구했던 것과 같은 내용의 불평등조약을 중국에 요구했다. 중국은 거절했다. 그러자 일본은 중국과 일본이 서로 영토를 인정하고, 원조하며, 치외법권을 인정하는 내용의 일청수호조규를 체결했다. 그리고 일본이 우월한 입장에서 조선과 외교관계를 맺는다는 대조선 통교방침을 정했다.

2) 정한논쟁

정한론이 급격하게 대두된 배경에는 사족들의 반정부 감정이 있었다. 신분제 철폐로 사족이 된 무사는 실업자 신세가 되었다. 그 숫자는 60만 명이 넘었고, 가족까지 합하면 200만 명이 넘었다. 사족들은 은근히 전쟁이 일어나기를 기대하고 있었다. 본래 전투원인 사족들이 있을 곳은 전쟁터였다. 이러한 분위기를 감지한 일본은 대외전쟁을 일으켜서 사족의 불만을 외부로 돌리려고 했다. 그래서 조선과의 외교마찰을 좋은 구실로 이용했다.

1871년 이와쿠라사절단岩倉使節団이 구미 12개국 순방길에 올랐다. 정부의 핵심 요인들로 사절단이 구성되었다. 그들이 자리를 비우는 동안 정부는 산조 사네토미三條實美·사이고 다카모리西鄕隆盛·이타가키 다이스케板垣退助 등 국내잔류파가 운영했다. 국내잔류파는 조선과의 관계개선을 모색했지만 조선은 배타적인 태도를 고수했다.

조선은 1872년부터 왜관에 대한 통제를 강화했다. 일본 관리가 조선의 법을 지키지 않고 왜관을 멋대로 점거하거나 왜관을 벗어나는 행동을 했기 때문이다. 일본인 밀무역에 대한 단속도 강화했다. 1873년 6월 왜관의 일본 관리는 이러한 사실을 본국에 보고했다. 보고 내용은 일상적인 것이었다. 하지만 일본은 이 '사건'을 이용해 정한론에 불을 지피려고 했다.

사이고 다카모리는 직접 조선으로 건너가 목숨을 던져 전쟁을 일으키려고 작정했다. "내란을 바라는 마음을 밖으로 돌려서 나라를 일으키는 원략"을 세웠던 것이다. 1873년 8월 17일 일본 각의에서 사이고를 조선에 파견하기로 결정했다. 사이고가 사절로 간다고 해서 교섭이 급진전된다고 기대하지는 않았다. 그러나 그런 정도의 인물이 나서도 조선이 교섭을 거부한다면 자연스럽게 전쟁으로 연결될 수 있다고 판단했다. 사절 파견 문제는 이와쿠라사절단이 귀국한 후에 다시 논의하기로 했다.

　1873년 9월 이와쿠라사절단이 귀국하자 정한론을 둘러싼 논쟁이 일어났다. 오쿠보를 비롯한 서양순방파는 조선침략을 연기한다는 방침을 정했다. 국내 정치를 정비하는 것이 우선이라고 판단했다. 하지만 오쿠보는 사이고가 조선침략에 집착한다는 것을 알았다. 사이고와 결별하는 것은 군대의 분열로 이어질 수 있는 중대한 문제였다. 두려움을 느낀 오쿠보는 사이고에게 한발 양보했다. 조선으로 사신을 보내되, 러시아와 국경을 확정하는 문제를 해결한 다음으로 미루자고 했다. 하지만 사이고는 타협에 응하지 않았다. 결국 10월 15일 각의에서 조선에 사신을 파견하자는 의견이 채택되었다. 당황한 서양순방파는 메이지천황을 등에 업고 각의 결정을 뒤집었다. 정한논쟁에서 패배한 국내잔류파는 사직하지 않을 수 없었다.

2. 견문

1) 사절단

1871년 11월 이와쿠라사절단이 서양 순방길에 올랐다. 우대신 이와쿠라 도모미岩倉具視를 특명전권대사로, 기도 다카요시木戶孝允, 오쿠보 도시미치大久保利通, 이토 히로부미伊藤博文, 야마구치 나오요시山口尚芳 등을 부사로 하는 사절단은 1년 10개월 동안 구미 12개국을 순방했다. 사절단이 세계 각국을 순방한 목적은 조약개정을 위한 예비교섭을 하고, 선진국의 제도와 문물을 시찰하는 것이었다.

11월 12일 사절단 일행은 요코하마 항에서 미국으로 향하는 기선을 탔다. 사절단이 요코하마를 출발한지 24일째 되는 12월 6일, 사절단을 태운 기선이 태평양을 횡단해 샌프란시스코에 도착했다. 일본인들은 그렇게 동경하던 문명 세계를 처음으로 접했다. 사절단의 가슴 설레는 문명체험은 구메 구니타케久米邦武를 비롯한 수행원들이 기록했다. 그 기록은 1878년에 『특명전권대사미구회람실기』라는 제목으로 간행되었다.

2) 문명쇼크

사절단 일행은 샌프란시스코의 그랜드호텔에 여장을 풀었다. 그랜드호텔은 5층 건물로 객실이 300개였다. 120평 규모의 식당에서는 한꺼번에 300명이 식사를 할 수 있었다. 1층에는 목욕탕, 이발소, 당구장 등 휴게시설이 있었다. 사절단 일행은 현관에서부터 고급스럽게 단장된 호텔의 화려함에 압도되었다. 특히 식당의 규모에 놀랐다.

사절단 일행은 엘리베이터를 타고 객실로 갔다. 객실에는 카펫이 깔려 있고, 그 위에 소파와 침대가 놓여 있었다. 별도로 샤워 시설, 수세식 변소, 세면대 등이 있었다. 방에는 가스등이 걸려 있었다. 세면대에서 얼굴을 씻었는데 '기계'를 돌리면 물이 나왔다. 방에서 '노비'를 부를 수도 있었다. 전선이 연결되어 있었기 때문이다. 장치를 약간 누르면 소리가 백보 밖에서 울리고 '노비'가 달려왔다.

사절단 일행 중에는 언어가 통하지 않아 불편해 하는 자들이 있었다. 하지만 그보다도 사절단의 눈살을 찌푸리게 하는 것은 남녀 풍속이었다. 남자는 여자에게 너무 연약하게 행동했다. 부부가 호텔의 복도를 걸을 때는 반드시 손을 잡고 걸었을 뿐만이 아니라 남편이 부인을 대하는 태도는 마치 시녀나 급사가 주인에게 시중드는 것과 같았다. 마차를 탈 때는 부인의 허리를 안아서 태워주고, 장갑을 낄 때에 끼워주고, 앉을 때는 의자를 당겨서 잘 앉을 수 있도록 도와주었다. 사절단은 "비천하고 저급한 풍속"은 샌프란시스코가 금광이 개발되면서 몰려든 비천한 서양인들의 소굴이기 때문일 것이라고 확신했다. 설마 동부의 "문명지"에서는 이런 황당한 일이 있을 리 없다고 생각했다.

3) 미국에서

샌프란시스코에서 바쁜 일정을 마친 사절단은 샌프란시스코를 떠나 동부로 향했다. 그들은 2년 전에 개통된 대륙횡단열차에 몸을 실었다. 사절단은 도중에 이런 저런 체험을 하면서 워싱턴에 도착한 것은 1872년 1월 18일 이었다. 사절단은 알링턴호텔에 여장을 풀었다.

1월 25일 사절단은 화이트하우스로 그랜트 미국 대통령을 예방해 국서를 봉정했다. 그리고 며칠 휴식을 취했다. 2월 6일 사절단은 호텔에서 미국 고위 관리와 상공인 1,000여 명을 초대해 리셉션을 개최했다. 식장에는 일장기와 37개의 별이 새겨진 성조기가 나란히 걸렸다.

이와쿠라 대사를 비롯한 사절단 일행은 예복을 갖추어 입고 복도에서 내빈을 맞이했다. 내들은 부부가 손을 잡고 만찬장으로 들어왔다. 성대한 만찬행사가 열렸다. 하지만 미국인의 "비천하고 저급한 풍속"은 샌프란시스코와 다르지 않았다. 수행원 구메는 크게 실망했다. 그는 일기에 다음과 같이 썼다. "미국인들은 자제력이 미약한 성품으로, 욕망과 감정을 노골적으로 표현하는 매우 보기 흉한 습속을 갖고 있었다."

사절단은 2월 3일부터 국무성에서 조약개정을 위한 예비교섭을 시작했다. 미국은 예비교섭이 성공리에 끝나면 조약을 개정할 의사가 있음을 내비쳤다. 모리 아리노리와 이토 히로부미는 미국에서 일거에 조약개정을 달성하고 그것을 근거로 유럽에서도 조약개정을 하자고 주장했다. 그런데 정식으로 조약을 개정하려면 천황이 사절단에 전권을 위임한다는 문서가 필요했다. 위임장 문제를 협의한 사절단 수뇌부는 오쿠보와 이토를 귀국시키기로 했다. 두 사람은 일본으로 가서 위임장을 가지고 다시 미국으로 돌아왔다. 4개월이 넘는 시간이 걸렸다.

그러나 이와쿠라 대사는 미국과 먼저 조약개정을 하는 것이 오히려 불리할 수도 있다는 것을 알았다. 조약에는 최혜국 조항이 있었기 때문이다. 이와쿠라와 기도는 방침을 변경한 것을 후회했다. 미국 국무장관과의 회담에서 사실상 교섭이 결렬되었다. 그 후 다른 나라와의 교섭은 예비교섭에 한정되었다.

4) 영국에서

　미국에서 7개월이라는 시간을 허비한 사절단은 1872년 7월 3일 보스턴에서 배를 타고 영국으로 향했다. 리버풀에서 기차를 타고 런던에 도착한 것은 7월 14일이었다. 그런데 빅토리아 여왕은 휴가를 떠나고 없었다. 사절단은 여왕이 휴가에서 돌아올 때까지 각 여러 곳을 시찰하기로 했다.

　사절단은 먼저 런던을 돌아보았다. 버킹검 궁전, 동물원, 웨스트민스터 의사당, 런던탑, 우편국, 조폐창, 대영박물관, 재판소, 병원, 학교 등의 시설을 관람했다. 런던 교외의 조선소, 무기고, 포탄제조창, 가스회사, 군함기계제작소 등도 시찰했다. 8월 27일부터 10월 9일까지는 영국 북부를 돌아보았다. 리버풀, 맨체스터, 뉴캐슬, 세-필드, 버밍엄 등의 공업도시를 시찰했다. 사절단은 상업국 영국이 가는 곳마다 크고 작은 공장을 보유한 공업국이기도 하다는 사실에 놀랐다. 영국이 부강하게 된 것은 산업혁명에 의한 기술혁신이었고, 그것을 밑받침하는 것은 철·석탄이라는 것을 실감했다. 사절단은 영국과 일본의 경제 격차를 통렬하게 인식했다.

　사절단은 영국과 조약개정을 위한 회담에 임했다. 그러나 이미 미국에서 그 한계를 인식했기에 회담은 3일 만에 끝났다. 11월 5일 왕궁으로 빅토리아 여왕을 예방했다. 사절단은 영국에 체류하는 동안에 군주정치와 의회제도에 큰 관심을 보였다. 그러나 영국의 군주정치에는 많은 문제점이 있다고 생각했다.

5) 비스마르크

1872년 11월 16일 사절단은 프랑스에 도착했다. 파리는 역시 예술의 도시였다. 그러나 프랑스의 공화정치는 불안정하기 이를 데 없었다. 사절단의 눈에 비친 "저항하는 시민"은 치안을 어지럽히는 폭도일 뿐이었다. 사절단은 1873년을 프랑스에서 맞이하고, 2월 17일 파리를 출발해 벨기에와 네덜란드를 거쳐 3월 9일에 독일의 베를린에 도착했다.

3월 11일 황제 빌헬름 1세를 예방했다. 15일에는 비스마르크가 주최하는 만찬에 참석했다. 이날 행해진 비스마르크의 연설은 기도와 오쿠보에게 강렬한 인상을 남겼다. 비스마르크는 서양이 약육강식의 국제정치 하에 놓여있다고 전제하면서, "소국은 만국공법을 지키려 하나 대국은 스스로에 이익이 되면 그것을 고집하지만 일단 불리하게 되면 군대를 배경으로 그것을 짓밟는다"고 강조했다. 국가를 발전시키려면 군사력이 필수임을 거듭 강조했다.

비스마르크의 연설은 "만국공법"에 따라서 국가의 독립과 자립을 달성하고, 나아가 "만국공법"을 참고해 일본의 헌법과 법률을 만드는 것이 문명국가로 가는 지름길이라고 인식하고 있었던 사절단을 충격에 빠뜨렸다. 사절단은 비스마르크의 연설에서 문명의 추악한 실상을 뼈저리게 느꼈던 것이다.

사절단은 일본의 문명개화가 얼마나 피상적이었는지 절감했다. 뒤늦게 등장한 소국 독일을 영국·프랑스와 같은 대국으로 발전시킨 비스마르크로부터 문명국이 때에 따라서는 전혀 다른 얼굴을 하고 있다는 것을 배웠다. 사절단은 신흥국가 독일의 국가체제에 관심을 갖기 시작했다.

사절단은 독일에 이어 러시아, 덴마크, 스웨덴, 이탈리아, 오스트리아, 스위스 등 여러 나라를 순방했다. 그런데 7월 9일 일본으로부터 급히 귀국하라는 전보가 왔다. 사절단은 포르투갈·스페인 순방을 취소하고 귀국길에 올랐다. 7월 20일 프랑스 마르세유에서 배를 탄 사절단은 수에즈 운하·아라비아·사이공·홍콩·상하이를 거쳐 요코하마에 도착했다. 1873년 9월 13일이었다.

사절단 수뇌부는 귀국길에 비스마르크의 말을 되새겼다. 비스마르크의 말 속에 이미 일본 국가건설 방향이 담겨져 있었다. 기도·오쿠보는 독일이 그랬던 것처럼 마땅히 대국을 지향하는 것이 바람직하고, 그러기 위해서는 경제력과 군사력을 기르는 것이 필요하다고 확신했다.

3. 확장

1) 타이완 침략

정한론이 분열된 후 오쿠보 도시미치大久保利通가 정국의 주도권을 장악했다. 그러나 오쿠보 정권은 매우 불안정했다. 정부 내에서 위기상황이 발생했다. 사이고 다카모리西鄕隆盛가 사직하자 사쓰마·도사 출신 군인·경찰이 동반 사직했다. 정부의 기둥이나 다름없는 군대·경찰은 붕괴 직전이었다. 정부 밖에서도 불안한 정세가 확산되었다.

오쿠보 정권이 직면한 과제는 조선에 사신을 파견하는 것이었다. 오쿠보는 오직 전쟁을 일으킬 목적으로 사신을 파견하는 데에는 동의하지 않았지만, 이미 사신 파견을 연기하자고 주장해 사신 파견을 공약하고 말았다. 그런데 사신 파견 연기론의 중요한 이유로 제시한 러시아와의 국경 교섭이 결말이 나고 있었다.

반정부파는 조선에 사신을 파견하라고 오쿠보를 압박했다. 궁지에 몰린 오쿠보는 타이완 침략을 결심했다. 1871년 타이완에서 지금은 오키나와沖繩가 된 유구琉球 표류민 살해사건이 발생했다. 일본은 유구 표류민을 습격한 원주민을 징벌한다는 구실로 타이완을 침략하려는 계획을 세웠다. 조선을 침략하라고 요구하는 사쓰마 출신 사족들의 반정부 감정을 무마하기 위한 정치적인 결정이었다.

1874년 4월 오쿠보는 결국 타이완 침략을 명령했다. 침략군은 무자비한 작전을 전개했다. 가는 곳마다 촌락을 불태우고 원주민을 무참하게 살해했다. 6월에 들어서면서 침략군의 작전은 사실상 종결되었다.

청국은 오쿠보가 예상했던 것보다 신속하게 대응했다. 일본군의 조속한 철군을 강력하게 요구했다. 일본은 타이완이 중국에 속하지 않은 땅이라고 주장했다. 하지만 청국은 물론 구미 열강도 일본의 주장을 지지하지 않았다.

오쿠보는 청국에게서 무엇인가 얻을 때까지 철군하지 않는다는 방침을 정하고, 같은 해 8월 스스로 전권대사가 되어 청국으로 향했다. 9월부터 시작된 교섭은 난항에 부딪쳤다. 청국 대표는 일청수호조규의 정신을 강조하며 오쿠보를 몰아붙였다. 오쿠보가 진퇴양난에 처했을 때, 청국 주재 영국 공사가 중재에 나섰다. 영국은 청국에 압력을 가했다. 타협은 성립되었고 10월에 협정이 체결되었다. 협정에서 청국은 일본의 침략을 '의거'라고 인정하고 배상금을 지급했다.

오쿠보의 타이완 침략은 대성공이었다. 오쿠보는 체면을 세웠으며 리더십을 확립했다. 오쿠보 정권은 권위를 회복함과 동시에 국민을 보호했다는 신뢰도 얻었다. 군인과 관료에게 자신감을 주었고, 그들과 사족이 손을 잡는 매우 우려스러운 사태로 발전하는 것을 사전에 차단할 수 있었다. 조선을 어렵지 않게 침략할 수 있다는 자신감도 얻었다. 청국의 외교·군사적 역량, 조선에 대한 청국의 대응 자세, 침략에 사족을 어떻게 동원할 것인지 등에 대해서도 명확하게 전망할 수 있게 되었다.

2) 영토확장

국제법에 눈을 뜬 일본은 서둘러 영토를 확정하는 일이 중요하다고 인식했다. 먼저 러시아와 잦은 마찰을 빚는 홋카이도 인근 여러 섬들의 영유권을 확정하는 작업에 들어갔다. 특히 사할린과 지시마千島는 18세기 말 이래 러시아와 분쟁이 끊이지 않던 지역이었다. 그 지역을 영토로 확정하는 일이 시급했다.

러시아는 1860년 베이징조약으로 연해주를 손에 넣자 사할린 경영에 착수했다. 경비병을 두는 것은 물론 많은 죄수들을 이주시켰다. 메이지 정부도 1870년 사할린에 개척사를 두었지만 성과를 거두지 못했다. 홋카이도 개척사 구로다 기요다카는 사할린을 포기하고 홋카이도 개척에 전념하자고 정부에 상신했다. 영국·미국 공사도 러시아의 남하를 경계하면서 홋카이도 개척에 전념하라고 충고했다. 1874년 일본은 사할린 포기 방침을 정하고, 1875년 5월 러시아와 사할린·지시마 교환조약을 체결했다. 일본은 사할린을 포기하는 대신 지시마 열도를 영토로 확보했던 것이다.

남방으로는 오가사와라小笠原 제도를 일본 영토로 확보했다. 이곳은 역사적으로 일본 영토가 아니었으나 일본이 자신의 영토로 편입시키려는 방침을 정했다. 1873년 오가사와라 제도 경영에 착수했고, 1876년 일본의 영유권을 선언했다. 오가사와라 제도는 영국·미국이 영유권을 주장하면 분쟁이 발생할 가능성이 있었다. 그런데 의외로 미국·영국이 일본의 영유권 선언에 이의를 제기하지 않았다. 오가사와라 제도는 어려움 없이 일본 영토로 확정되었다.

타이완과 가까이에 있는 유구는 중국에 조공하던 독립 왕국이었다. 그런데 에도 시대 일본의 사쓰마 번이 유구 왕국을 침략한 이래, 유구 왕국은 사쓰마 번에 협조하며 정권을 유지했다. 메이지 정부가 수립된 후 영토를 확장하던 일본은 유구를 일본 영토로 편입한다는 방침을 정했다. 1872년에 유구 왕국을 강제로 류큐 번琉球藩으로 편입시켰다. 1879년 류큐 번을 폐지하고 오키나와 현沖繩縣 설치를 단행했다.

유구 문제는 일본과 청국 간의 현안이 되었다. 1880년부터 일청 간에 교섭이 진행되었지만 청국은 일본의 요구를 거부했다. 일본이 조건으로 제안한 조약개정안은 평등조약을 불평등조약으로 개정하자는 것으로 청국으로서는 도저히 수용할 수 없는 것이었다. 유구는 일본이 실효적으로 지배하는 지역이 되었지만 청국은 이것을 인정하지 않았다. 유구는 청일전쟁에서 일본이 승리한 후 일본 영토로 확정되었다.

3) 동화정책

청일전쟁 후, 일본은 일본 영토로 편입된 타이완을 직접 지배하는 한편, 오키나와 민족, 아이누 민족의 동화정책을 실시했다.

오키나와에서는 1896년에 군구제郡區制, 1898년에 징병령을 도입했다. 1899년에는 지조개정 사업이 착수되었다. 또 풍속개량이라는 명목으로 오키나와 민족의 전통적인 풍습을 일본식으로 바꾸는 정책을 추진했다. 오키나와 민족이 사용하던 언어를 방언으로 규정하고 강제로 일본어를 사용하도록 했다. 또 오키나와 민족이 사용하던 이름도 일본식으로 바꾸는 창씨개명도 추진되었다.

홋카이도는 원래 일본인이 에조치蝦夷地라고 부르던 땅이었다. 18세기 말까지 그 홋카이도를 일본 영토로 여기는 사람은 거의 없었다. 그곳은 아이누 민족이 거주하는 곳이었고, 에도 막부도 아이누 민족의 자주권을 침해하지 않았다. 아이누 민족은 전통 방식에 따라 어업에 종사하며 생활하고 있었다. 그런 땅이 1869년 메이지 정부가 지명을 홋카이도로 개칭하고 개척사를 설치하면서 본격적으로 개발되었다. 1872년 메이지 정부는 홋카이도 토지조사사업을 벌여 산림·하천·늪지·해변까지 주인 없는 땅으로 간주해 일본인에게 불하했다.

메이지 정부가 급진적인 개화정책을 추진하면서 아이누 민족의 문화와 생활방식은 미개하고 무지몽매한 것으로 매도되었다. 사람이 사망하면 가옥을 불태우는 관습이 금지되었고, 여성이 문신을 하던 풍속이나 남성이 귀고리를 하던 풍속도 금지되었다. 아이누 민족이 쓰던 말 대신에 일본어를 쓰도록 강요했다. 1873년에는 아이누 민족 고유의 어로 방식도 금지되었다. 일본인이 집단으로 홋카이도로 이주하고, 정부가 아이누 민족에게 농경을 강제하면서 아이누 민족 고유의 관습은 더욱 강력하게 규제되었다.

1886년 홋카이도 도청이 설치되면서 홋카이도에 대자본이 집중적으로 투자되었다. 대지주를 위한 정책이 추진되면서 대규모 영농단지가 조성되었다. 홋카이도로 이주하는 일본인이 급증하면서 토지가 난개발 되기 시작했다. 1896년 홋카이도에도 징병령이 도입되었고, 1898년 홋카이도 원주민 보호법이 제정되어 아이누 민족에 대한 동화정책이 철저하게 시행되었다. 일본 내 식민지라고 일컬어지는 홋카이도 개척사업과 동화정책은 조선 식민지 지배에 그대로 적용되었다.

한국 침략을 주장한
사이고 다카모리

강화도조약 일본 대표
구로다 기요타카

07. 연습

어수룩한 이웃

강화도 영종도를 공격하는 일본군
그림 / 일본 국회도서관 소장

07. 연습

어수룩한 이웃

1. 도발

1873년 조선에서 대원군이 하야하고 민씨 일파가 권력을 장악했다. 대원군이 국시로 정한 외국과 대립하는 정책은 폐기되었다. 1873년 12월 조선 국왕은 경직된 외교 자세로 일본과 외교마찰을 빚은 동래부 관리들을 교체했다. 국왕과 민씨 일파는 일본에 호의적인 태도를 취했다. 1874년 5월 조선의 정세를 탐색하기 위해 조선으로 건너갔던 외무성 관리 모리야마 시게루森山茂가 조선 측과 접촉해 비공식적인 외교교섭을 시작했다.

조선 국왕은 심복을 모리야마에게 보내 국교의 기본방향을 협의했다. 일본의 외교문서에 황제 칭호를 사용해도 조선은 문제 삼지 않겠다고 했다. 일본이 화친할 뜻이 있다면 적극적으로 교류하겠다는 뜻도 밝였다. 조선의 개방 의지가 명확해졌다. 1874년 9월 국교 재개를 위한 타협안이 마련되었다. 모리야마는 이 안을 가지고 귀국했다.

일본 외무성은 모리야마를 부산공관의 이사관으로 임명했다. 1875년 2월 모리야마는 정식 임무를 띠고 다시 조선으로 건너갔다. 타협안을 기초로 해 교섭을 진행하기 위해서였다. 3월 말 조선과 일본의 실무자들이 동래부사와 이사관이 대면할 때의 의식 절차를 논의했다. 일본은 새로운 방식을 제안했고 조선은 구식대로 하라고 통고했다. 교섭은 벽에 부딪혔다. 화가 난 모리야마는 본국에 군함을 파견해 위협을 가하는 것이 유용한 수단이라고 보고했다.

일본 대조선 외교는 강경 자세로 전환되었다. 일본은 강압적인 수단을 동원하기로 했다. 일본의 목적은 분명했다. 미국이 일본에 했던 행동을 그대로 조선에 적용하는 것이었다. 즉 일본이 주도권을 쥐고 조선을 개국시키고, 조선과 불평등조약을 맺고자 했다. 그래서 장래 지정학적으로 중요한 한반도를 선점하려고 했다.

1875년 5월부터 운요 호雲揚號를 비롯한 군함 세 척을 조선 근해에 보내 도발하기 시작했다. 일본 군함은 먼저 부산 앞바다에서 사격 연습을 했다. 부산·동래 조선인들은 불안에 떨었다. 부산 앞바다에서 무력시위를 한 일본 군함은 함경도 영흥만으로 올라가 3일 동안 시위했다. 일본 군함은 다시 부산으로 돌아와 정박했다가 일본으로 돌아갔다.

9월 20일 일본이 강화도를 침략한 운요 호 사건이 일어났다. 일본의 의도적인 도발로 조선군과 일본군이 교전했다. 다음 날 운요 호는 함포로 조선군 진영을 공격하고 육전대를 상륙시켜 제2포대를 불태웠다. 22일에는 제1포대가 있는 영종진에 불을 지르고 조선의 군민 35명을 살상했다. 3일에 걸친 일본의 침략으로 조선 군인뿐만 아니라 많은 조선인이 죽고 가옥이 파손되었다. 일본군의 사상자는 2명이었다.

강화도 요새는 병인·신미양요 이후 10년 동안 집중 정비되었다.

성을 쌓고, 포대를 설치하고, 병기를 개선하고, 정예 군사를 배치했다. 그런 요새가 일본 군함 한 척의 공격으로 점령당하고 대포 36문을 약탈당하는 수모를 겪었다. 대원군이 하야한 지 불과 2년만에 강화도 방위가 얼마나 허술한지 드러났던 것이다.

2. 위압

강화도를 침략한 일본은 서둘러 모리 아리노리森有礼를 청국 공사로 보냈다. 모리는 청국 북양대신 리훙장李鴻章과 조선 문제를 놓고 교섭했다. 일본과 청국은 각서를 교환했다. 각서의 내용은 청국이 앞으로 조선의 정치에 관여하지 않을 것, 일본은 조선에 사절을 파견해 강화도에서 일어난 운요 호 사건의 배상을 청구하고 또 통상조약을 체결하겠다는 것이었다.

1875년 11월 일본은 조선을 개국시키기 위해 전쟁을 불사한다는 방침을 정했다. 당시 일본정부의 실력자 기도 다카요시는 직접 조선에 가기를 희망했다. 하지만 그는 병이 들어 사쓰마 번 출신 육군중장 구로다 기요타카黒田清隆를 대사로, 이노우에 가오루를 부사에 임명했다. 모리야마 시게루를 비롯한 전문 외교관이 수행원으로 선발되었다. 사절단의 규모는 약 30명이었다. 사절단은 특별히 편성된 혼성여단의 호위를 받았다. 혼성여단은 전국의 진대에서 선발된 병사 800명으로 편성되었다. 사절단은 1876년 1월 함선 다섯 척에 분승해 조선으로 건너갔다.

조선정부는 강화도 경계를 엄중히 하는 한편, 중신회의를 열어서 대응책을 논의했다. 회의에 참가한 것은 영의정 이최응, 우의정 김병국, 영중추부사 이유원, 판중추부사 홍순목·박규수, 영돈령부사 김병학이었다. 박규수를 제외한 중신들은 일본과 화친하는 것에 반대했다. 회의에서 강경파와 온건파가 대립했으나 결국 일본 사절을 맞이하기로 의견이 좁혀졌다.

조선 민중도 일본과 수교하는 문제를 민감하게 받아들이고 있었다. 특히 '위정척사'의 원조 격인 유림들이 대원군과 합세해 일본과 화친하는 것에 반대하는 상소를 연이어 올렸다. 민중도 외교 문제에 결코 무관심하지 않다는 뜻을 국왕과 민씨 일파에 전달하기 위해서였다. 민씨 일파는 두려움을 감추지 못했다.

국왕과 민씨 일파는 결국 일본과 화친하고 개국한다는 방침을 정했다. 때마침 청국의 왕세자 축하 사절이 다시 조선 국왕에게 권고했다. "귀국은 미리 방어 자세를 취했어야 했다. 그러나 조약에 관한 일은 회담하는 것이 좋을 것이다." 박규수, 역관 오경석 등도 "일본과 수호하는 일은 부득이"하다는 뜻을 국왕에게 상주했다. 영의정 이최응도 개국을 주장했다. 그러자 조선 국왕은 고관들에게 회의에 나서라고 지시했다.

2월 8일 조선정부는 회담을 개최하고 조약안을 심의할 의향이 있다는 뜻을 일본 사절에게 전달하고 강화도에 상륙하는 것을 허락했다. 일본 사절단이 상륙할 때 일본군 400명이 대포와 기관포를 갖고 상륙했다. 일본군이 경비를 강화하자, 2월 10일 일본 사절단이 위엄을 갖추고 상륙해 강화부로 입성했다. 조선정부의 통보를 받은 구로다 전권대사는 모리야마를 비롯한 수행원을 조선 측 접견대관 신헌에게 보내 조약안 심의 일정을 의논하게 했다.

일본은 반드시 조선을 개국시키고자 했다. 조선이 협상에 응하지 않으면 즉시 전쟁에 돌입할 태세였다. 구로다가 조선으로 건너간 직후에 일본 육군의 실력자 야마가타 아리토모山県有朋가 시모노세키로 갔다. 조선을 침략할 준비를 하기 위해서였다. 야마가타는 히로시마·구마모토 진대의 군대를 점검하고, 군대가 조선으로 건너갈 때 필요한 선박을 조달하는 문제도 검토했다.

3. 조약

1876년 2월 11일 첫 번째 협상이 강화도 연무당에서 개최되었다. 양국 대표는 서로 인사를 나눈 후 회담 내용과 순서를 정했다. 논의는 비교적 무난하게 끝나고 조선 측이 연회를 열었다. 조선 측은 소 다섯 마리, 닭 50마리를 일본 사절단에 보냈다.

두 번째 회담은 2월 12일 진무영 집사청에서 개최되었다. 이날 일본 사절단은 미리 마련한 수호통상조약 초안을 제시하고 강경한 태도로 회담에 임했다. 하루 종일 쌍방에서 고성이 오가는 논쟁이 벌어졌다. 일본 측은 수호의 필요성을 역설하고, 조선 측은 부정론으로 맞섰다. 화가 난 구로다 전권대사는 조선이 자기들의 요구를 받아들이지 않으면 양국의 교류는 즉시 두절될 것이라고 협박했다.

세 번째 회담은 2월 13일 전날과 같은 장소에서 개최되었다. 일본의 구로다 전권대사는 이번에도 협박으로 일관했다. 구로다는 조선이 일본이 마련한 수호조약안을 신속하게 받아들이라고 압박했다. 만약 조선이 응하지 않으면 강화도 앞바다에 대기 중인 일본군이 한강 하류를 점령할 것이라고 말했다.

강화도에서 회담이 열리는 동안 국왕은 매일 중신회의를 소집해 대책을 협의했다. 그러나 이렇다 할 대책을 마련하지 못하고 있었다. 세 차례의 회담을 통해 일본이 무엇을 요구하는지 분명해졌고, 일본의 태도가 강경하다는 것을 알고 난 후에도 조선정부는 여전히 속수무책이었다. 국왕은 2월 14일 다시 중신회의를 소집했다. 이 회의에서도 여전히 강경파가 목소리를 높였으나 평화적인 방법으로 해결해야 한다는 의견이 많았다. 일본과 개전을 불사할 각오로 그들의 무례한 요구를 거절해야 한다는 의견은 소수였다. 강화도에서 전한 회담보고서 의견도 평화적으로 해결해야 한다는 것이었다. 조선정부는 2월 19일 협상의 전권을 접견대관 신헌에게 위임했다.

네 번째 회담은 2월 20일 조선 측의 요청으로 연무당에서 개최되었다. 이 회담에서 일본 측은 조선 측이 제시한 의정부 조회안에 운요호 사건에 대해 사죄하는 내용이 없다는 이유로 수락을 거부했을 뿐만 아니라 조약의 비준 문제를 제기하며 국가 원수의 존호를 기재해야 한다고 고집했다. 일본 측의 억지로 회담은 결렬상태에 빠졌다. 일본 측은 비준 문제에 대해 조선 측의 동의를 얻어내기 위해 필사적인 노력했다. 일본 측은 회담을 백지화하고 사절단을 철수하겠다고 조선 측을 협박했다. 실제로 구로다 전권대사는 일부 부하들을 이끌고 일본 군함으로 돌아가는 소동을 벌였다. 구로다는 회담장에서 나가면서 미리 준비한 "절교서"를 조선 측 대표에게 던졌다.

조약안의 본문이 이미 결정되었는데도 구로다는 비준의 형식이라는 지엽적인 문제로 교섭의 결렬까지 거론하며 강경한 태도로 일관했다. 교섭의 결렬은 전쟁의 개시를 의미했다. 일본은 교섭 초기부터 군사력을 배경으로 조선을 위협했고, 구로다는 그 태도를 끝까지 유지했다. 조선 측 대표단은 일본 측의 요구를 수락했다. 2월 26일 조선정부는 일본이 제시안 조약안을 거의 수정 없이 승인했다. 다음 날 연무당에서 조약식이 거행되었고, 조선 측의 비준서가 교부되었다. 조일수호조규는 강화도조약 또는 병자조약이라고도 한다.

08. 갈등

알을 깨는 아픔

제국헌법 발포 기념식 장면
그림 / 도쿄대학 법학부 소장

08. 갈등

알을 깨는 아픔

1. 반란

1) 저항

메이지 정부는 빠른 속도로 근대화 개혁을 추진했다. 서양의 제도를 모방하기에 바빴던 정부 관료들은 일본의 사회구조나 민중생활의 실정을 고려하지 않고 실적 위주의 정책을 추진하는 경우가 많았다. 그러자 소수의 특정 지역 출신 관료가 정치를 좌지우지하는 것에 불만을 품는 자들이 늘어났다. 일본인은 번벌정치藩閥政治에 저항하기 시작했다.

특히 양이론이 몸에 밴 사족들은 정부가 추진하는 정책에 저항감을 갖고 있었다. 폐번치현으로 부지불식간에 실업자로 전락하고, 신분철폐로 봉건적 특권마저 상실한 사족들의 절망감은 컸다. 그들 중에는 현실에 불만을 품는 자들이 많았다.

정한론쟁에 패배해 사직한 관료들은 불평 사족들의 저항감을 이용해 정치적인 입지를 강화하려고 했다. 사직한 관료들은 고향으로 돌아가서 반정부운동의 중심인물이 되었다. 불평 사족들도 한 때 존왕양이파 지도자였었던 사직 관료들을 추종했다. 사직 관료들은 반정부운동에 앞장섰다. 반정부운동은 폭동으로 발전하기도 했다.

반정부운동의 지도자 중 한 사람인 에토 신페이江藤新平는 1874년 자신의 고향 사가佐賀에서 불평 사족을 이끌고 반란을 일으켰다. 에토를 지도자로 한 사가의 불평 사족들은 정한론과 양이론을 외치며 궐기했다. 3,000명이 넘는 반란세력은 한 때 사가를 점령했다. 오쿠보 도시미치大久保利通가 직접 군대를 이끌고 반란세력을 진압했다. 오쿠보는 에토를 비롯한 반란군을 극형에 처했다.

1876년 폐도령과 질록 폐지를 반대하는 사족들이 잇달아 반란을 일으켰다. 같은 해 10월에 구마모토熊本에서 신푸렌新風連의 난이 일어났다. 이 반란은 구마모토 번 무사였던 170여 명의 사족이 폐도령에 불만을 품고 거병해 구마모토 진대를 습격한 사건이었다. 신푸렌의 난에 호응해 후쿠오카 사족 400여 명이 반란을 일으켰다. 같은 달에 야마구치 현山口縣 하기萩에서도 반란이 일어났다. 조슈 출신 육군 실력자 야마가타 아리토모가 히로시마·오사카 진대를 동원해 하기의 난을 진압하고 주모자를 참수형에 처했다. 사족의 반란은 가까스로 진압되었지만 정부는 적지 않은 충격을 받았다.

2) 봉기

지조개정사업이 본격적으로 추진되면서 정부와 농민의 충돌은 예견된 일이었다. 토지를 조사하고 측량하는 일은 대체로 순조롭게 진행되었으나 지가를 산정하고 지조地租를 확정하는 과정에서 문제가 발생했다. 특히 정부는 농민에게 고액의 지조를 강요했고, 농민은 부담이 가중되는 것에 반발했다.

정부는 1875년 3월부터 지조개정사업에 박차를 가했다. 내무경內務卿 오쿠보 도시미치가 지조개정사업을 총괄했다. 오쿠보는 1년 이내에 지조개정사업을 완료한다는 목표를 정하고, 지조개정을 감독하는 관리를 각 지방으로 파견했다. 지방관들은 농민의 처지를 전혀 고려하지 않고 오로지 지조개정사업을 조속히 마무리하고 반강제적인 방법으로 고액의 지조를 확정하는 일에 매달렸다. 그 과정에서 토지 소유자의 신고에 따라서 지가를 산정하고, 그것을 기준으로 지조를 확정한다는 원칙이 지켜지지 않았다. 그러자 농민은 더욱 격렬하게 저항했다. 1876년 5월 와카야마현和歌山縣 나가군那賀郡에서 최초로 농민봉기가 일어났다. 농민들은 지조개정 결과 산정된 지가의 인하를 요구했다.

1876년 11월 이바라키현茨城縣에서 지조개정에 반대하는 농민봉기가 일어났다. 11월 말부터 마카베군眞壁郡의 농민이 조세납부에 반대하는 집회를 잇달아 열었다. 농민들은 무기를 소지하고 출정했으나 경찰과 사족士族으로 구성된 병력에게 진압되었다. 12월 14일 미에현三重縣 이이노군飯野郡 농민들이 봉기했다. 농민들은 학교·우편국·관공소를 불태우면서 기세를 올렸다. 농민들은 "사람에게 상해하거나 집을 불태워서는 안 된다. 그러나 관청에 속한 것은 반드시 부수고 불태운다"라는 행동규율을 정하고 파괴와 방화를 계속했다.

미에현의 농민봉기는 아이치현愛知縣·기후현岐阜縣·시가현滋賀縣

으로 확산되었다. 지조개정에 반대하는 농민봉기가 정부·지방관·호농층에 준 충격은 사족의 반란에 비할 바가 아니었다. 지방관과 호농층은 농민의 불만이 전국적으로 파급되기 전에 사태를 수습하는 것이 최선이라고 생각했다. 정부는 1877년 1월에 지조를 지가의 2.5퍼센트로 하향 조정했다. 1876년 말부터 가고시마鹿児島의 사이고 다카모리西郷隆盛 추종세력이 반란을 준비하고 있는 징후를 감지한 정부는 농민의 요구를 전폭 수용했다.

3) 내전

불평 사족의 반란이 연이어 일어나자, 사족의 이목은 사이고 다카모리에게 집중되었다. 사이고야말로 정한론쟁의 핵심 인물이었고, 사족의 처지를 대변하는 인물이었다. 실제로 사이고는 불평 사족의 인망을 한 몸에 모으고 있었다.

사이고는 관직에서 물러난 후 고향 가고시마에 칩거했다. 불평 사족이 반란을 권유했으나 움직이지 않고 학교를 설립해 오로지 사족 자제들의 교육에 전념했다. 하지만 정부는 반정부 세력의 거점이라고 할 수 있는 가고시마를 예의 주시하고 있었다.

구마모토에서 신푸렌의 난이 일어나자 가고시마에서 반정부 기운이 고조되었다. 그 중심에는 사이고가 세운 사학교 학생들이 있었다. 당시 사학교 학생들이 가고시마를 장악하고 있었다. 초대 가고시마 현 현령을 비롯한 관리들도 사학교 학생들과 행동을 같이하고 있었다. 가고시마 현은 정부의 권력이 미치지 못하는 유일한 지역이었다.

1877년 1월 정부는 가고시마 현이 보유한 병기와 탄약을 오사카로 운반하라는 명령을 내렸다. 이에 반발한 사학교 학생들은 사이고를 지도자로 옹립하고 거병했다. 세이난 전쟁西南戰爭이 발발한 것이다. 사이고가 거병하자 기회를 엿보고 있던 사족들도 일시에 호응했다. 약 4만 명의 사족이 사이고의 부름에 따랐다. 사이고 군을 위해서 무기를 공급하는 자들도 있었다.

사이고가 정부에 반기를 들었다는 소식에 접한 정부 수뇌부는 총력을 기울여 사이고 군의 진격을 저지하려고 했다. 세이난 전쟁은 보신전쟁 이래 커다란 내란이었다. 정부 수뇌부조차도 승패의 행방을 가늠할 수 없는 전쟁이었다. 그래서 정부는 징병제도에 따라 징집된 군대를 총동원해 반란의 진압에 나섰다. 정부가 사이고 군을 진압하기 위해 투입한 군자금은 일 년 예산의 절반 이상이었다.

1877년 2월 15일 사이고는 약 2만3,000명의 병력을 이끌고 가고시마를 출발해 구마모토 성을 포위했다. 규슈 각지의 사족들도 속속 사이고 군에 합류했다. 사이고 군은 구마모토 성 함락을 자신하고 있었다. 사이고를 존경하고 따르는 정부군의 해군 지휘관과 구마모토 진대참모장이 정부를 배반하고 사이고 군 진영에 합류할 것이라고 굳게 믿고 있었다. 그러나 그런 일을 일어나지 않았다.

사이고 군에 포위된 구마모토 진대는 사이고 군의 공격을 물리치고 구마모토 성을 사수했다. 전국은 정부군에 유리하게 전개되었다. 정부군은 전열을 가다듬어 공세를 펼쳤다. 전략적으로 유리한 고지를 점령하고 구마모토 성을 포위한 사이고 군을 공격했다. 사이고 군은 허무하게 무너졌다. 전쟁이 시작된 지 약 8개월 만인 9월 24일 사이고가 자결했다. 세이난 전쟁이 끝났다.

전쟁에 참가한 6만 명의 정부군 중에서 6,300명이 전사했다. 약 4만 명이 전쟁에 참가한 사이고 군 중에서 약 2만 명이 전사했다. 세이난 전쟁으로 규슈 일원의 반정부 세력이 일소되었다. 징병된 군대의 위력이 다시 한 번 증명되었다.

2. 민권

1) 개시

1874년 11월 정계를 떠난 이타가키 다이스케板垣退助, 고토 쇼지로 後藤象二郎 등 전직 고관 여덟 명이 민선의원설립건백서를 정부에 제출했다. 이타가키는 권력을 장악한 소수 관료들이 천황도 민중도 안중에 두지 않고 전제권력을 휘둘러 국가의 위기를 초래하고 있다고 비난하면서, 위기를 타개할 방법은 민선의원을 설립하는 것이라고 주장했다. 이타가키는 민중의 참정권도 역설했다.

건백서를 제출한 여덟 명의 전직 고관 중에서 네 명이 도사土佐 출신, 두 명이 히젠肥前 출신이었다. 당시 권력은 사쓰마·조슈 출신자가 장악하고 있었고 도사·히젠 출신자는 비주류였다. 건백서는 권력에서 소외된 비주류파가 주도한 것이었다.

일본이 열강과 어깨를 나란히 하기 위해서는 대국으로 성장해야 하며, 그러기 위해서는 입헌정치의 도입이 불가결하다는 것은 정부 고관들도 인식을 같이 하고 있었다. 그런 의미에서 건백서는 정부가 반대할 수 없는 민선의원 설립이라는 명분을 선점해 비주류파가 주류파를 공격한 것이라고 할 수 있다.

이타가키가 건백서를 제출하던 날, 이와쿠라 도모미岩倉具視 암살 미수사건 범인이 검거되었는데 공교롭게도 범인은 도사 출신 사족이었다. 또 건백서가 제출된 지 한 달도 되지 않아서 건백서에 서명한 에토 신페이가 고향에서 반란을 일으켰다. 그러자 정부 수뇌부는 건백서 제출은 불평 사족의 반란과 연계된 반정부운동이라고 믿었다. 정부는 건백서를 묵살했다.

건백서는 비록 묵살되었으나 일본사회에 큰 영향을 미쳤다. 당시

정부에 제출하는 건의서는 비공개를 원칙으로 했으나 이타가키는 건백서를 신문에 공표했다. 그러자 커다란 반향을 불러 일으켰다. 정부 관리가 시기상조론으로 반론하면 재야 지식인이 그것에 반박하면서 논쟁이 벌어졌다. 논쟁은 권력을 장악한 소수 관료와 공론의 대립이라는 구도로 전개되었다.

2) 대립

이타가키 다이스케는 1874년에 입지사立志社를 설립했다. 1875년 2월에는 이타가키의 주도로 정치단체 대표들이 모여서 애국사愛国社라는 전국적인 조직을 결성했다. 애국사에 참가한 자들은 주로 서부 일본의 사족으로 세이난 전쟁 때 사이고 군에 호응했던 자들이 많았다. 애국사는 도쿄에 본사를 두었다.

자유민권운동이 점점 확산될 조짐을 보였다. 두려움을 느낀 오쿠보는 이타가키와 전격 회동했다. 타이완 침략 문제로 오쿠보와 대립해 정계에서 물러났던 기도 다카요시木戸孝允도 회의에 참석했다. 그 자리에서 오쿠보는 이타가키에게 헌법을 기초로 한 정치체제를 만들어 갈 것을 약속했다. 기도와 이타가키의 정부 복귀도 보장했다. 이타가키는 곧 입각했다. 정부는 점차로 국민의 대표를 소집하고 여론을 조성해 법률을 제정하겠다는 내용의 천황 조서를 발표했다. 이타가키가 입각하면서 애국사는 사실상 붕괴되었다.

오쿠보는 반정부운동을 와해시키는데 성공했다. 하지만 1875년부터 격화되기 시작한 지조개정 반대 농민폭동은 새로운 문제로 대두되었다. 농민폭동은 호농층의 지도로 전개되었다. 호농층은 선거로 지방의회를 열 것을 정부에 요구했다. 호농층을 중심으로 자유민권운동이 성장했다.

    자유민권운동가들은 신문을 발행해 민중에게 저항권이 있다는 것을 역설했다. 그러자 정부는 언론을 탄압했다. 신문지조례를 제정해 공포했고, 민중이 관리를 비판하는 것을 금하는 법률을 제정했다. 정부의 민권탄압에 언론은 크게 반발했다. 1875년 10월 권력에 복귀했던 이타가키도 사직했다.

3) 발전

    1877년 세이난 전쟁에서 정부군이 승리하자, 일부 민권파는 무력을 앞세운 저항을 단념하고 자유민권운동에 투신했다. 같은 해 6월 입지사는 국회개설건백서를 제출했다. 장문의 건백서는 정부의 실정을 공격하는 내용으로 구성되었다. 관료가 전제정치를 하고 있다는 것, 정치에 일관된 방침이 없다는 것, 정치가 너무 중앙에 집중되어 있다는 것, 민중에게 의무만 있고 권리가 없다는 것, 재정이 문란해 극소수만 혜택을 본다는 것, 조세가 너무 무거워 민중이 감당하기 어렵다는 것, 그리고 외교에도 많은 문제점이 있다는 것 등을 지적했다.

    1878년 4월 이타가키는 애국사를 재흥했다. 각지의 단체들과 연락을 취하고 유세가 있으면 연사를 파견했다. 이타가키는 정부의 감시 속에서 활동을 계속했다. 같은 해 5월 오쿠보가 암살되었다. 그런데 범인이 도사 출신 사족이라는 풍문이 돌아서 애국사의 활동은 더욱 제약되었다. 자유민권을 주장하는 것만으로도 정부의 감시를 받았다. 하지만 농민의 지조경감 요구와 민중의 참정권 요구가 맞물리면서 민권운동은 전국적으로 확산되었다. 사족을 중심으로 하던 민권운동에 호농과 상인들이 참가하면서 계층을 초월한 운동으로 발전했다.

1879년 11월 애국사 제3회 대회가 오사카에서 개최되었다. 대회에서 국회개설 청원을 하기로 결정했다. 이 대회에서 애국사는 국회기성동맹国会期成同盟으로 명칭을 변경했다. 이어서 열린 국회기성동맹 제1회 대회에서 국회개설을 청원하기로 했다. 명칭의 변경은 이 단체가 운동의 목표를 국회개설에 두었다는 것을 의미한다.

신문도 국회개설운동에 호응했다. 민권운동이 전개되면서 정부 요인뿐만이 아니라 민간에서도 모의헌법이 작성되었다. 정부는 집회신청, 결사신청, 경찰의 허가권, 회의장의 감시·해산 등을 내용으로 하는 집회조례를 만들어 단속을 강화했다. 하지만 정부도 국회개설을 적극적으로 검토하지 않을 수 없게 되었다.

4) 정변

정부 내에서는 오쿠마 시게노부가 후쿠자와 유키치 등과 협력해 헌법을 제정하고 즉시 국회를 개설해 의회중심 정당정치를 시행하자고 주장했다. 오쿠마는 이토 히로부미를 비롯한 사쓰마·조슈 출신 번벌세력의 견제를 받았다. 번벌세력은 군주의 권한이 강화된 헌법을 제정하려는 뜻을 갖고 있었다.

1881년 홋카이도 개척사 관유물 불하사건이 터졌다. 그 해에 홋카이도 개척사 관영사업이 종료되었다. 그런데 개척사 장관 구로다 기요타카가 관영공장을 특정한 무역회사에 헐값으로 불하하는 과정에서 사건이 일어났다. 더구나 그 무역회사는 불하를 목적으로 급조된 단체로 회사 간부는 사쓰마·조슈 출신이었을 뿐만이 아니라 전직 개척사 관리들이었다.

구로다는 12년간 약 1,400만 엔이라는 거금을 투자한 관영공장을 약 39만 엔에, 그것도 무이자 30년 상환이라는 조건으로 불하하려고 했다. 이러한 계획이 신문에 폭로되자 여론이 악화되었다. 민권파는 번벌 정부와 정상政商의 결탁을 공격했고 국회개설의 필요성을 주장했다.

번벌세력은 관유물 불하에 관한 정보를 유출한 자가 정부 내에 있다고 믿었고, 그 인물로 오쿠마를 지목했다. 히젠 번 출신의 오쿠마는 사쓰마·조슈 출신이 주축을 이룬 정부 고관 중에서도 선임 격이었다. 독재 권력을 휘두르던 오쿠보가 암살된 후 실질적으로 정부를 이끌던 인물이었다. 하지만 그는 국회의 즉시 개설을 주장하는 급진주의자였다. 그래서 민권파와 내통했다는 의심을 받았다.

관영공장 불하사건이 터지면서 오쿠마와 더욱 대립하게 된 번벌세력은 반대파를 축출할 계획을 세웠다. 1881년 10월 번벌세력은 오쿠마와 가까운 세력으로 분류되는 인물들을 정부에서 모두 추방했다. 동시에 정부는 관영공장 불하 중지와 10년 후에 국회를 개설하겠다고 선언했다. 특히 국회개설을 공언함으로써 난국을 정면으로 돌파하려고 했다. 이것을 메이지 14년의 정변이라고 한다. 이 정변으로 이토 히로부미와 이노우에 가오루가 정치의 전면에 나섰다. 번벌세력의 지도력은 더욱 강화되었다.

5) 정당

정부가 국회개설을 약속하자, 1881년 10월 국회기성동맹을 모체로 하고 이타가키를 당수로 하는 자유당이 결성되었다. 다음 해에는 오쿠마 시게노부를 당수로 하는 입헌개진당이 결성되었다.

자유당은 프랑스식 급진주의 경향을 띠고 있었고, 사족·상업자본가·농민을 계급적 기반으로 했다. 입헌개진당은 영국식 온건주의 경향을 띠고 있었고, 지주·산업자본가·지식인을 계급적 기반으로 했다. 정부도 1882년에 관리·신관·승려를 기반으로 하는 어용정당인 입헌제정당을 결성해 대항했다.

각 정당은 지방을 돌며 당세를 확장했다. 이타가키가 지방 유세를 하던 중 괴한에게 습격을 당해 상처를 입었다. 당시 이타가키는 "이타가키는 죽어도 자유는 죽지 않는다"는 유명한 말을 남겼다. 그래서 이타가키는 자유의 화신이라고 추앙되기도 했다. 여성도 민권운동에 참여하기 시작했다.

정부는 집회조례를 개정해 민권운동의 탄압을 강화했고, 자유당과 입헌개진당의 반목을 조장해 민권운동의 기반을 약화시키려고 했다. 1882년 11월 이타가키는 정부의 권유로 외유했다. 입헌개진당은 이타가키의 도덕성을 집중 성토했다. 자유당도 정상 미쓰비시가 후원하는 입헌개진당의 비리를 폭로하면서 반격을 가했다. 공동의 적을 앞에 두고 자유당과 입헌개진당은 이전투구 양상을 벌였다. 자유당은 자금이 고갈되었고 탈당하는 당원이 늘어났다. 입헌개진당 또한 미쓰비시와의 관계를 청산해서 자금이 부족했다. 양당은 함께 세력을 잃었다. 1884년 10월 자유당이 해산했다. 입헌개진당도 같은 해에 오쿠마가 탈당하면서 구심점을 잃고 표류했다. 존재의 필요성이 없어진 입헌제정당도 1883년 9월에 해산했다.

6) 쇠퇴

자유민권운동의 저조와 정부의 탄압에 분노한 자유당 좌파는 새로운 모색을 했다. 그들은 마쓰카타 재정의 영향으로 불황에 처한 상인·농민들과 연대해 각지에서 곤민당이라는 당을 조직하고 고리대금업에 대항했다. 곤민당 지도부는 무력에 의한 정부 전복을 목표로 하면서 농민운동을 이끌었다.

자유민권운동이 활발했던 동북·관동 지방에서 자유당원의 지도로 농민운동이 활성화되었다. 1882년 후쿠시마福島 사건을 시작으로 1884년에는 군마群馬 사건·가바산加波山 사건·지치부秩父 사건·이이다飯田 사건이 연이어 일어났다. 대부분이 자유당원이 중심이 되어 정부에 항거한 사건이었다. 그중에서 지치부 사건이 가장 격렬했다. 약 1만 명 이상의 농민이 봉기했다. 농민들은 채무·공과금 반감, 징병령 개정, 소작료 면제 등을 요구하며 금융업자·대지주·관공서를 습격했다. 경찰과 교전하기도 했다. 정부는 군대를 출동시켜 가까스로 봉기를 진압했다. 주모자 일곱 명이 사형, 일곱 명이 무기징역에 처해졌다. 이러한 과정을 통해 자유당의 기반이었던 농민이 몰락하고 급진적인 행동에 반대하는 당원들이 이탈했다.

지치부 사건 이후 민권운동은 당분간 침체했으나 1886년경부터 부흥의 기운이 감돌기 시작했다. 당시 정부는 조약개정을 추진하고 있었다. 민권파는 정부의 서양화 정책과 조약개정 방침이 매우 비굴하다며 정부를 공격했다. 1887년 10월 고토 쇼지로가 유지간담회를 개최해 국민의 대동단결과 정치가의 여론 존중을 촉구했다. 단체를 결성해 분열된 민권운동을 통합하고 세금감면, 언론·집회의 자유, 조약개정 교섭의 쇄신 등을 요구하며 정부를 압박했다. 제1차 이토 히로부미 내각은 보안조례를 공포해 민권운동을 탄압했다. 민권운동가 570명이 황궁에 근접하지 못하게 추방되었다.

1887년 자유의 화신으로 추앙되던 이타가키가 화족의 반열에 올랐다. 1889년 고토도 변절해 정부의 체신대신으로 입각했다. 대동단결운동이 좌절되었다. 이타가키와 고토는 자유민권운동을 등에 업고 정부를 비판하면서 입지를 강화해 입신영달에 성공했던 것이다. 그들이 반정부운동을 했던 목적이 어디에 있었는지 생각해 보게 한다.

3. 헌정

1) 준비

　국회를 개설하겠다고 약속한 정부는 헌법 제정 준비에 착수했다. 1882년 이토 히로부미가 독일로 건너갔다. 이토가 출발하기 전 이와쿠라를 비롯한 정부 수뇌부는 독일 헌법을 모범으로 하겠다는 방침을 정했다. 독일의 정세가 일본과 흡사하다는 이유였다. 이토가 독일에서 헌법이론과 운용법을 배우고 귀국한 후, 정부는 헌법의 기초를 마련하고 제도를 개정하는 작업에 착수했다.

　정부는 1884년 3월부터 각종 제도의 개혁을 단행했다. 1884년 7월 화족령을 제정하고, 장래 귀족원을 구성하기 위해 화족제도를 정비했다. 종래 화족에다 정부수립 공신들을 추가해 공·후·백·자·남의 오등작으로 구분하고 그 신분은 세습하도록 했다. 화족은 황실을 보호하면서 중의원에 대항하는 역할을 했다.

　1885년 내각제도를 창설했다. 총리대신 이하 각 성의 대신이 사무를 분담해 처리하도록 했다. 총리대신은 각 성의 대신을 통제해 정무의 통일성과 능률을 강화하도록 했다. 초대 총리대신으로 이토 히로부미가 취임했다. 각료의 대부분이 사쓰마·조슈 출신자였다. 귀족과 다이묘 출신 세력은 정치에서 자취를 감췄다. 1886년에 관리임용시험을 제도화했다. 관리의 복무규정도 정해졌다.

　궁내성宮內省을 내각에서 분리했다. 황실과 정부를 명확하게 구분한 것이다. 또 내대신을 두어 국새와 천황의 인감을 관리하고 궁중 사무를 통괄하면서 천황을 보좌하게 했다. 또 국가재정에서 황실회계를 분리해 황실재산을 설정했다. 종래에는 비교적 소규모였던 황실재산이 크게 늘어났다. 전국 각지의 광대한 임야를 황실 소유로 하고, 정부 소유의 은행과 회사의 주식도 황실재산에 편입시켰다.

1888년에 추밀원이 설치되었다. 헌법초안을 심의하기 위해서였다. 초대 추밀원장에 이토 히로부미가 취임했다. 추밀원은 고문관과 각료로 구성되었다. 추밀원은 천황의 권력을 옹호하는 데 힘을 기울였다. 추밀원은 '번벌 관료의 근거지'라고 일컬어졌다.

1883년 지방자치의 개혁에 착수했다. 1888년에 시제市制와 정촌제町村制를 정비했다. 구區는 시市로 재편되었다. 1889년 4월에는 39개 시가 탄생했다. 정촌제는 무라村를 통합해 보다 넓은 행정단위로 했다. 정촌회는 세금 2엔 이상을 납부한 자들 중에서 선출된 자들로 구성했다. 1890년 부현제府縣制와 군제郡制를 제정해 입헌정치의 기초를 다졌다. 지방자치제도 역시 독일의 제도를 모방했다.

시장과 정촌장은 군장의 지도·감독을 받고, 군장은 다시 지사에 의해 통제되었다. 관선 지사와 군장이 커다란 권한을 갖고 있었다. 시·정촌회 의원은 제한선거로 선출되었다. 선거권은 2엔 이상의 납세자에게만 주어졌다. 부현회·군회의 의원선거는 선거자격이 한층 제한되었다.

군대는 천황에 직속되었다. 1878년 천황의 신성함을 강조하고, 군인이 정치에 관여하는 것을 금한 군인훈계가 정해졌다. 1882년에 그 내용을 구체화시킨 군인칙유軍人勅諭가 제정되었다. 이것은 군인이 정치에 관여하는 것을 금함은 물론 충절·무용·신의·예의·질소를 무겁게 여기고, 군대는 천황을 통수권자로 하는 집단임을 강조하는 것이었다. 군인칙유는 군인의 특권의식을 조장하는 근거가 되었다.

2) 제정

1886년경부터 이토 히로부미는 독일의 법학자 뢰슬러K.F.H. Roesler의 지도 아래 헌법 초안을 기초했다. 초안은 사전에 내용이 누설되지 않도록 철저하게 보안을 유지했다. 헌법 초안은 여러 번의 수정작업을 거쳐서 1888년 4월에 완성되었다. 정부는 그 내용을 극비에 붙였다.

헌법 초안은 국민의 청원수리권을 박탈한 것이었다. 국회의 예산심의권은 인정했지만, 만약 국회에서 예산안이 통과되지 않았을 경우에 천황의 결재로 내각이 집행할 수 있도록 했다. 국회의 예산심의권을 사실상 무력화시킨 것이다. 헌법 초안은 추밀원에서 천황이 임석한 가운데 심의를 거쳤다. 심의내용은 비공개였고 민중의 의견은 반영되지 않았지만 의회를 사실상 무력화시키는 내용에 약간의 수정이 가해졌다.

1889년 2월 11일 기원절에 천황이 내각 총리대신에게 수여하는 형식으로 대일본제국헌법이 공포되었다. 제국헌법은 천황이 단독 의지로 공포하는 형식을 취한 흠정헌법이었다. 제국헌법과 아울러 황실전범·의원선거법·귀족원령이 공포되었다.

3) 내용

제국헌법은 7장 76조로 구성되었다. 헌법의 기본원칙은 천황주권이었으며, 신성불가침한 천황에게 절대적인 권한이 집중되었다. 천황이 어떠한 존재인지를 알 수 있는 헌법의 조목을 들어보면 다음과 같다. "대일본제국은 만세일계万世一系의 천황이 이를 통치한다."(제1조) "천황은 신성神聖해 범할 수 없다."(제3조) "천황은 제국의회의 협찬으로 입법권을 행사한다."(제5조) "천황은 육해군을 통수한다."(제

11조) "사법권은 천황의 이름으로 법률에 의해 재판소가 이를 행한다."(제57조)

제국헌법은 제1조에서 일본의 주권이 천황에 있음을 선언했다. 국민은 '신민'으로 위치되었다. 국민에게는 법률의 범위 내에서 소유권의 불가침, 종교의 자유, 언론·집회·결사의 자유가 인정되었다. 의회를 통해 국정에 참여하는 길도 열어놓았다. 하지만 국민의 기본권은 어디까지나 '신민'으로서 의무를 다했을 때에 한해 '베풀어지는' 것이었다. 전시 또는 국가에 위급한 일이 발생했을 때는 천황 대권이 국민의 기본권에 우선했다. 천황은 긴급칙령으로 법률을 제정하거나 폐지할 수 있었다. 헌법은 천황을 통치권의 총괄자로 하고, 천황은 행정 각부의 관제를 정하고 관리를 임명했다. 관리는 국민의 관리가 아니라 천황의 관리였던 셈이다. 국무대신도 천황에 책임을 졌다. 의회의 찬성 없이 공포할 수 있는 명령의 범위가 매우 광범위했다. 행정부의 권한을 의회의 상위에 두는 구조였다. 의회의 소집이나 중의원의 해산권을 천황의 대권으로 했다. 육해군의 통수·선전·강화·조약체결을 천황의 대권에 종속시키고, 통수권을 입법·행정에서 독립시켰다. 의회는 천황의 권한에 간섭할 수 없었다.

제국의회는 귀족원과 중의원의 양원제로 구성되었다. 귀족원은 황족·화족, 그리고 천황이 임명한 의원으로 구성되었다. 중의원은 선거로 선출된 의원으로 구성되었다. 귀족원은 상원, 중의원은 하원으로 했지만 양자의 권한은 대등했다. 의회는 법률안과 예산안의 심의밖에 할 수 없었다.

정부는 1890년경부터 법전의 편찬을 서둘렀다. 민법의 친족과 상속 규정에 대한 비판의 목소리가 높았다. 서양의 법률을 모방한 민법은 일본의 전통적인 도덕규범을 파괴할 위험성이 있다는 것이다. 민법의 시행을 둘러싸고 실시론과 개정론이 대립했다. 이것은 자유주의와 국가주의의 대립을 의미하는 것이기도 했다. 결국 개정론이 승리해 호주권이 강화되고, 가산의 상속 외에 가독의 상속권이 명기되었다.

4) 의회

1890년 7월 일본에서 처음으로 중의원 의원선거가 실시되었다. 선거는 25세 이상의 남자로, 직접국세 15엔 이상 납부한 자에게만 자격이 주어진 제한선거였다. 선거권자는 45만 명으로 전 인구의 1.5퍼센트에 불과했다. 제1회 총선거의 경쟁률은 전국적으로 2.5배, 투표율은 93퍼센트에 달했다. 입후보자는 지방 명망가 출신으로 지방의회 의원을 경험한 자가 대부분이었다. 홋카이도와 오키나와에서는 선거법이 시행되지 않았다. 귀족원 의원은 화족 중에서 호선된 의원, 다액납세자 중에서 호선된 의원, 그리고 천황이 임명한 칙선의원으로 구성되었다.

국회 개설 직전에 다시 결성된 자유당은 다른 단체와 연합해 입헌자유당을 결성했다. 입헌자유당은 중의원 선거에서 130명을 당선시켰다. 민당 세력은 입헌개진당 의원 41명까지 합하면 171명이었다. 여당인 대성회大成會는 79명을 당선시키는 데 그쳤다. 민당이 압도적인 우위를 점했다.

1890년 11월 제1회 제국의회가 소집되었다. 의회에서는 국민생활을 안정시키기 위해 경비를 절감해야 한다는 민당과 군비확장을 추진하는 정부가 예산안을 둘러싸고 대립했다. 민당이 예산의 10퍼센트를 삭감하려고 하자, 정부는 자유당 의원들을 매수해 예산안을 통과시키기도 했다. 군비확장을 위한 예산이 삭감될 위기에 처하자 해군대신이 의회에서 "오늘날의 일본이 있는 것은 사쓰마·조슈 출신들의 노력이 있었기 때문"이라는 취지의 연설을 했다. 이 사건으로 의회는 해산되었다.

　1892년 2월 제2회 총선거가 실시되었다. 조슈 출신 내무대신이 경찰과 헌병을 동원해 민당 후보자들의 활동을 감시했다. 선거전은 치열했다. 선거 기간 중에 약 400명의 사상자가 발생했다. 정부의 방해공작에도 불구하고 선거는 민당의 대승리로 끝났다. 내무대신은 사임했다. 이번에는 민당이 정부의 군함건조 예산을 삭감하려고 했다. 그러자 천황이 직접 군함건조자금을 내고, 관리도 봉급의 10퍼센트를 내놓는 운동을 벌였다. 의회의 예산삭감 노력은 무산되었다.

　민당이 우위를 점하자 정부는 초연주의방침을 취했다. 초연주의는 정부가 정당의 언동에 제약되지 않고 초연하게 정책을 실현해 나간다는 것이다. 결과적으로 정당을 무시하는 것이었다. 민당의 예산삭감요구에 정부는 의회를 해산하고 선거에 간섭하는 방법으로 대항했다. 그러나 청일전쟁이 일어나자 제국의회의 분위기는 일변했다. 오히려 민당이 앞장서 정부 정책에 적극 협력했다.

5) 정당

　1892년에 성립한 제2차 이토 히로부미 내각은 자유당과 제휴해 이타가키 다이스케를 내무대신으로 맞아들였다. 제2차 마쓰카타 마사요시松方正義 내각은 진보당과 제휴해 오쿠마 시게노부大隈重信를 외무대신으로 맞아들였다. 하지만 오쿠마는 사직했고 내각은 붕괴되었다. 다음에 성립한 제3차 이토 내각도 군비확장을 위한 증세정책이 자유당과 진보당의 반대에 부딪혀 5개월 만에 붕괴되었다. 정당의 성장은 내각의 부침에 커다란 영향을 미치게 되었다.

　이토는 원로들의 반대로 총리대신에서 물러나고, 1898년에 자유당과 진보당이 통합하면서 결성된 헌정당 총재 오쿠마 시게노부에게 정권을 물려주었다. 이타가키도 입각했다. 불완전하지만 일본 최초의 정당내각이 성립된 것이다. 육군대신·해군대신 이외에는 모든 대신이 헌정당에서 배출되었다.

하지만 일본 최초의 정당내각은 약체를 면할 수 없었다. 헌정당은 중의원의 절대다수를 점하고 있었음에도 불구하고, 자유당 계파와 진보당 계파의 대립이 심했고, 관료파의 공격도 격렬했다. 문부대신이 공화정을 비판한 연설이 구설수에 올라 사직하기도 했다. 사임한 문부대신의 후임을 둘러싸고 내분이 심화되었다. 자유당 계파는 정당의 해산을 요구했다. 결국 자유당 계파는 헌정당으로, 진보당 계파는 헌정본당으로 분열되었다. 정당이 분열되면서 내각은 불과 4개월 만에 붕괴되었다.

1900년 현안이었던 중의원 의원선거법이 개정되었다. 선거권이 직접국세 10엔 이상 납부한 자에게 부여되면서 유권자가 2배로 증가했다. 납세액으로 제한을 두었던 피선거권도 철폐되었다. 국민의 참정권이 대폭 확대되었다. 무기명 비밀투표제가 도입되었다.

의회가 정치의 중심으로 부각되자, 이토 히로부미는 정당을 결성하기로 결심했다. 정당 결성에는 천황의 출자금과 미쓰이·미쓰비시의 원조에 힘입었다. 1900년 9월 이토는 입헌정우회를 결성하고 스스로 총재가 되었다.

이토는 종래의 정당에 비판적이었다. 이토는 종래의 정당이 국가의 앞날은 걱정하기보다 오로지 정부를 공격하는 데만 앞장서고, 당리당략에만 치우치는 것이 유감이었다. 그래서 스스로 모범적인 정당을 결성하려고 했다. 이토는 당수가 독재하는 정당이 바람직하다고 여겼다. 즉 이토는 당수가 국가 방침을 실현하기 위해 정부와 협력하는 정당을 조직하고자 했다. 정권을 담당할 때도 각료의 인선은 총재의 뜻대로 하고, 각료는 정당원에 한정하지 않는다는 것이었다.

이토 히로부미는 정당을 결성할 때 실업가·지주·지방의원에게 입당을 권유해 폭넓은 지지층를 확보했다. 입헌정우회는 번벌정치가·상업자본가·지주의 연합세력이라고 할 수 있었다. 그것은 자유당의 역사가 내리막길에 접어들었다는 것을 의미했다.

이토는 1902년 총선거로 190명의 의원을 거느리게 되었다. 당시 중의원의 정원은 376명이었으니까 전체 의석의 과반수를 확보한 것이다. 이토는 입헌정우회를 여당으로 제4차 이토 내각을 조직했다. 미쓰이가 후원하는 이노우에 가오루를 재정대신에, 미쓰비시가 후원하는 가토 다카아키加藤高明를 외무대신에 등용했다.

야마가타 아리토모山県有朋는 이토의 입헌정우회 결성에 비판적이었다. 야마가타의 영향력 아래 있는 관료들과 귀족원 의원들은 입헌정우회에 참가하지 않았을 뿐 아니라 입헌정우회와 이토 내각의 반대세력이 되었다. 그들의 집요한 공격으로 이토 내각은 6개월 만에 붕괴되었다.

이토와 야마가타는 정치의 일선에서 물러나 원로로서 정치를 조종했다. 원로들은 메이지 유신을 성공적으로 이끈 원훈들이며 천황의 최고 정치고문이었다. 원로는 이토·야마가타·구로다 기요타가黑田淸隆·이노우에 가오루井上馨·마쓰카타 마사요시松方正義·오야마 이와오大山巖·사이고 쓰구미치西鄕從道였다. 이후에 가쓰라 다로桂太郞·사이온지 긴모치西園寺公望가 원로 그룹에 합류했다. 원로들은 후계 총리대신의 결정이나 추천, 중요 정책의 상담 등 내각을 배후에서 조종했다.

1901년의 제1차 가쓰라 다로 내각이 성립된 후, 야마가타의 후계자 가쓰라와 이토의 후계자 사이온지가 교대로 내각을 조직했다. 제국의회가 개설된 지 10년이 지나면서 정당정치 발전의 기초가 다져졌다.

오사카 방적공장 작업 광경

09. 성숙

빛과 그림자

나가사키 조선소 진수식 장면
사진 / 미쓰비시 중공업

09. 성숙

빛과 그림자

1. 발달

1) 경공업

일본의 산업혁명은 공장제 방적업이 주도했다. 1870년대 후반부터 서양식 기계를 설치한 제사공장이 설립되었다. 1890년에 들어서면서 서양식 기계로 생산하는 제품이 재래식 방식으로 생산하는 제품을 웃돌게 되었다.

제사공장은 영세했다. 생산량과 품질은 각지에서 모여든 여공의 노동과 기술에 의존하지 않을 수 없었다. 여공들의 대부분이 경제적으로 낙후된 지역 소작인 자녀들이었다. 그들은 기숙사에서 생활하면서 장시간 노동에 시달렸다. 여공들의 노력에 힘입어 생사 수출이 증가했다.

1882년에 오사카방적회사가 설립되었다. 이 회사는 재계의 유력한 인사들이 은행의 자금 지원을 받아 설립했다. 증기기관을 이용하고, 중국의 면화를 원료로 하면서 주야 12시간 맞교대 방식으로 운영해 성공을 거두었다.

오사카방적회사의 성공은 민간실업가의 투자의욕을 자극했다. 오사카·교토 지역을 중심으로 규모가 큰 방적회사가 연이어 설립되었다. 그 규모는 오사카방적회사에는 미치지 못했으나 기존의 관영 방적공장 보다 몇 배나 큰 규모였다. 1884년을 정점으로 유럽에 이어 미국이 주요 면사 수출지역으로 부상하면서 방적업이 호황을 누렸다. 수출업자는 품질을 향상시키기 위해 막대한 자본을 투자해 기계를 개량했다.

1890년에는 흉년으로 면포 수요가 크게 감소했다. 일본 경제는 처음으로 공황을 경험했다. 방적회사들은 조업을 단축하고 기존의 영국산 방적기를 미국에서 발명된 새로운 방적기로 교체했다. 미국산 방적기는 생산성이 뛰어났을 뿐만 아니라 힘이 약한 여성도 쉽게 다룰 수 있었다. 무엇보다도 신제품 방적기는 작동이 간편했다. 그래서 저임금 여공을 채용해 채산성을 높일 수 있었다. 원료도 값싼 인도산 면화로 교체했고, 면사 수출관세와 수입관세도 철폐되어서 경쟁력이 강화되었다. 1891년부터 10년간 면사 생산량은 4배 이상 증가했다. 방적업 급성장 배경에는 청일전쟁이 있었다. 청일전쟁 후에 조선과 중국으로 수출되는 면사가 급증했다.

방적업 발달은 직물업 발달을 촉진시켰다. 1870년대부터 방직기가 수입되면서 기계공업이 발달했다. 그러나 방직업은 방적업과는 달랐다. 대규모 공장이 생산을 주도한 것은 아니었다. 1880년대 중반에는 방직기가 근대화되었지만 여전히 가내공업적 성격이 강했다.

경기가 호전되고 출판업이 발달하면서 제지업도 호황을 누렸다.

1880년대 말에는 일본에서도 목재 펄프를 이용한 종이를 생산하게 되었다. 규모가 큰 제지회사가 잇달아 설립되었다. 청일전쟁 후에는 국내 수요를 충당하고 남았다. 1896년부터 수출이 개시되었다.

2) 중공업

러일전쟁 후에는 중공업 중심의 제2차 산업혁명이 일어났다. 처음에는 관영 군사공장이 민간산업과 비교가 되지 않을 정도로 높은 기술을 보유하고 있었다. 청일·러일전쟁을 거치면서 민간 중공업, 특히 조선업과 철공업의 수요가 증가했다. 민간 중공업은 관영 군사공장의 하청을 맡으면서 발전하기 시작했다.

중공업 발전의 기초가 된 것은 야하타八幡제철소였다. 이 제철소는 1897년에 관영으로 건설되기 시작했다. 1901년에 약 5,000명의 직원이 조업을 개시했다. 야하타제철소는 일본의 광산은 물론 중국의 광산에서도 철광석을 수입해 철을 생산했다. 야하타제철소는 조업 1년 만에 일본 선철의 53퍼센트, 강철의 83퍼센트를 생산했다. 1901년에서 1913년까지 선철 생산은 5배, 강철 생산은 40배로 증가했다.

제철업의 발전은 철강제품의 수입률을 낮췄고, 기계·철도·차량·선박·병기의 국산화를 촉진시켰다. 민간에서는 제강·제판을 주로 하는 제철소가 설립되었다. 영국과 공동 출자한 일본제철소도 설립되었다. 공작기계의 생산도 서서히 성장했다. 러일전쟁을 계기로 미쓰비시전기를 비롯한 민간 기계제작소가 건설되었다.

해군공창이 관할하는 각지의 조선소와 조병창에서 대형 선박이 건조되었다. 도쿄·고베神戸·나가사키에 세워진 민간 조선소에서도 대형 선박을 건조할 수 있게 되었다. 조선기술은 이미 세계적인 수준에

도달해 있었다.

일본은 일찍부터 수력전기 사업도 발전했다. 동력도 증기에서 전기로 교체되었고 전등이 가정에 보급되었다. 시멘트 공업과 화학비료 공업도 발전했다.

3) 광업

중공업이 발전하면서 광업도 비약적으로 발전했다. 수익성이 높은 관영 광산은 대부분 미쓰이·미쓰비시와 같은 큰 회사에 불하되었다. 최신기술을 도입한 동銅광산의 생산량은 1870년대에 2백 톤, 1880년대에 1,000톤, 1900년대에는 3,800톤에 달했다. 특히 1902년에 새로운 제련법을 도입해 면목을 일신한 결과 금·은의 생산량도 증가했다. 석유는 스탠더드회사가 자금을 투자해 채유에 착수했다.

1890년대 후반부터 석탄 수요가 증가했다. 공업용 원료로 석탄이 대량 소비되었다. 석탄의 수요가 급증하자 전국 각지에 탄광이 개발되었다. 1880년대 전반에는 증기력을 이용한 배수용 펌프가 등장했고, 증기력을 이용한 석탄운반용 기계도 도입되었다. 기계화가 진전되면서 미쓰이·미쓰비시가 석탄사업에 진출했다. 채탄작업은 여전히 광부의 손에 의지하는 수준이었다. 광부는 작업반장이 철저하게 관리했다. 작업반장이 노동자의 모집에서부터 노무관리까지 책임졌다. 작업반장은 채탄량을 늘리기 위해 광부를 가혹하게 부렸다. 광부의 임금은 작업반장을 통해 지급되었다.

4) 교통과 통신

1889년 도쿄와 고베神戶를 연결하는 철도가 개통되었다. 1891년 일본철도회사가 도쿄와 아오모리青森를 연결하는 철도를 개통했다. 1906년에는 철도의 총 길이가 7,646킬로미터에 달했다.

정부는 철도 통제를 강화했다. 민간철도가 경영난에 시달리자, 1906년에 철도국유법을 제정해 17개의 민간 철도회사의 재산을 인수해 국유화했다. 국유철도는 전국 철도 길이의 90퍼센트를 점했다. 4억 8,000만 엔이라는 거액의 매수자금은 공채로 충당했다. 이런 조치는 금융자본이 형성되는 조건이 되었다. 기관차의 국산화가 진행되었다. 기차시간표는 국가가 관리했다.

도시에서는 철도마차가 왕래했다. 철도마차는 레일을 깔고 달리는 전차였다. 단지 기관차 대신 말이 동력이었다. 대도시에서 전차가 개통되었다. 도쿄에서는 1904년부터 전차가 시내를 왕래하기 시작했다. 전차는 서민생활과 불가분의 관계를 맺게 되었다.

전화가 중요한 통신수단으로 자리를 잡았다. 도쿄에 전기가 공급되면서 전등이 호롱불을 대신하게 되었다. 1908년에는 도쿄 인근에도 전기가 들어와서 아이들이 흥분해 잠을 이루지 못했다. 러일전쟁을 전후한 시기부터 전신이 실용화되었다.

일본 상선은 국내항로에서 조선과 중국 연안까지 진출했다. 일본우선日本郵船은 1893년 고베에서 봄베이를 연결하는 원양항로를 개척했다. 1896년에는 미국, 유럽, 오스트레일리아 등을 연결하는 원양항로를 개척했다.

일본과 세계를 연결하는 교통·통신기관의 발달로 물자를 수송하기가 편리해졌다. 국내산업의 성장을 촉진시키고 해외무역의 발전에 기여했다. 일본과 세계 각 지역의 문화교류가 활성화되었다. 일본인이 세계에 진출하는 기회도 많아졌다.

5) 무역

면사가 중요한 수출품으로 자리를 잡았다. 중국 시장에서 면화의 본산지 봄베이의 면사를 능가하는 경쟁력을 확보했다. 면사의 수출이 증가하면서 인도와 미국에서 값싼 면화를 대량으로 수입했다. 일본은 면화를 수입·가공해 면사와 면포를 수출하는 전형적인 가공무역의 중심지가 되었다. 생사의 수출도 급증했다. 생사는 주로 미국으로 수출되었다. 농촌에서는 면화 재배가 쇠퇴하고 양잠업이 성행했다.

청일·러일전쟁으로 일본은 조선과 중국, 특히 만주(중국 동북 지방)를 소비시장으로 확보했다. 일본은 군사력을 앞세워 조선 시장을 일본 시장과 마찬가지로 독점했고, 만주 시장도 역시 군사력을 앞세워 확보했다. 공업이 발달하지 않은 조선·중국은 일본의 공업제품을 소비하는 중요한 시장이 되었다.

1911년 일본은 관세자주권을 완전하게 회복했다. 오랫동안 일본 무역의 발목을 잡던 낮은 관세 문제가 해결된 것이다. 정부는 관세수입을 늘리면서 국내 산업을 보호할 수 있는 조건을 갖추게 되었다. 무역의 주도권은 점차로 외국 상인에서 일본 상인으로 옮겨졌다. 식민지 조선·타이완, 반식민지 만주, 그리고 중국을 분할하면서 확보한 광대한 시장으로 일본 상품이 수출되었다. 미국으로 수출되는 상품도 날로 증가했다. 주요 수출품은 생사·차·면포·석탄이었고, 주요 수입품은 기계·면화·석유·철광석이었다.

6) 자본

산업혁명과 더불어 독점과 기업집중 경향이 두드러졌다. 특히 생산향상이 전쟁을 통한 수요증대로 이어졌기 때문에, 팽창된 생산력을 국내시장과 수출시장의 구매력이 따라가지 못하는 구조였다. 과잉생산에 의한 불경기, 즉 공황이 발생할 위험성이 상존했다. 실제로 1890년에 일어난 일본 최초의 경제공황으로 많은 중소기업이 도산했다.

중소기업이 도산할 때마다 대기업·대자본으로 생산과 자본이 집중되었다. 그 과정에서 주식회사가 증가했다. 자본금 100만 엔 이상의 큰 회사가 일본 자본금 총액의 50~60퍼센트를 점하는 현상이 초래되었다.

독점가격을 유지하기 위한 가격협정, 자유경쟁을 배제하기 위한 공동판매, 불경기 때 생산을 축소하는 생산협정 등을 목적으로 하는 동종기업 연합체 카르텔이 형성되었다. 대표적인 것은 1902년에 성립된 대일본방적연합회였다. 이어서 자본의 비대화와 산업지배를 목표로 하는 동종기업 또는 같은 계열 기업의 합동체 트러스트도 형성되었다. 대표적인 것은 1906년에 두 제당회사가 합병해 성립된 대일본제당, 1909년에 세 포경회사를 중심으로 성립된 동양포경이었다. 러일전쟁에서 제1차 세계대전에 이르는 기간에 다른 직종, 다른 계열의 기업을 계열화하고, 주식의 보유, 주주총회 장악, 감시자 파견 등을 통해 기업을 완전히 지배하려는 콘체른이 성립되었다.

일본에서의 콘체른은 대부분이 메이지 초기에 성립된 대자본가 가문이나 친족이 지배했다. 기업을 지배하는 소수자를 재벌이라고 불렀다. 미쓰이·미쓰비시 재벌, 그보다 작은 규모의 스미토모住友·야스다安田 재벌이 대표적인 것이었다.

미쓰이 재벌은 에도 시대 이래의 자본가였다. 메이지 정부가 수립되면서 금융·무역을 중심으로 활동하다가 산업자본가로 전환했다. 미쓰이는 주식 보유·매수·융자를 통해 기업의 경영권을 장악하면서 일본 굴지의 회사를 거느렸다. 경영에 자본을 제공했던 은행도 역시 미쓰이은행이었다. 일본 최대의 무역회사 미쓰이물산은 미쓰이 재벌의 핵심 기업이었다.

미쓰비시 재벌은 해운업에 주력하면서 광산·조선을 중심으로 하는 산업자본가로 성장했다. 미쓰비시는 미쓰이와 동일한 수법으로 경영권을 장악하면서 미쓰이에 버금가는 유력한 회사를 거느렸다. 미쓰비시 재벌의 핵심 기업은 미쓰비시합자였으나 거기서 미쓰비시은행과 미쓰비시상사가 독립했다.

금융자본이 경제계를 지배하게 되었다. 일본 자본주의는 비록 출발은 늦었지만 산업혁명이 거의 완성되는 단계에서 독점단계로 진입했다. 일본 자본주의는 메이지 정권의 보호를 받으면서 발전했기 때문에 경쟁을 경험하지 않았고, 확립기에는 이미 조숙한 독점자본으로 성장해 있었다.

2. 모순

1) 사회문제

일본경제는 이미 세계자본주의 경제에 편입되어 있었다. 생사 수출이 미국의 경기에 좌우될 정도였다. 농민의 계급분화가 촉진되었고 기생지주제는 더욱 확대되었다. 실업가로 성장하는 지주가 나타났다. 노동자로 전락하는 농민은 더욱 늘어났다.

1900년경 농촌인구의 비율은 총인구의 65퍼센트 정도였다. 농촌은 영세한 소작인이 다수를 점했다. 전 경작지의 약 40퍼센트가 소작지였다. 농업은 여전히 벼농사를 주로 하는 소규모 경영형태였다. 농촌에서는 지주와 소작인의 대립이 날로 심화되었다. 소작인은 지주에게 소작료 경감을 요구했다. 조합을 결성해 조직적으로 저항하기도 했다. 1902년 미야자키 다미조宮崎民蔵는 토지복권동지회를 창설해 농민을 조직화했다.

농촌에서 도시로 유입되는 인구가 증가했다. 특히 도쿄와 오사카는 청일전쟁 후 인구가 급속히 증가했다. 공업화가 진행되면서 공장에 취직하기 위해 농촌에서 올라온 농민의 자녀가 도시 인구증가의 요인이 되었다. 도시로 진학하는 학생도 인구증가를 부추겼다. 시내는 월세집·하숙집과 함께 음식점이 번성했다. 도시 근교는 주거지로 개발되기 시작했다.

도시의 발달로 빈민문제·노동문제가 발생했다. 도시에는 수공업에 종사하는 노동자들이 많이 거주했다. 그들은 일용노동자와 함께 빈민층을 형성했다. 노동자들은 경기변동의 영향을 받기 쉬웠다. 수입이 불안정해 자식을 교육시키기 어려운 실정이었다.

메이지 초기에는 도시 빈민층과 임금노동자의 실태도 제대로 파악되지 않았다. 노동자들의 의식이 낮아서 노동운동이 본격화되지 못했다. 1888년 잡지 『일본인』이 다카시마高島탄광 노동자의 실상을 보도하자 민중은 큰 충격을 받았다. 1891년에 제기된 도치기 현栃木縣 아시오足尾광산 환경오염 사건은 민중이 사회문제에 관심을 갖는 계기가 되었다.

다카시마탄광은 규슈 나가사키에서 가까운 조그만 섬에 있었다. 에도 시대부터 외국선에 석탄을 공급하던 곳이었는데 메이지 시대가 되면서 미쓰비시가 경영했다. 이곳은 노동력이 부족해서 죄수를 노동에 투입하기도 했다. 노동조건이 매우 가혹한 곳이었다.

구리를 캐는 아시오광산에서 아황산가스·산성폐수·중금속이 포함된 산업폐기물이 대량 배출되었다. 특히 광산에서 흘러나온 광독이 인근 마을로 흘러들어 수질이 오염되고 농경지가 중독되었다. 피해 농민은 대거 상경해 광산의 조업 중지를 요구하는 운동을 되풀이했다.

도치기 현 출신 국회의원 다나카 쇼조田中正造는 제1회 의회 때부터 피해 농민들과 함께 광산의 개량, 광물의 독성 방지, 피해자 구제 등을 위해 노력했다. 그러나 정부는 충분한 대책을 세우지 않았다. 다나카는 1901년에 천황에게 직소하는 비상수단을 취했다. 그러자 아시오 광독 피해자를 구제해야 한다는 여론이 비등했다. 정부는 1902년에 제2차 광독조사회를 발족시켰다. 실태를 조사한 정부는 광산회사에 광독의 처리를 명령했다. 광산 인근 마을 농민들은 다른 곳으로 이주되었다.

2) 노동운동

1882년 철도와 마차에 반대하는 인력거꾼들이 단체를 결성하고, 민중의 평등과 복지를 부르짖는 무리들이 단체를 결성한 적이 있었으나 세력이 미약했다. 1892년 보통선거·노동·소작문제를 내세우며 동양자유당이 결성되었으나 이것도 본격적인 노동조합은 아니었다. 1889년 철공노동자들이 친목과 기술향상을 위해 결성한 동맹진공조同盟進工組가 일본 최초의 노동조합이었다.

1897년 4월 직공의우회가 조직되었고, 같은 해 7월 노동조합기성회가 결성되었다. 노동조합기성회는 노동자에게 직접 호소하는 방식으로 노동운동을 전개했다. 노동조합기성회가 지도해 일으킨 1898년 일본철도주식회사 파업은 매우 계획적이고 일사분란하게 통제되는 대규모 노동운동이었다. 사회문제 연구도 활발하게 진행되었다.

노동조합기성회의 영향력이 확대되자 정부의 탄압이 시작되었다. 제2차 야마가타 아리토모 내각은 1900년에 치안경찰법을 공포해 노동운동을 단속했다. 정부의 탄압이 강화되자 노동조합기성회 회원이 감소했다. 1901년 노동조합기성회는 자연히 소멸되었다.

정부가 치안경찰법을 앞세워 노동운동을 탄압하자 사회주의에 경도되는 지식인들이 오히려 늘어났다. 지식인들은 현실문제 해결방법을 모색하기 위해 사회주의를 연구했다. 1900년 사회주의협의회, 1901년 사회민주당이 결성되었다. 그러나 사회민주당은 신청서를 낸 다음 날 금지되었다.

3) 사회운동

러일전쟁이 임박하자 개전론과 비전론이 비등했다. 유력한 신문은 개전론을 전개하며 정부를 압박했다. 1903년 고토쿠 슈스이幸德秋水와 사카이 도시히코堺利彦는 사회주의자의 협력을 얻어서 평민사를 창설했다. 그들은 신문을 발행해 비전운동을 전개했다. 고토쿠·사카이는 정부의 탄압을 받았다. 독실한 크리스천 우치무라 간조內村鑑三는 인도주의 관점에서 평화론을 주창했다. 그러나 민중은 반전론에 귀를 기울이지 않았다.

사회운동가들은 노동자의 건강을 보호하는 공장법을 제정하기 위해 힘썼다. 자본가들의 반대로 의회에서 법안을 심의하는데 진통을 겪었다. 1911년 우여곡절 끝에 공장법이 성립되어 1916년부터 시행되었다. 공장법은 노동자 15명 이상 고용하는 공장에 한해 적용되었다.

1906년 일본사회당이 결성되었다. 일본사회당은 일본 최초의 합법적인 무산정당으로 국법의 범위 내에서 사회주의를 주장한다는 방침을 정했다. 그러나 고토쿠 슈스이는 무정부주의의 관점에서 직접 행동할 것을 주장해 의회를 통해 사회주의를 실현하자는 의회주의파와 대립했다. 1907년 일본사회당은 해산되었다.

사회주의 운동의 일환으로서 여성의 자각을 호소하는 운동이 추진되었다. 1907년 여성의 정치운동을 요구하는 청원서가 의회에 제출되었다. 1911년 일본여자대학 출신 히라스카 하루코平塚明子가 단체를 만들고 잡지를 간행하면서 인습타파에 앞장섰다.

4) 탄압 강화

일본인들은 러일전쟁에서 일본이 승리하면 일본경제가 비약적으로 성장하고 민중생활도 좋아질 것이라고 확신했다. 그러나 전쟁 후 민중생활은 전쟁 전보다 더 어려워졌다. 민중은 정부를 비난했고 언론도 정부를 공격했다. 정부는 대내적으로 사회주의운동을 탄압하고, 대외적으로 한국(조선은 1897년 국호를 대한제국으로 개칭)을 빠른 시일 내에 식민지화해 정국을 전환시키려고 했다. 한국에서 반일 의병투쟁이 전개되고 있었기에 일본정부는 더욱 조급했다.

1908년 6월 사이온지 내각은 이른바 아카하타赤旗 사건을 일으켰다. 이 사건은 사회주의자들이 '무정부공산'이라고 쓴 적기를 앞세우고 혁명가를 부르면서 거리를 행진했다는 이유로 사카이 도시히코, 오스기 사카에大杉栄 등이 검거된 사건이었다. 사회주의자 중에는 무정부주의에 경도된 자들도 있었다. 아카하타 사건 이후 정부의 사회주의자 탄압이 강화되었다.

1910년 가쓰라 내각은 대역사건을 일으켰다. 이 사건은 고토쿠 슈스이를 비롯한 사회주의자들이 천황 암살을 계획했다는 죄목으로 체포된 사건이다. 정부는 이 사건을 계기로 전국 각지에서 사회주의자와 무정부주의자들을 체포해 그 중 26명을 대역죄로 기소했다. 기소자들 중에 네 명이 천황 암살계획을 인정했지만 다른 사람은 명확한 증거가 없었다. 그럼에도 법원은 1911년 1월 비공개로 진행된 재판에서 24명에게 사형, 2명에게 징역을 선고했다. 세계 각국 여론이 일본을 비난하자, 천황이 '은총'을 베푸는 형식으로 사형자의 2분의 1을 무기징역으로 감형했다. 고토쿠를 비롯한 12명이 사형에 처해졌다.

3. 외교

아시아 여러 나라는 서양 열강의 식민지가 되었으나 일본은 자주독립 국가로 승승장구했다. 그러나 에도 막부가 외국과 맺은 불평등조약을 개정해서 치외법권을 철폐하고, 관세자주권을 회복하는 일이 메이지 정부의 과제로 남아 있었다.

1876년부터 데라지마 무네노리寺島宗則가 중심이 되어 조약개정 교섭을 시작했다. 데라지마는 일본의 관세수입이 세입의 7~8퍼센트를 점하고 수입이 초과되자 관세자주권 회복을 우선 과제로 선정해 조약개정 교섭에 착수했다. 하지만 일본의 조약개정 교섭에 미국은 찬성했으나 영국이 반대해 성사되지 못했다. 그러나 일본은 적지 않은 외교적 성과를 거두었다.

그 무렵에 아편 밀수 사건이 터졌다. 영국인들이 주로 아편 밀수에 관여하고 있었다. 하지만 일본 정부는 범인을 법대로 처벌할 수 없었다. 1874년에는 범인을 현장에서 체포하고도 처벌하지 못하고 영국

공사에게 항의를 하는 데 그쳤다. 그런데 영국 공사는 오히려 항의문 내용이 무례하다고 일본 외무성에 항의했다. 일본정부는 요코하마 세관장을 면직시키지 않을 수 없었다. 일본인들은 분노했다. 조약개정보다 먼저 치외법권이 철폐되어야 한다는 여론이 비등했다. 여론의 공격을 받은 데라지마는 결국 사직했고, 조약개정을 둘러싼 교섭은 후순위로 밀렸다.

데라지마의 뒤를 이어 이노우에 가오루가 외무대신으로 취임했다. 1882년 이노우에는 관세권 회복 문제를 미루어 놓고, 치외법권을 폐지하는 교섭을 개시했다. 하지만 목적을 달성하지 못했다. 그 대신에 일본이 외국인 판사를 임용해 외국인이 관련된 재판은 외국인 판사가 전담할 수 있도록 했다. 이 사실이 알려지자 민권파가 반발했다.

민권파는 로쿠메이칸鹿鳴館에서 벌어진 추태를 공개하며 정부를 공격했다. 로쿠메이칸은 1883년에 도쿄 히비야日比谷에 세워진 서양식 건물로 외국 귀빈을 접대하고 상류사회 인물들이 교류하던 장소였다. 그곳에서는 거의 매일 내외 고관과 그 부인·자녀들이 모여서 연회·무도회·바자와 같은 행사를 했다. 그런데 어느 날 가면무도회에서 이토 히로부미가 고관 부인을 성폭행한 사건이 외부로 알려지면서 여론이 악화되었다. 이노우에도 여론의 공격에 견디지 못하고 사직하고 말았다.

1888년 오쿠마 시게노부大隈重信가 외무대신에 취임했다. 오쿠마는 이노우에의 방침을 계승해 치외법권 폐지를 중요한 과제로 삼았다. 오쿠마는 외국인이 조약을 잘 이행하지 않는다는 것에 주목했다. 그래서 외국인에게 조약을 철저히 지키라고 요구했다. 오히려 외국인이 불편함을 느끼게 해 조약개정에 이르도록 하겠다는 속셈이었다. 오쿠마는 외국인 판사를 임용하고, 거류지를 철폐해서 외국인이 국내 어디서든지 생활할 수 있도록 하고, 토지소유권도 인정하는 개정안을 준비해 여러 나라와 교섭했다. 그 결과 1888년에 멕시코, 다음 해에 미국·독일·러시아와 조인하는 데 성공했다.

그런데 교섭안이 유출되어 신문에 보도되었다. 민권파와 보수주의자들은 조약이 망국적인 내용을 담고 있다고 공격했다. 특히 외국인을 판사로 임명하는 것은 헌법을 위반하는 것이라고 비난했다. 오쿠마는 1889년 11월 극우파 조직원의 폭탄 테러로 한쪽 다리를 잃고 사직했다. 조약개정은 성공을 거두지 못했다.

오쿠마의 뒤를 이어 아오키 슈조青木周蔵가 외무대신에 취임했다. 아오키는 치외법권을 철폐하고 관세권을 회복하는 대신에 일본 국내를 외국인에게 개방한다는 방침을 정하고 교섭에 임했다. 영국은 단계적으로 외국인에게 일본 국내를 개방하는 것을 조건으로 교섭에 응했다. 영국은 러시아가 1891년부터 시베리아 철도를 건설하기 시작하자 러시아의 남하를 경계했다. 영국은 일본을 이용하려고 했다. 또 거류지를 고집하는 것이 크게 이익 될 것이 없다고 판단했다. 국제적 여건의 변화를 배경으로 아오키는 이제까지와는 다른 여건 속에서 조약개정 교섭을 진행할 수 있었다.

그런데 때마침 오쓰大津 사건이 터졌다. 경찰이 일본을 방문한 러시아 황태자에게 상해를 입힌 사건이었다. 일본이 발칵 뒤집혔고 아오키는 그 책임을 지고 사직했다. 조약개정 교섭은 중단되었다. 아오키의 후임 에노모토 다케아키榎本武揚도 조약개정 교섭을 계속했지만, 여러 가지 정치적인 사정으로 결말이 나지 않았다.

1892년 무쓰 무네미쓰陸奥宗光가 외무대신에 취임했다. 치외법권 철폐를 위해 노력한다는 방침을 정한 무쓰는 개정안을 마련해 각국별로 교섭을 진행하려고 했다. 무쓰는 아오키 슈조를 영국 공사로 임명해 그 책임을 완수하도록 했다. 한편, 국내의 반대여론에 대해서는 의회를 두 번씩이나 해산하며 단호한 태도로 맞섰다. 아오키의 노력으로 영국과의 교섭이 결실을 맺었다. 청일전쟁 직전인 1894년 7월 드디어 치외법권을 완전히 폐지한 일영통상항해조약에 조인했다.

조약개정으로 오랜 기간에 걸친 일본의 염원이 달성되었다. 최혜국 대우는 상호평등하게 되었고 수입관세도 인상되었다. 거류지가 폐지되는 대신 외국인은 일본 국내에 자유롭게 거주할 수 있게 되었다. 이 조약은 1899년부터 시행되었다. 서양 15개국도 일본이 청일전쟁에서 승리하는 것을 지켜보고 차례로 조약개정에 응했다.

조약개정 후에도 관세자주권 회복이 미해결 과제로 남겨져 있었다. 그러다가 1911년에 외무대신 고무라 주타로小村寿太郎가 관세자주권을 회복하는 데 성공했다. 이리하여 조약개정을 위한 외교적 노력은 종료되었다. 일본은 비로소 조약상으로 서양 열강과 대등한 나라가 되었다.

10. 실험

첫 번째 씨름판

인천항에 상륙한 일본군(1894. 9. 20)
사진 / 팬탁스 갤러리

10. 실험

첫 번째 씨름판

1. 관망

　1882년 조선에서 임오군란이 일어났다. 폭도들은 정부고관의 저택과 일본공사관을 습격하고, 대원군을 정권에 복귀시켰다. 국왕과 민씨 일파는 청국에 파병을 요청했다. 청국은 조선으로 군대를 파견해 반란을 진압하고 대원군을 톈진天津으로 연행했다. 일본도 군대를 파견해 조선정부에 배상금을 요구하고, 일본공사관에 군대를 주둔시킬 수 있는 권리를 강요했다. 조선은 일본에게 굴복하여 제물포조약을 체결했다.

　임오군란 후 청군은 조선에 상주하면서 조선정부에 영향력을 행사했다. 한편, 김옥균을 중심으로 하는 급진개화파는 일본의 지원을 받아 1884년에 갑신정변을 일으켰다. 그러나 청군의 출동으로 급진개화파는 축출되었다. 김옥균은 일본으로 망명했다. 갑신정변 후 일본은 조선에 군대를 파견했다. 조선은 일본의 강요로 한성조약을 체결했다. 이토 히로부미는 청국의 리홍장과 톈진조약을 맺었다. 청·일 양국은 조선으로부터 동시에 철병하며, 장래 조선에 군대를 파견할 때는 상호 통고하기로 했다.

갑신정변이 실패한 후, 조선에서는 민씨 일족을 중심으로 하는 수구파가 개화파를 탄압하고 정권 기반을 굳혔다. 수구파는 외세의 침략을 감지하지 못했다. 부정부패가 극심했다. 탐관오리·토호·고리대 금업자가 농민들을 가혹하게 수탈했다.

외세는 호시탐탐 조선을 넘보고 있었다. 청국은 서울~의주 간 전신선을 가설하고, 차관을 미끼로 조선 내정에 간섭하면서 청국 상인에게 특권을 주도록 압력을 가했다. 미국·영국의 지원을 받으며 급성장한 일본 또한 조선을 위협하는 존재였다. 하지만 당시 청국은 비록 노쇠했으나 일본에 비해 강국이었다. 조선에 대한 영향력도 청국이 일본을 압도했다. 일본의 조선 무역도 청국 상인에게 밀려서 후퇴하지 않을 수 없었다.

1889년 조선의 함경도에 극심한 흉년이 들었다. 지방 관아는 양곡의 해외 반출을 금지하는 방곡령을 내렸다. 일본은 즉시 항의하며 조선에 거액의 배상금을 청구했다. 그 후 비슷한 사건이 황해도와 평안도에서도 일어났다. 조선은 일본인이 밀수하던 홍삼을 빼앗고 일본 상인에게 세금을 부과했다. 이는 조일 통상장정에 따른 조치였으나 일본은 조선에 압력을 가해 방곡령을 해제시켰다. 일본은 조선에 14만 엔의 손해배상을 청구했다. 조선이 난색을 보이자 일본은 1893년에 최후통첩을 보내어 조선을 협박했다. 결국 조선은 11만 엔이라는 거금을 배상했다.

조선이 개항한 후, 조선의 대외 무역은 외국 상인의 수중에 들어갔고, 점차 국내시장도 잠식되었다. 일본 상인은 밀수품을 유통시키고, 화폐를 위조했다. 일본인 고리대금업자가 활동하면서 조선의 경제 질서를 혼란스럽게 했다. 1890년 1월 서울 종로 상인들이 외국의 경제 침탈에 항의해 철시를 단행했다. 그러나 조선정부는 청·일 양국의 압력에 굴복해 종로 상인들을 탄압했다.

1988년에 맺어진 협정으로 일본 어부는 조선 근해에서 어업을 할 수 있게 되었다. 조선 근해까지 진출해 작업하는 일본 어선이 매년 증가했다. 일본 어선에 비해 낙후된 어선으로 조업하는 조선 어부들은 고기를 제대로 잡을 수 없었다. 조선 어부들의 분노가 폭발했다. 같은 해 3월에는 제주도 어민들이 일본인에게 허용된 조선 근해 어업권을 폐기하라고 외치며 폭동을 일으켰다.

조선인들이 일본의 경제 침탈에 신음했지만, 일본 상인은 더욱 적극적으로 시장을 개척하려고 했다. 1890년에 시작된 경제공황으로 일본의 경제가 악화되자, 일본 자본가들이 침략 전쟁을 요구했다. 국내 정세를 보통 수단으로는 진정하기 어렵다고 판단한 메이지 정부도 전쟁의 구실을 찾고 있었다. 영국·미국의 지지만 있으면 언제든지 조선을 침략할 수 있다는 분위기가 조성되었다. 당시 일본 외무대신 무쓰무네미쓰陸奧宗光가 영국 공사에게 보낸 편지에는 다음과 같은 내용이 있었다. "국내 정세는 더욱더 긴박해지고 있다. 민심의 동요를 보통 수단으로 진정하기 곤란하다. 그러나 아무런 동기 없이 전쟁을 시작할 수는 없다."

일본은 침략을 위해 군비를 강화했다. 1885년부터 청국과의 전쟁을 준비했다. 육군을 독일식으로 재편하고 병력도 20만으로 증강했다. 군비도 영국·미국의 지원을 받아서 보강했다. 군사비가 국가 예산에서 차지하는 비중이 1890년에 29.5퍼센트, 1893년에 32퍼센트에 달했다.

일본은 조선과 청국의 기밀을 정탐했다. 전쟁이 일어났을 때, 전투가 벌어질 것으로 예상되는 지역을 답사했다. 일본 참모본부의 실권을 장악하고 있던 가와카미 소로쿠川上操六 참모차장이 신분을 숨기고 은밀하게 조선을 정탐했다. 정탐을 마친 가와카미는 청국군과 일본군이 접전한다면 일본군이 승리할 수 있다고 확신했다.

2. 전쟁

1894년에 조선에서 동학농민운동이 일어났다. 동학농민운동은 전라도 고부古阜에서 군수 조병갑의 학정에 견디다 못한 농민이 봉기하면서 일어났다. 지도자는 동학교도인 전봉준이었다. 그는 악정의 개혁, 반일·반침략 등의 기치를 내걸고 봉기를 이끌었다. 농민군은 순식간에 조선 남부 지역을 장악했다.

조선침략의 구실을 찾던 일본은 동학농민운동의 추이를 예의 주시했다. 농민군이 전라도 전역을 거의 수중에 넣었을 즈음, 농민군 수뇌부는 전주에서 조정과 화의를 체결했다. 조정은 농민봉기가 계속되면 조선이 외국군의 전장이 된다고 농민군을 설득했다. 농민군은 물러났다. 그 사이에 조정은 은밀히 청국에 파병을 요청했다.

청의 위안스카이袁世凱은 조선의 파병 요청을 계기로 조선에 대한 지배력을 강화하려고 했다. 일본도 동학농민운동을 조선침략의 구실로 이용하려고 했다. 일본의 우익단체 현양사玄洋社 사원들은 가와카미 참모차장과 긴밀히 연락을 취하면서 동학농민군을 지원했다. 농민군을 부추겨서 청일전쟁의 실마리를 만들기 위한 책략이었다.

청국군 2,400명은 6월 9일에 아산만에 상륙했다. 청국은 이틀 전인 6월 7일에 텐진조약에 따라서 출병 사실을 일본에 통보했다. 그런데 일본은 이미 청국의 통보가 있기 이전인 6월 5일에 동원령을 내렸다. 마침 귀국 중이던 오도리 게이스케大鳥圭介 공사가 400명의 육전대를 이끌고 6월 9일에 조선으로 떠났고, 그날 약 1만 명으로 구성된 일본군 제5사단 혼성여단이 일본을 출발해 6월 12일에 인천에 상륙했다.

일본의 침략이 현실화되자 조선은 크게 당황했다. 일본의 신속한 대응에 청국도 놀랐다. 청국은 위안스카이를 통해 양국이 동시에 철군하자고 제안했다. 조선의 부탁을 받은 다른 나라 공사들도 양국이 동시에 철군할 것을 촉구했다. 그러나 일본은 철군할 의사가 전혀 없었다. 일본 정부는 오히려 오토리 공사에게 개전의 구실을 찾으라는 훈령을 내렸다. 오토리 공사는 일본이 조선의 내정개혁에 간섭하는 데 청국이 동의해 줄 것을 요구했다. 청국은 일본의 제안을 거절했다. 그러자 일본은 조선 평화를 위한 근본 원인을 제거하기 전에는 철군하지 않겠다고 선언했다.

개전에 즈음해 외무대신 무쓰 무네미쓰은 영국을 비롯한 서양 열강이 간섭하지 않는다는 것을 확인했다. 정부와 야당은 정쟁을 즉시 중단했다. 야당은 전쟁에 적극 협력할 것을 선언했다. 그리고 국가 세입 2년분에 해당하는 1억 5,000만 엔의 임시군사비와 1억 엔이 넘는 공채 발행에 관한 예산안을 겨우 5분 만에 만장일치로 가결했다. 예산안 승인에 야당이 앞장섰다.

7월 23일 새벽 일본군은 불시에 경복궁을 점령하고 국왕을 협박해 모든 정무를 대원군에게 위임하도록 했다. 7월 25일 대원군은 일본의 각본대로 "조선은 청국의 속국이 아니"라고 선언하고, 오토리 일본 공사에게 청국을 몰아내달라고 요청했다. 일본군은 즉시 청국군을 공격했다. 일본 해군은 청국군이 승선한 수송선을 불시에 습격했다. 청국군

1,000여 명이 물에 빠져 죽었다. 이어서 일본군은 충청도에 흩어져 있는 청국군을 공격하고, 7월 29일에는 성환·아산을 점령했다.

일본이 선전을 포고한 것은 8월 1일이었다. 일본군은 계속 북상해 9월 15일 평양에서 청국군을 무찔렀다. 패배한 청국군은 압록강을 건너서 도망했다. 9월 17일에는 일본의 연합함대와 청국의 북양함대가 황해에서 교전해 일본이 승리했다. 청국의 북양함대 주력이 괴멸되었다. 제해권을 장악한 일본은 10월 하순에 오야마 이와오大山巖가 이끄는 제2군을 랴오둥遼東 반도에 상륙시켰다.

랴오둥 반도에 상륙한 일본군은 1월 6일 진저우金州 성을 점령했다. 일본군이 다롄大連을 함락시키자 청국군은 이미 전의를 상실했다. 11월 22일 일본군이 뤼순旅順을 점령했다. 일본군은 뤼순 시내 중국인 약 6만 명을 학살하고 시가지를 불태우는 만행을 저질렀다. 일본군은 나아가 웨이하이웨이威海衛까지 점령했다.

뤼순이 함락되었을 때 강화의 움직임이 있었다. 일본의 지식인들은 베이징北京을 점령하고 그곳에서 강화조약을 체결하라고 외쳤다. 그러나 이토 히로부미는 청국정부가 붕괴되면 강화의 상대가 없어질 뿐만 아니라, 열강이 거류민단을 보호한다는 구실로 전쟁에 개입해 일본의 승리가 자칫 수포로 돌아갈 위험이 있다고 판단했다. 그래서 베이징을 공격하지 않았다.

3. 승리

1894년 10월 영국·미국이 나서서 청일전쟁을 조정하려는 움직임이 있었다. 이미 전의를 상실한 청국은 일본의 강화조건을 타진했다.

12월이 되어서 청국은 대표단을 일본에 보냈다. 그러나 일본 대표단은 자신들의 조약 초안은 제시하지도 않고 청국 대표단을 모욕했다. 권한이 없는 상대와는 협상 테이블에 마주앉을 수 없다고 했다. 청국 대표단은 귀국할 수밖에 없었다.

다급해진 청국은 실력자 리훙장을 전권대사로 파견했다. 강화회의는 1885년 3월 20일부터 일본의 시모노세키下関에서 열렸다. 일본 대표단은 비로소 강화조약 초안을 제시하고 그것을 즉시 수락하라고 요구했다. 그것은 청국의 예상을 훨씬 뛰어넘는 것이었으나 리훙장은 이토 히로부미의 협박에 밀려 강화조약에 서명했다. 4월 17일이었다. 그 내용은 청이 조선의 독립을 인정하고, 랴오둥 반도·타이완·펑후 제도를 일본에 할양하고, 당시 일본 화폐로 3억6,000만 엔에 상당하는 배상금을 일본에 지불하고, 중국의 사스沙市·충칭重慶·수저우蘇州·항저우杭州를 개항할 것 등이었다.

그런데 강화조약 조인 직후인 4월 23일 러시아·프랑스·독일은 랴오둥 반도를 청국에 반환하라고 권고했다. 러시아는 일본이 랴오둥 반도를 차지하면 자국의 남하정책이 좌절될 것으로 판단했다. 프랑스는 프러동맹을 맺어서 러시아를 도왔고, 독일은 러시아의 관심을 극동으로 돌리려고 러시아의 행동을 지지했다. 영국이 군사적 원조를 하지 않을 것이라는 것을 안 일본은 삼국간섭을 받아들였다. 5월 10일 랴오둥 반도를 반환하겠다고 발표했다.

일본은 삼국간섭에 굴복해 랴오둥 반도를 반환했지만, 청국이 서양 열강과 맺은 것과 같은 불평등조약을 강요해 관철시켰다. 일본이 실효적으로 지배하고 있었으나 청국이 자신의 영토라고 주장하던 오키나와沖縄의 영유권 문제도 정리되었다. 일본은 또한 중국에 공장을 짓고 경영할 수 있는 권리도 얻어냈다. 그것은 서양 열강도 얻어내지 못한 이권이었다.

청일전쟁에서 전사한 일본군은 약 6,000명에 불과했다. 통계자료를 보면 청일전쟁 중에 사망한 일본군은 1만7,000명으로 집계되었다. 그런데 그 중에서 1만1,000명은 1894년 겨울과 이듬해 봄에 만주에서 병과 추위로 사망한 자들이었다. 랴오둥 전투에서만 약 6만 명의 중국인이 일본군에 의해 학살당한 것에 비하면 6,000명은 매우 적은 숫자라고 할 수 있다.

비교적 적은 희생으로 일본은 너무나 많은 이윤을 얻어냈다. 광대한 영토를 확보했을 뿐만 아니라 엄청난 배상금을 현금으로 받아냈다. 배상금으로 받아낸 현금만으로도 일본은 전쟁 비용을 탕감하고 남았다. 일본은 중국에서 받아낸 배상금으로 전력을 강화해 다시 중국을 침략했다. 조선도 일본의 지배 아래 들어왔다. 일본인에게 청일전쟁은 상상을 초월한 이윤을 남겨주었다.

11. 학습

먹이를 노리는 맹수

일본 어린이들의 전쟁놀이 /
일본이 청일전쟁에서 승리하자
아이들 사이에서 전쟁놀이가 유행했다.
그림 / 풍속화보

11. 학습

먹이를 노리는 맹수

1. 인내

청일전쟁과 삼국간섭은 동아시아 전체에 커다란 파문을 던졌다. 청국이 종이호랑이에 불과하다는 것이 백일하에 드러났다. 전쟁에서 패배한 청국은 일본에 지불할 배상금과 내정개혁에 필요한 자금을 확보해야 했다. 청국은 1895년 7월 러시아와 프랑스로부터 4억 프랑의 차관을 얻었다.

청이 곤경에 처한 때를 이용해 서양 열강은 중국을 본격적으로 분할하기 시작했다. 독일은 1897년 선교사 살해사건을 구실로 산둥山東 반도를 점령하고 이듬해 그곳을 조차했다. 그리고 산둥 성의 철도부설권과 광산채굴권을 획득했다. 1898년 러시아는 만주를 횡단하는 동청철도 부설권과 랴오둥 반도의 여러 도시의 조차권을 획득했다. 영국도

웨이하이웨이威海衛와 주룽九龍 반도의 조차권을 손에 넣었다. 프랑스는 중국의 윈난雲南에서 베트남을 연결하는 안난安南 철도의 연장권을 획득했다. 그리고 윈난·광시廣西·광둥廣東 3성의 광산채굴권과 광저우 만廣州灣의 조차권도 손에 넣었다. 1898년 하와이를 영토에 편입시키고 필리핀을 식민지로 삼은 미국도 중국에 깊은 관심을 보이기 시작했다.

한편, 삼국간섭 후 일본의 분위기는 숙연했다. 극동으로 진출한 러시아에 대항하기 위해서는 와신상담하면서 군사력을 증강해야 한다는 것이 청일전쟁 후 일본의 국시였다. 청일전쟁이 끝나자마자 제2차 이토 내각은 전년도에 비해 약 2배로 증가한 1억9,000만 엔의 예산을 의회에 제출했다. 대규모 군비 확장과 이와 연관되는 교통·통신·금융산업을 육성하기 위해서였다. 육군대신 야마가타 아리토모는 의회에서 군비확장의 필요성을 역설했다. "동양의 맹주가 되기 위해서는 이익선을 확장해 나가야 한다." 이토도 언젠가는 3국 간섭을 한 나라에 보복을 해야 한다는 여론을 조성하면서 국민의 불만을 잠재웠다.

이토 내각이 제출한 예산안이 일사천리로 가결되었다. 군사비가 국가예산에서 차지하는 비중이 1896년에 48퍼센트, 1897년에 56퍼센트, 1898년에 51퍼센트, 1899년에 45퍼센트, 1900년에 45퍼센트였다. 청일전쟁으로 중국에서 받은 배상금은 거의 군비확장에 투입되었다. 배상금은 특별회계로 다음과 같이 지출되었다. 청일전쟁 전비 보충에 7,895만 엔, 육군 확장에 5,679만 엔, 해군확장에 1억3,815만 엔, 황실 경비에 2,000만 엔, 수뢰水雷·교육·재해 기금에 5,000만 엔, 타이완 식민지화 사업자금에 3,500만 엔 중 1,200만 엔 등이었다.

방대한 군비 확장에 청국에서 받은 배상금과 공채만으로는 부족했다. 정부는 대대적인 증세를 계획했다. 등록세·영업세를 신설하고 담배 전매사업을 실시했다. 그 결과 세입이 대폭 늘어났다. 정당의 협력으로 이토 내각의 증세정책은 성공을 거두었다. 전쟁 중에는 야당도 '거국일치'라는 구호 아래 정부의 정책에 적극 협조했고, 전쟁이 끝난 후에는 더욱더 정부에 협력했다.

정부는 육·해군 군비 확장 계획에 7억8,100만 엔을 책정했다. 청일전쟁 당시 근위사단 및 6개 사단이었던 육군은 1903년에 13개 사단으로 확대되었고, 거기에 기병·포병 각 2개 여단이 증설되었다. 해군에서도 네 척의 전함과 11척의 순양함을 포함한 103척의 군함을 건조하는 계획이 1902년에 거의 실현되었다. 해군의 증강으로 동아시아 해역에서 가상 적국 러시아를 능가하는 전투력을 보유하게 되었다.

2. 각축

청일전쟁이 사실상 일본의 승리로 끝난 시점인 1984년 10월 20일 이노우에 가오루井上馨 일본공사가 조선에 부임했다. 그는 외무대신과 내무대신 등 요직을 두루 거친 거물이었다. 그가 조선의 외무대신 김윤식에게 "내무대신인 본인이 특별히 공사로 부임한 것은 조선 문제를 중시하는 천황 폐하의 배려에 의한 것"이라고 한 말은 결코 과장이 아니었다.

이노우에는 먼저 대원군을 제거했다. 사사건건 일본과 충돌하는 대원군이 거추장스러웠다. 그리고 조선의 어전회의에 참석해서 내정개혁안 20개조를 제시했다. 그것은 행정부의 조직 및 권한을 정비하고, 재정제도·군사제도·왕실제도를 마련하는 실로 광범위한 내용이었다. 내정개혁을 단행하기 위해 12월 17일 제2차 김홍집 내각이 조직되었다. 일본에 우호적인 인물들이 요직에 포진했다.

이노우에는 개혁안의 내용 중 국왕의 친재권 조항을 들면서 왕후에게 정치에 간섭하지 말라고 요구했다. 만약 왕후가 정치에 계속 간섭하면 동학군을 토벌하기 위해 파견한 일본군을 즉시 철수시킬 것이며, 그러면 조선은 다시 위기에 처할 것이라고 협박했다. 조선 국왕은 왕후가 정치에 간섭하지 못하게 할 것이라고 약속했고, 총리대신 김홍집도 왕후의 정치 간섭을 엄금하겠다고 약속했다.

일본이 요구한 내정개혁이란 그들의 침략을 실현하기 위한 조건을 마련하는 것이었다. 조선은 일본의 지도로 개혁을 추진했다. 박영효를 비롯한 개화파가 실권을 장악했다. 개화파들은 일본의 눈치를 살피기에 급급했다. 그들은 조선의 장래를 위한 개혁을 단행할 만한 인물이 못 되었다. 민 왕후가 다시 개화파를 일소하고 정치의 주도권을 장악했다.

민 왕후는 러시아에 접근했다. 조선의 외교 및 재정 고문을 맡은 미국인 르 장드르Le Gendre도 국왕에게 러시아와 가깝게 지내는 것이 좋다고 건의했다. 러시아는 조선과 육지로 연결되어 있을 뿐만 아니라 세계에서 가장 강한 나라이기도 했다. 또 당시로서는 러시아가 일본처럼 한반도를 엿보거나 내정에 간섭할 뜻이 없었다. 러시아 공사 베베르 부부도 매우 공손한 태도로 접근해 국왕과 왕후의 환심을 샀다.

조선은 러시아에 특사를 파견해 서로 관계를 돈독히 하자고 제안했다. 그러나 당시 러시아는 가능하면 일본과의 충돌을 피하려고 했다. 시베리아 철도를 완공하기 전에는 조선 문제에 깊숙이 개입하지 않으려고 했다. 그 대신에 만주(중국 동북 지방)로 진출했다. 조선은 러시아의 방침을 알 까닭이 없었다. 베베르 공사의 호의에 러시아 정부의 뜻이 담겨있다고 착각했다.

민 왕후는 일본을 점점 멀리했다. 조선 민중도 노골적으로 한반도를 엿보는 일본을 탐탁찮게 여겼다. 일본도 조선의 반일 분위기에 위기감을 느꼈다. 조선정부가 러시아에 접근하면서 일본의 입지가 점점 좁아졌다. 일본은 조선의 정치가 러시아 쪽으로 기운 것은 민 왕후의 술책이라고 믿었다. 조선의 분위기를 일신해 일본의 세력을 만회하려는 음모를 꾸몄다.

1895년 9월 1일 육군 중장 출신 미우라 고로三浦梧樓 공사가 부임했다. 전임 이노우에는 미우라를 대동하고 조선 국왕을 알현했다. 미우라는 국왕에게 무능한 군인이라고 자신을 소개했다. 자신은 외교를 잘 모르니 관저에서 사경이나 하고 조선의 풍월이나 즐기겠다고 말했다. 실제로 미우라는 공사관 2층 거실에 하루 종일 머물면서 좀처럼 밖으로 나오지 않았다. 조선의 관리나 다른 나라의 외교관도 만나지 않았다.

3. 광기

1895년 10월 8일 새벽 일본의 군대·경찰·공사관원·영사관원, 그리고 일본군의 사주를 받은 일본인 낭인浪人들이 경복궁으로 쳐들어가 민 왕후를 무참하게 시해했다.

오늘날의 한국인조차 왕후 시해 사건이 일본인 낭인들이 저질렀다고 아는 사람이 의외로 많다. 그러나 소수의 일본인 낭인들이 조선 수비대가 경비하는 경복궁을 침입해 구중궁궐 깊숙이 있는 왕후를 살해한다는 것은 상상할 수 없는 일이다. 사건의 연출은 미우라 고로가 했고, 주연은 일본군이었고, 일본인 낭인은 그 하수인에 불과했다.

당시 경복궁으로 진입했던 일본군은 후비보병 제18대대였다. 당일 새벽 1중대는 대원군을 호위해 경복궁으로 향했다. 2중대와 3중대는 경복궁을 제압하기로 했다. 작전명령은 사건이 일어나기 이틀 전인 10월 6일에 미우라 공사로부터 제18대대장에게 하달되었다. 미우라 공사의 명령을 받은 다음 날, 대대장은 중대장들에게 구체적인 임무를 부여했다.

미우라는 왕후 시해 사건에 대원군과 조선 훈련대 병력을 끌어들였다. 미우라는 실제로는 일본인이 왕후를 시해하지만, 표면적으로는 대원군과 그 추종세력이 왕후를 시해한 것으로 꾸미려고 했다. 일본의 영사관 관리가 일본군을 이끌고 한성 교외의 대원군 저택으로 달려가서 대원군을 납치하듯이 끌어내 가마에 태웠다.

10월 8일 새벽 3시 대원군이 탄 가마를 앞세운 일본군은 서둘러 왕궁으로 향했다. 일본 낭인의 우두머리 오카모토 류노스케岡本柳之助는 일본인들을 모아놓고 왕궁 안으로 들어가자마자 '여우'를 죽이라고 명령했다. 일본인들 중 10여 명은 한국인으로 가장하기 위해 한국 군인의 군복을 뺏어 입기도 했다. 서대문 밖에서 기다리던 조선 훈련대와 일본군이 합류해 잰걸음으로 왕궁을 향했다. 왕궁을 침입할 때 경비병이 저항했지만 일본군이 제압했다.

암살단은 왕궁으로 진입하자 미친 듯이 왕후의 처소에 난입했다. 그리고 왕후를 찾아내어 몸의 여러 곳을 칼로 찌르고 발가벗긴 다음 차마 입에 올릴 수 없이 치욕스러운 방법으로 시해했다. 암살단은 궁중에 있던 상궁과 대신들도 참혹하게 살해했다. 일본인들은 민 왕후의 사체를 널판 위에 누인 다음 솜이불로 묶어서 왕궁 뒤뜰 소나무 숲으로 옮겼다. 시신에 석유를 뿌리고 주위에 장작을 쌓은 다음 불을 질렀다. 민 왕후의 나이는 44세였다.

10월 10일 일본정부는 외무성 정무국장 고무라 주타로를 경성으로 파견해 미우라 공사를 비롯한 사건 관련자들을 귀국시켰다. 군인들은 군법회의에 회부되었지만 전원 무죄 판결을 받았다. 사건에 개입한

49명도 지방재판소 예심에서 증거불충분으로 전원 소송이 취하되었다. 재판은 범죄자들에게 면죄부를 주기 위한 형식 절차였던 것이다. 살인자들이 의기양양하게 재판소를 나올 때, 일본인들은 그들을 일본의 국위를 선양한 영웅으로 맞이했다.

11. 학습. 먹이를 노리는 맹수

12. 세련

문명의 안쪽

도쿄대학 대강당

12. 세련

문명의 안쪽

1. 정신

1) 황민화교육

1880년에 공포한 개정교육령은 국가주의 교육의 출발점이었다. 메이지 천황이 민권사상에 우려를 표명하고 『유학강요幼學綱要』를 편찬하게 했다. 충효와 인의를 교육의 지표로 삼는 『유학강요』는 초등교육 종사자에게 배포되었다. 1886년 학교령을 공포해 소학교·중학교 제도를 정비하면서 국가주의 교육체제가 확립되었다.

1890년 충군애국과 국민도덕을 기본으로 하는 교육칙어教育勅語가 공포되었다. 교육칙어는 "충군애국"과 "진충보국"을 골자로 했다. 일본인이 선조 대대로 천황에게 충성을 바친 믿음직한 "신민"임을 자각

할 것을 강조했다. 유사시에 목숨을 바쳐서 천황과 천황제를 수호하는 국민을 양성하는 것이 목적이었다.

일본정부는 교육칙어의 사상을 대대적으로 홍보했다. 도쿄대학 교수 이노우에 데쓰지로井上哲次郎는 교육칙어의 의미를 상세하게 주석한 『칙어연의勅語衍義』를 집필했다. 문부성은 교육칙어의 취지가 일본인에게 주입되도록 『칙어연의』를 보급했다. 교육칙어는 이후 학교교육의 지표가 되었으며 국민도덕의 규범이 되었다.

정부는 교육칙어를 학생들에게 주입시키는 황민화교육을 전개했다. 전국의 모든 학교에 교육칙어 등본을 하사했다. 학교에서는 그것을 경축일에 봉독하고, 매일 그것에 예배하고, 정신교육의 근간으로 삼았다. 1891년에는 의식의 형식을 전국적으로 통일했다. 교육칙어는 교장이 직접 봉독하도록 의무화되었다.

2) 학교교육

1894년 고등학교령에 의해 고등중학교가 고등학교로 개편되었다. 1899년 실업학교령에 의해 농업·공업·상업학교가 설립되었다. 고등여학교령과 사립학교령도 공포되었다. 1903년 전문학교령이 공포되어 의학·법학·어학 전문학교가 설치되었다. 1907년 의무교육 과정인 심상소학교尋常小學校 교육기간이 4년에서 6년으로 늘어났다. 1911년에는 소학교 아동의 취학률이 98퍼센트에 달했다.

1886년 제국대학령에 의해 도쿄대학의 의과·공과·문과·이과와 대학원이 통합되어 제국대학이 설립되었다. 제국대학은 국가가 필요로 하는 연구와 인재양성을 목적으로 했다. 제국대학 졸업생은 고급관료, 금융·경제계 지도자, 고급기술자 등 사회지도층을 형성했다.

1897년 교토제국대학이 설립되면서 제국대학은 도쿄제국대학으로 명칭이 변경되었다. 1907년부터 도호쿠東北·규슈·홋카이도 제국대학이 설립되었다.

1903년부터 소학교에서 국정교과서가 사용되었다. 정치 방침을 교육에 구체적으로 반영하기 위해서였다. 국정교과서는 국가가 학생들의 사상을 통제하기 위한 수단이었다. 국어에서는 일본신화 이야기, 야스쿠니 신사靖國神社 이야기 등 국가주의를 주입하기 위한 내용이 실려 있었다. 역사 과목에도 일본신화가 첫 페이지를 장식했다. 수신修身 과목에서는 천황에 대한 충성이 강조되었고, 인격 완성에 관한 내용은 결여되어 있었다. 중학교에서는 검정교과서가 채택되었다.

3) 사상

사상계에서도 국수주의國粹主義가 대두했다. 1887년에 교화단체인 일본홍도회日本弘道會가 창립되었다. 일본홍도회의 전신은 1876년에 니시무라 시게키西村茂樹가 설립한 수신학사修身學舍였다. 니시무라는 일찍부터 일본 도덕의 진흥을 외쳤던 인물이었다. 그가 『일본도덕론』을 저술해 일본 고유의 도덕을 제창하기 시작했다. 1890년에 발표한 일본홍도회 요령要領에는 충효·경신敬神·황실존중 등의 덕목의 중요성이 강조되었다. 일본홍도회는 기관지 『코도弘道』를 발행하며 교육칙어에 의한 국가주의적인 문교정책을 지지했다. 1910년경에는 1만 여명의 회원을 거느렸다.

1888년에 국수주의적 문화단체인 정교사政敎社가 창립되었다. 정교사는 정부의 서구화 정책을 비판하는 입장에서 국수주의를 제창하며 여론을 선도했다. 정교사는 『일본인』이라는 잡지를 발행했다. 또

1889년에 발간된 신문『일본』을 통해서 일본주의를 주창했다.

한편, 도쿠토미 소호德富蘇峰도 1887년에 민유사民友社를 창립하고 잡지『국민의 벗國民之友』과『국민신문』을 발행했다. 그는 평민주의를 주창하면서 진보적인 의견을 개진하기도 했다. 하지만 청일전쟁 후에는 국수주의 입장으로 돌아섰다. 그리고『제국문학』를 창간하고, 1897년에 잡지『태양』의 주간으로 활동한 다카야마 조규高山樗牛도 일본주의를 외쳤다. 그는 철학자 이노우에 데쓰지로와 함께 크리스트교를 공격하기도 했다.

1891년 제일고등중학교 교사였던 우치무라 간조內村鑑三가 크리스천으로서의 양심에 따라 교육칙어에 대한 예배를 거부해서 해직되는 소위 불경사건이 일어났다. 이 사건을 지켜본 이노우에 데쓰지로는 1893년에『교육과 종교의 충돌』이라는 논문을 발표해 크리스트교가 일본의 국체國體에 부합하지 않는 종교라고 비판했다. 그 영향으로 크리스트교를 비난하는 여론이 조성되었다.

4) 종교

메이지 정부가 수립되면서 신도神道가 힘을 얻었다. 여러 신관의 자제들이 정부에 등용되었다. 1868년에 신불분리령이 공포되었다. 신불분리령으로 불교에 유착되었던 신도가 불교에서 분리되었다. 신도의 독립성이 강화되었다. 신관들은 불교보다 신도가 우월하다고 주장하며 불교를 배척했다. 1870년 정부는 오히려 불교를 신도에 종속시키려고 했다. 크리스트교도 배격했다. 정부는 신도를 국교로 정해 천황을 신격화하고 국민을 교화하려고 했다. 그러나 이러한 계획은 성과를 거두지 못했다.

정부가 신불분리령을 내리자 전국 각지에서 사원·불상·불경을 불태우고 부수는 난동이 일어났다. 신관들이 난동을 주도했다. 민중은 오랜 기간 특권적 지위를 누리던 승려에 대한 반감과 봉건적 폐단을 타파하는 풍조에 휩쓸려 불교를 탄압하는 난동에 가담했다. 시련에 직면한 불교계는 각성했다.

승려들은 불교를 신도에 종속시키려는 정부 방침에 정면으로 맞섰다. 정토종 승려를 중심으로 호법운동이 전개되었다. 불교를 학문으로 연구하는 학자들도 늘어났다. 불교학자 하라 탄산原坦山은 『심성실험록』을 비롯한 많은 저술을 남겼다. 이노우에 엔료井上円了는 국수주의 관점에서 크리스트교를 비판했다. 승려이면서 범어학자였던 난조 분유南條文雄는 불경연구에서 선구적 업적을 남겼다.

메이지 정부의 크리스트교 탄압 방침은 1873년에 이르러서야 철회되었다. 그러자 천주교·기독교 선교사들이 다투어 일본으로 건너와 전도를 시작했다. 정부가 초빙한 외국인 교사의 영향으로 크리스트교 신자가 되는 일본인이 늘어났다. 훗날 유명한 목사가 된 우에무라 마사히사植村正久는 정통 복음주의 신앙을 전파했다. 크리스트교 신자는 일부다처제 관습에 반대하고 공창제도 폐지에 앞장섰다. 일부다처제가 지탄받게 된 데에는 크리스트교의 영향이 컸다.

1891년 제일고등중학교의 교사였던 우치무라 간조가 크리스천의 양심에 따라 교육칙어에 예배를 거부해 해직되는 사건이 일어났다. 이 사건으로 크리스트교를 비난하는 여론이 조성되었다. 크리스트교 전도는 성과를 거두지 못했다.

2. 학술

1) 인문과학

영국과 프랑스 계통의 철학 대신에 독일의 이상주의 철학이 발달했다. 도쿄대학 교수 이노우에 데쓰지로도 독일유학파로 독일의 관념철학을 일본에 이식했다. 그러나 교토대학 교수 니시다 기타로西田幾太郎는 1911년 『선의연구善の硏究』를 저술해 동서철학을 융합한 위에 순수경험이라는 독자적인 체계를 확립했다.

사학·인류학도 외국인 교사의 지도로 발달했다. 독일의 실증주의 사학이 주류를 이루었다. 도쿄대학 사료편찬소 구메 구니타케久米邦武는 『대일본사료』 공간에 힘썼다. 구메는 1891년에 「신도는 제천의 고속」이라는 논문을 발표해 면직되었다. 『지나통사』를 저술한 나카 미치요那珂通世가 동양사의 아버지라고 일컬어졌다. 서양사도 실증적 연구의 뿌리를 내렸다. 법학도 처음에는 서양인 교사의 지도로 뿌리를 내렸으나, 법전이 편찬되면서 일본인 학자가 배출되었다. 대륙법 연구와 영미법 연구가 계통을 확립했다.

경제학 분야에서는 다구치 우키치田口卯吉, 후쿠자와 유키치 등이 영국의 자유주의 경제학을 일본에 이식했다. 독일의 보호무역주의를 옹호하는 역사학파 이론도 소개되었다. 사회문제가 발생하면서 사회정책에 관심을 갖는 학자가 늘어났다. 마르크스주의도 소개되었다.

2) 자연과학

1890년대에 들어서자 외국인 학자의 지도를 받은 일본인 연구자들이 각 분야에서 자주적으로 학문을 연구할 수 있을 만큼 성장했다. 학문 분야별 전문학회가 결성되었고, 전문잡지도 간행되었다. 대학의 강의는 거의 외국어로 진행되던 때도 있었으나 점차로 일본인 학자가 외국인 교사를 대신했다. 일본인 학자가 성장하면서 독창적인 연구가 진행되기 시작했다.

의학 분야의 발전은 눈부셨다. 1890년에는 기타자토 시바사부로北里柴三郎가 파상풍 혈청요법을 발견했고, 1892년에는 전염병연구소를 설립했다. 전염병연구소에서 연구한 시가 기요시志賀潔는 1897년 이질균을 발견했고, 나아가 한센병 연구에도 세계적인 업적을 이룩했다. 전염병연구소 출신 노구치 히데요野口英世도 세계적인 학자가 되었다. 노구치는 1900년에 미국으로 건너가 록펠러 의학연구소에서 연구했다. 그는 훗날 황열병 연구로 이름을 날렸다. 하타 사하치로秦佐八郎도 세계적인 학자였다. 그는 독일 고호 연구소에서 면역학을 연구했고, 1910년에 매독 화학요법제 살발산을 발명했다.

생물학 분야에서는 모스Morse를 비롯한 외국인 학자가 초빙되어 학생들을 지도했다. 모스에게 배운 이시카와 지요마쓰石川千代松는 일본 동물학의 기초를 확립했다. 이시카와는 독일로 유학해 생식소 연구를 했고『동물학강의』·『진화신론』을 저술했다. 식물학은 마키노 도미타로牧野富太郎를 비롯한 학자들에 의해 개척되었다.

물리학은 일찍이 영국과 독일에서 유학한 다나카 다테아이키쓰田中館愛橘에 의해 개척되었다. 그는 중력·지자기·지진학을 개척했다. 특히 일본 열도의 지자기측정을 완성했다. 나가오카 한타로長岡半太郎는 자기의 굴절 연구로 두각을 나타냈다.

화학 분야에서는 미국에서 연구한 다카미네 조키치高峰讓吉가 유명하다. 그는 1901년에 아드레날린 추출에 성공했다. 응용화학 분야의 선구자 스즈키 우메타로鈴木梅太郞는 비타민학설의 기초를 확립한 세계적인 학자였다. 유럽에서 단백질을 연구하고 1907년 도쿄대학 교수가 된 스즈키는 1910년에 비타민 B1의 일종인 오리사닌의 추출에 성공했다.

지진학과 천문학 분야에서도 일본인 학자의 업적이 두드러졌다. 지진학에서는 세키야 기요카게関谷清景와 오모리 후사키치大森房吉가 저명하다. 천문학에서는 지축변동의 새로운 방식인 제트항을 발견한 기무라 히사시木村栄, 천문대의 창설에 진력한 히라야마 신平山信이 있었다. 지질학에서는 오가와 다쿠지小川琢治가 유명했다. 그는 일본 열도의 구조를 연구했다.

수학 분야에서는 근대 수학의 개척자 기쿠치 다이로쿠菊池大麓를 비롯해, 후지사와 리키타로藤沢利喜太郎, 다카기 데이지高木貞治 등이 유명했다. 군사학 분야에서는 시모세 화약으로 알려진 시모세 마사치카下瀬雅允, 군함 설계의 권위자 히라가 유즈루平賀讓 등이 유명했다.

3. 문예

1) 소설

메이지 시대 초기에도 통속 소설이 여전히 민중에게 읽을거리를 제공했다. 에도 시대 말기의 경향에 새로운 감각을 가미한 작품도 선을 보였다. 문명개화 시대의 신풍속을 묘사한 작품이 많이 읽혀졌다. 문학

작품이 신문에 게재되고 책자로 간행되었다.

자유민권운동이 일어나자 프랑스 혁명을 주제로 한 정치소설이 일시 유행했다. 야노 류케이矢野竜溪는 1883년 정치소설『경국미담』을 간행해 선풍적인 인기를 끌었다. 미국 유학파이며 정치가였던 도카이 산시東海散士도 정치소설을 발표해 호평을 얻었다. 평론가 스에히로 데쓰초末広鉄腸는 1886년『설중매』를 시작으로 정치소설을 발표해 정치열을 고양시켰다.

1880년대에는 자연과 인생을 관찰자적 시점에서 있는 그대로 표현하려는 사실주의가 일어났다. 사실주의는 근대문학의 출발점이 되었다. 1885년 와세다대학 교수 쓰보우치 쇼요坪内逍遙는 종래의 권선징악적인 문학관을 부정하고, 문학은 인생을 묘사하는 것이라는 사실주의를 제창했다. 쓰보우치의 제자 후타바테이 시메이二葉亭四迷는 언문일치 기법을 소설에 도입해 인간의 감정을 섬세하게 묘사했다. 후타바테이는 봉건사상과 근대사상의 틈바구니에서 고뇌하는 인간을 묘사해 사실주의 문학의 선구가 되었다. 후타바테이의 작품을 계승한 것은 오자키 고요尾崎紅葉였다. 오자키는 에도 시대 소설 취향을 가미한『금색야차』를 썼다. 이 소설은 1897년 1월부터 신문에 연재되면서 독자들의 호응을 얻었다. 수재로 소문난 주인공 하자마 간이치間貫一와 미야라는 소녀와의 관계를 묘사한 것이다. 미야는 간이치를 사랑하면서도 돈이 많은 남자와 결혼한다. 인간다운 생활보다도 재력을 택했던 것이다. 경제력이 인간을 지배하기 시작한 메이지 시대의 비극이다.『금색야차』는 한국에서『장한몽』이나『이수일과 심순애』로 번안되어 유행하기도 했다. 오자키는 1885년에 기관지를 발행해 활동했다. 그러나 사실주의의 객관적인 태도는 심각하고 비참한 묘사로 이어져서 점차로 한계에 직면했다.

청일전쟁 시기에 일본의 국력이 비약하는 분위기에 편승해 낭만주의가 일어났다. 낭만주의는 주관적이고 정서적이며 공상적인 경향이 있었다. 독일 유학에서 돌아온 모리 오가이森鷗外가 번역한 소설『즉흥시인』및 그의 창작인『무희』가 선구적이었다. 낭만주의는 구니키다 돗포国木田独歩, 이즈미 교카泉鏡花 등에 의해 꽃을 피웠다. 불우한 여성들의 삶을 조명하는 작품을 쓴 히구치 이치요樋口一葉도 유명했다.

낭만주의의 뒤를 이어 자연주의가 유행했다. 자연주의는 프랑스의 에밀 졸라와 모파상의 영향을 받았다. 자연주의는 인간과 사회를 분석해 진실에 다가가려는 것이었다. 자연주의는 자본주의 사회의 현실을 반영했지만 점차로 개인적인 체험이나 심경을 묘사하게 되었다. 체험묘사는 가족제도 속에서의 인륜, 가난한 도시 생활에 한정되어 있는 경우가 많았다. 시마자키 도손島崎藤村의『파계』는 자연주의를 확립시킨 작품이었다. 시마자키는 불우한 어린 시절을 보냈다. 남의 집에 얹혀 살면서 학교를 다녔다. 그래서 그는 자아를 관철시키려고 노력하면서도 항상 주변을 의식하는 성격을 갖고 있었다. 그런 영향으로 그는 매우 애매하면서도 자신의 의사를 관철시키는 묘한 표현법을 구사했다. 바로 그 점이 다른 자연주의 계통의 작가와 달랐다. 다야마 가다이田山花袋의『이불』도 주목되는 작품이다. 중년의 소설가인 주인공이 여제자를 사모하다 못해 집착하는 모습을 노골적으로 묘사한 작품이다. 봉건적인 윤리나 가장의 체면을 무너뜨린 작품이다. 도쿠토미 로카德富蘆花는『불여귀』라는 작품을 남겼다. 주인공 나미코浪子는 해군 장교와 결혼을 하지만 혹독한 시집살이와 중상모략으로 파멸한다는 이야기다. 메이지 시대 인간생활을 상징적으로 표현한 작품으로 많은 독자들의 공감을 불러일으켰다. 그밖에 여러 작가들이 작품을 남겼다. 사회소설이나 가정소설도 있었고, 풍부한 시정과 관능을 묘사한 작품이나 향락적이고 탐미적인 작품도 있었다.

문단의 주류에서 살짝 벗어나 독자적의 경지를 개척한 작가도 있었다. 모리 오가이와 나쓰메 소세키夏目漱石였다. 모리는 독일에서 유학하면서 일본의 예술을 재발견한 인물이었다. 도쿄대학 의학부를 졸업한 모리는 군의로 근무하면서도 서양문학을 번역해 소개했고, 다양한 단편소설을 써서 일약 문단의 거장이 되었다. 러일전쟁 후에는 깊은 관조를 거친 작품을 선보이면서 독자적이고 자유자재한 경지에 도달했다. 만년에는 『아베일족』를 비롯한 역사소설을 쓰기도 했다. 도쿄대학 영문과를 졸업한 나쓰메는 세속적 경향을 비판해 호평을 얻었다. 나쓰메는 영문학에서 배운 간결하고 분석적인 방법으로 민중의 일상생활을 치밀하게 묘사했다. 그는 서양 정신과 일본의 문학적 전통을 기반으로 독창적인 문학을 탄생시켰다. 그의 작품은 일본소설의 수준을 한 단계 향상시켰다는 평가는 받고 있다. 만년에는 자아를 넘어서 운명에 순응하는 윤리를 추구했다.

2) 예술

메이지 시대 초부터 서양풍의 미술이 주목을 끌었다. 이탈리아에서 화가 폰타네지A. Fontanesi와 조각가 라게자V. Raguza가 초빙되었다. 그들 외국인 예술가들은 일본 근대미술 발전에 큰 영향을 미쳤다. 에도 시대 말기부터 서양화를 배운 다카하시 유이치高橋由一는 메이지 초기를 대표하는 서양화가였다.

1887년 도쿄 미술학교가 설립되었다. 학교에는 회화·조각·공예과가 설치되었다. 미술학교가 설립되면서 미술계도 이윽고 활기를 띠었다. 일본 전통 화가도 미술학교 교수로 취임해 새로운 미술을 선보였다.

1890년에는 오카쿠라 덴신岡倉天心이 도쿄 미술학교 교장으로 취임했다. 오카쿠라는 일찍부터 일본 미술의 가치를 인식하고 있었던 인물이었다. 그는 미국인 선교사 페노로사Fenollosa와 협력해 일본 미술의 부흥에 힘을 쏟았다. 오카쿠라의 노력으로 일본화가들이 배출되었다. 1888년 정부는 전국의 고미술 조사를 개시했고, 1897년에는 오래된 신사나 사원을 보호하는 법을 제정했다. 또 중요 문화재를 국보를 지정하고 보존하기 시작했다.

1897년 미술학교 소동으로 교장을 사임한 오카쿠라는 1898년에 일본미술원을 설립했다. 이때부터 일본미술원에서 개최하는 전람회를 원전院展이라고 했다. 1907년부터 문부성도 미술전을 개최했는데 이것을 문전文展이라고 했다. 오카쿠라는 미국 보스턴 미술관 동양부장으로 취임해 활동하면서 일본문화를 해외에 소개하기도 했다.

처음으로 서양 음악을 배운 것은 궁내성의 아악부 단원들과 군악대 대원들이었다. 학교교육이 실시되면서 문부성은 소학교 교육에 서양의 가요를 모방한 창가唱歌를 도입했다. 1887년 도쿄 음악학교가 설립되면서 전문적인 음악교육이 시작되었다. 초대 교장은 이토 슈지伊藤修二였다. 창가와 동요가 보급되었다. 청일전쟁과 러일전쟁을 거치면서 유행하기 시작한 군가도 음악 보급에 기여했다. 영화와 축음기가 수입되면서 음악 보급은 더욱 촉진되었다. 1909년에 히비야 음악당이 세워졌고, 1910년에는 도쿄필하모닉이 조직되었다. 연주회도 정기적으로 개최되었다.

가부키 분야에서는 에도 시대 말기부터 활약하던 가와타케 모쿠아미河竹黙阿弥가 여전히 작품을 발표했다. 연극 분야에서는 개화주의자들이 연극개량회를 설립해 서양식 연극을 도입하려고 했지만 성공하지 못했다. 국수주의가 발흥하면서 가부키가 더욱 발전했다. 가부키는 9대 이치카와 단주로市川団十郎·초대 이치카와 사단지市川左団次와 같은 명배우들이 나타나 전성기를 구가했다.

가부키 이외에 주로 정치소설을 극화한 신파극新派劇이 선을 보였다. 러일전쟁 때에는 전쟁극이 상연되었고, 그 후에는 주로 가정극이 상연되었다. 신파극은 러일전쟁 후에 전성기를 구가했다. 문단에서 자연주의가 유행하면서, 극단에서도 모리 오가이·쓰보우치 쇼요 등이 협력해 서양극을 연출했다. 이것을 신극이라고 했다.

1906년에는 문학·미술·연극의 개선과 보급을 위해 문예협회가 설립되었다. 1909년 문예협회 부속기관으로 연극연구소가 개설되었다. 문예협회는 1911년에 조직을 정비해 순수한 연극단체로 재출발했다. 쓰보우치 쇼요坪內逍遙가 회장으로 취임해 배우 양성에 힘썼다. 문예협회는 햄릿, 인형의 집과 같은 신극을 선보였다.

12. 세련. 문명의 안쪽

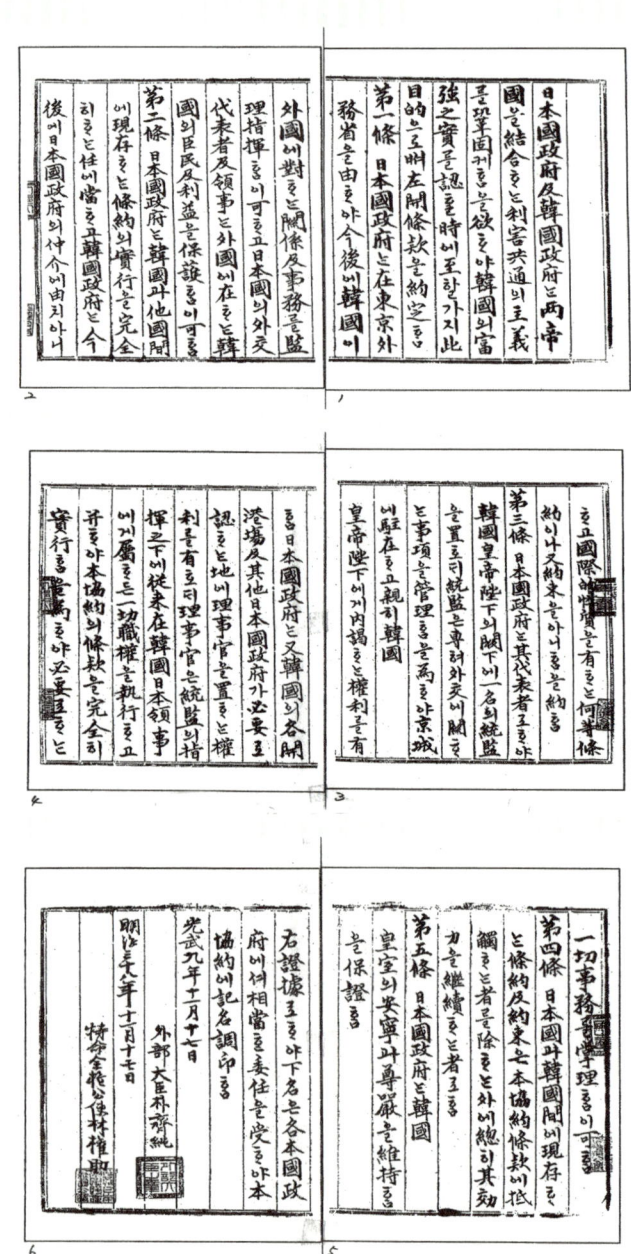

을사보호조약 원문

13. 도전

두 번째 씨름판

러일전쟁 당시 만주 펑톈에 입성하는
일본군(1905. 3.15)

13. 도전

두 번째 씨름판

1. 전운

열강의 중국 분할 경쟁이 치열해지면서 중국 농민은 토지를 잃고 몰락했다. 도시 수공업자와 교통 노동자들도 실업했다. 중국인들은 침략의 상징이라고 여긴 외국인 선교사와 교회에 반감을 품고 있었다. 산둥 성에서 비밀결사 단체인 의화단義和團이 일어나 세력을 넓히면서 제국주의와 크리스트교 반대 투쟁을 전개했다.

1900년 1월 베이징北京 열국 공사단이 청국에 의화단 진압을 요구했다. 그러나 의화단 세력은 더욱 확대되었다. 같은 해 5월에는 철도와 정거장을 파괴하거나 방화하기 시작했다. 의화단은 베이징과 톈진 일대를 제압하고, 크리스트교 교회당과 크리스천의 주택·점포에 방화했다. 6월에는 베이징에 있는 각국 공사관이 의화단에 포위되었고, 청국이 열국에 선전을 포고하는 사태에 이르렀다.

열강은 자국민을 보호한다는 구실로 군대를 파견했다. 당시 영국은 보아 전쟁으로 발이 묶여있었다. 미국은 필리핀의 독립전쟁을 탄압하느라 청국에 많은 군대를 보낼 수 없는 형편이었다. 러시아의 남하를 두려워한 영국은 일본에 거듭 파병을 요청했다. 일본은 7월에 대군을 중국에 파견했다. 8월에 연합군은 베이징 총공세를 펼쳐 고립되었던 외국인을 구출했다. 연합군은 베이징과 인근 지역에서 약탈·살육·방화를 자행했다. 연합군의 반격으로 의화단운동은 실패로 끝났다.

1900년 7월 러시아는 15만 군대를 만주(중국 동북 지방)에 파견했다. 의화단운동으로 러시아가 만주에 부설하던 동청철도가 파괴되자 그것을 지킨다는 명분이었다. 만주는 사실상 러시아군이 점령했다. 러시아는 계속 만주에 주둔하면서 조선에도 영향력을 행사했다. 이러한 상황은 러시아와 대립하는 영국을 긴장시켰고, 한반도를 발판으로 만주까지 지배하려는 야심을 품은 일본을 당황하게 했다.

일본의 정치가들은 열강의 어느 한 세력과 제휴하지 않고서는 침략전쟁을 할 수 없다는 데 의견의 일치를 보았다. 하지만 어느 나라와 결탁할 것인가 하는 문제로 의견이 대립했다. 야마가타 아리토모山県有朋를 비롯한 군부의 실력자와 가토 다카아키加藤高明를 비롯한 외교관들은 일영동맹을 주장했다. 이토 히로부미, 이노우에 가오루井上馨, 무쓰 무네미쓰陸奥宗光 등은 러시아와 직접 대결을 피하고 협상을 하자고 주장했다.

협상론자들은 일본이 러시아의 만주 지배를 인정하고, 러시아도 일본의 한반도 지배를 인정하는 이른바 만한교환론을 내세웠다. 일영동맹론자들은 러시아의 만주 지배를 인정하면 일본의 한국 지배도 실현될 수 없으며, 영국과 동맹을 하는 것만이 러시아에 대항하고 중국을 침략할 수 있는 가능성을 확보하는 방책이라고 주장했다. 자본가들은 후자의 의견에 동조했다.

　일본은 러시아와 대결한다는 방침을 정했다. 1902년에 일영동맹을 맺었다. 당시 영국은 중국에서 기득권을 지키기 위해서도, 중국 민중의 저항을 억압하기 위해서도, 러시아의 남하정책을 저지하기 위해서도 일본과 동맹을 맺지 않을 수 없는 상황이었다. 한편, 일본은 한반도를 손에 넣은 뒤 만주로 권익을 확장한다는 계획을 세웠다. 일본은 러시아에 만주에서 군대를 철수하라고 요구했다.

　한편, 러시아는 일본이 만주로 진출하려고 하자 압록강 일대까지 진출했다. 1903년 8월 일본이 러시아와 협상을 시작했다. 일본은 한국을 완전히 지배할 수 있는 권리를 갖고, 러시아는 만주의 철도 경영에 특수 이익을 갖는 선에서 타협하자고 제안했다. 그러자 러시아는 일본이 한반도를 군사상 목적으로 사용하지 말 것, 한국 해협의 통행을 방해할 수 있는 요새를 구축하지 말 것, 북위 39도 이북은 중립지대로 할 것 등을 요구했다.

　북위 39도 이북이 중립지대로 설정되면 한국을 지배하려는 일본의 계획은 무산될 수밖에 없었다. 1904년 1월 일본정부 수뇌부는 전쟁을 결심했다. 러시아가 일본의 요구를 인정한다고 해도 언젠가는 전쟁을 피할 수 없을 것이고, 그렇다면 일거에 러시아를 격파하는 것이 좋다고 판단했다. 여론도 강경론이 우세했다. 반정부 지식인조차도 전쟁불가피론을 폈다. 반전론은 전쟁을 열망하는 여론에 묻혀버렸다.

2. 전쟁

　1904년 2월 4일 일본 정부는 어전회의에서 러시아와의 교섭을 중단하고 전쟁을 선택한다고 결정했다. 일본은 즉시 군사행동을 감행했다. 2월 8일 러시아 군함 두 척이 인천에 정박해 있었다. 일본의 전함이 수송선 3척을 호위해 인천에 입항했다. 그런데 수송선에서 일본군이 쏟아져 나왔다. 일본군은 러시아 군함에 출항하지 않으면 공격한다고 통고했다. 러시아 군함은 즉시 출항했다. 러시아 군함이 인천항 밖으로 나오자 기다리던 일본 군함이 일제히 포격을 가했다.

같은 시각에 도고 헤이하치로東鄕平八郎 사령관이 이끄는 연합함대의 주력은 은밀하게 뤼순 항에 접근해 훈련 중인 네 척의 러시아 함대에 포격을 가했다. 그런데도 러시아는 경계태세에 돌입한 함대에 "발포하지 말고, 의심되는 사태가 발생하면 귀환하라"고 명령했다. 가능하면 전쟁으로 치닫는 것을 피하려고 했던 것이다. 영국에 조정을 요청하기도 했다. 그러나 일본의 도발은 멈추지 않았다. 기선을 제압한 일본은 2월 10일에야 러시아에 선전을 포고하고, 다음 날 대본영을 설치했다.

일본이 선제공격을 개시한 것은 러시아가 아직 전쟁 태세를 갖추지 못했다고 판단했기 때문이다. 일본이 전쟁을 시작했을 때, 러시아 극동군은 12만 명이었다. 시베리아철도는 1903년에 일단 개통되었으나 아직 단선이어서 수송능력에 한계가 있었다. 또 발틱함대가 극동으로 돌아오는 데 상당한 시일이 걸렸다. 일본은 그 사이에 러시아에 큰 타격을 입히면 승산이 있다고 판단했다.

일본은 뤼순을 기습해 제해권을 장악한 다음, 1904년 3월에 제1군을 인천에 상륙시켜 북상했고, 4월 말에는 압록강을 넘어서 만주(중국 동북 지방)로 진격했다. 제1군이 압록강을 건너자, 제2군을 뤼순 북방에 상륙시켰다. 5월 25일 일본군은 진저우金州 인근 전투에서 4,400명의 사상자를 내며 북진했다.

대본영은 뤼순을 공략하기가 매우 어렵다는 것을 알고 6월 30일

제2군을 나누어 제3군을 편성했다. 제3군 사령관은 노기 마레스케乃木稀典였다. 6월 2일에는 만주군사령부를 편성했다. 총사령관은 오야마 이와오大山巖였다. 오야마는 만주에 파견된 일본군을 통괄하면서 작전을 지휘했다. 대본영은 새로이 제4군을 편성했다. 제3군은 뤼순으로 향했고, 제4군은 제1군·제2군을 따라 북상했다.

　일본은 러시아가 발틱함대를 극동으로 보내기로 했다는 정보를 입수했다. 해군은 발틱함대가 모습을 나타내기 전에 뤼순을 점령할 것을 육군에 요구했다. 해군의 압박으로 제3군은 8월 19일에서 21일에 걸쳐서 뤼순 총공격을 감행했다. 그러나 러시아 수비대의 완강한 저항을 뚫지 못했다. 총병력 5만 명 중 사상자가 1만5,800명이라는 손실을 내고 물러나고 말았다. 제2차 뤼순 총공격은 10월 26일에 개시되었지만, 이번에도 3,800명의 사상자를 내고 실패했다. 대본영은 제3군에 반드시 뤼순을 함락시키라고 명령했다. 제3군은 11월 26일부터 제3차 뤼순 총공격을 감행했다. 일본군은 1만7,000명의 사상자를 내면서 러시아군 요새 중에서 가장 약한 203고지를 점령할 수 있었다. 12월 5일이었다. 일본군은 203고지에 포대를 설치하고 뤼순 항의 러시아 함대를 공격했다. 일본군은 1905년 1월 2일에서야 겨우 뤼순을 함락시킬 수 있었다.

　1905년 3월 1일 일본의 만주군 24만 명은 펑톈奉天을 향해 공격을 개시했다. 그 중에는 노기 마레스케가 이끄는 제3군도 포함되었다. 일본군의 우익에 포진한 제3군이 진격을 개시해 펑톈을 포위하는 형세가 되었다. 일본군은 펑톈 후방의 러시아 철도를 장악하려고 했다. 그런데 3월 8일 러시아군이 후퇴했다. 오야마 사령관은 추격을 명령했으나 러시아군의 반격은 거세었다. 3월 10일 일본군은 펑톈을 점령했으나 더 이상 추격할 여력이 없었다.

　한편, 일본 해군은 대서양에서 아프리카 남단을 돌아 멀고 먼 길을 항해해 온 러시아의 발틱함대를 대한해협에서 맞이해 싸웠다. 러시아 함대의 일본 근해 도착이 예상보다 늦어졌다. 일본의 연합함대는 충분한 시간을 갖고 훈련할 수 있었다. 1905년 5월 27일 새벽 대한해협에서 개시된 해전에서 러시아 함대는 매우 큰 타격을 입었다. 원래 일본의 연합함대는 발틱함대가 브라지보스톡에 도착하기까지 7회에 걸쳐서 공격할 계획이었다. 그런데 5월 27일 새벽 전투에서 전함 4척 등 발틱함대의 80퍼센트를 격파하는 예상 밖의 승리를 거두었다. 다음 날 발틱함대의 잔여 함대 다섯 척도 연합함대에 포위되어 항복했다. 이에 비해 일본의 연합함대는 수뢰정 3척이 격침되는 데 그쳤다. 일본 해군의 완승이었다.

그러나 일본군은 총체적인 위기에 처했다. 무엇보다도 더 이상 동원할 병력이 없었다. 현역병은 물론 예비역·보충역까지 동원해 전선으로 보냈다. 바다를 건넌 일본군은 102만 명에 달했다. 잘 훈련된 장교와 하사관이 사망하거나 부상했다. 더 이상 전쟁을 수행하기 어려운 상황이었다. 재정도 이미 바닥나 전쟁 물자를 공급할 수 없는 형편이었다. 전쟁을 2개월 이상 끌면 일본이 붕괴될 위기에 직면해 있었다.

일본은 해전에서의 승리를 계기로 전쟁을 끝내는 길을 모색하기 시작했다. 일본은 미국에 중재를 요청했다. 미국 대통령 루스벨트 Theodore Roosevelt는 러시아 황제를 설득했다. 때마침 러시아도 혁명의 기운이 고조되어 몹시 혼란했다. 러시아 역시 재정적으로 곤란한 상황에 처해 있었다. 러시아는 루스벨트의 중재 요청을 받아들었다.

3. 강화

1905년 8월 10일 미국 포츠머스에서 강화회담이 열렸다. 원래는 워싱턴에서 회담이 열릴 예정이었으나 날씨가 더워서 포츠머스에서 개최되었다. 일본은 첫 번째 회담에서 12조의 강화 조건을 제시했다. 일본이 양보할 수 없는 조건은 한국의 일본 지배 인정, 러시아 군대의 만주 철퇴, 랴오둥 반도 조차권 및 하얼빈·뤼순 간 철도의 양도 등이었다. 그 밖의 조건으로 배상금 15억 엔, 사할린 할양 등이었다. 강화회의는 일본의 조건을 검토하는 방법으로 진행되었다. 일본의 절대적 조건은 만주 철도 양도 문제의 조정을 제외하고 거의 관철되었다. 하지만 배상금과 사할린 할양 문제의 교섭은 난항을 겪었다.

러시아 황제는 처음부터 단 한 치의 땅도 단 한 푼의 돈도 지불하지 않는다는 분명한 원칙을 고수했다. 그래서 러시아 대표는 일본의 타협안을 일축했다. 8월 26일 회의는 결렬될 위기에 처했다. 최후의 순간에 일본은 각의와 어전회의를 개최해 배상금과 사할린 문제를 해결하지 않더라도 강화를 성립시켜야 한다는 결론을 내렸다. 9월 5일 일본은 배상금 요구를 철회하고, 러시아도 사할린의 남반부를 일본에 양도하기로 합의했다. 조약의 내용은 다음과 같다. 첫째 일본이 한국에서 정치·경제·군사 면에서 탁월한 이익을 가지는 것과 일본의 대한 정책에 간섭하지 않을 것을 러시아가 인정한다. 둘째 러시아가 조차했던 랴오둥 반도와 창춘長春 이남의 철도 및 그 부속지를 일본에 이양한다. 셋째 사할린의 북위 50도 이남의 영유권, 연해주의 어업권 등을 일본에 넘겨준다.

러일전쟁에 소요된 전쟁비용은 약 17억 엔이었다. 1903년도의 국가 총예산이 2억 6,000만 엔이었으니까, 전쟁 비용은 일본 국가예산의 약 6.5배에 달했다. 그중 약 8억 엔은 외채에 의존하고 나머지는 국채와 증세로 충당했다. 해마다 지불해야 할 국채 이자만도 1억1,000만 엔에 달했다.

　일본인의 부담은 평화 시에는 상상할 수 없을 정도로 과중했다. 일본인은 교전 20개월 동안에 10만 명의 전사자, 17만 명의 부상자, 22만 명의 질병자를 내면서도 아무 불평 없이 젊은이를 전쟁터로 보냈다. 인내하기 힘든 생활을 감수하면서 전쟁에 적극 협력했다. 러일전쟁에 동원된 109만 명의 병사 중 농촌 출신자가 55만 명에 달했고, 또 우마도 징발되어서 농촌의 노동력 부족 현상은 심각했다. 게다가 1905년 대흉작이 겹쳐서 농민생활은 극한에 도달했다. 도시 중소상공업자도 과중한 부담을 감수해야 했다.

　일본 민중이 엄청난 희생을 감수했던 이유는 분명했다. 전쟁에서 이기면 청일전쟁 때보다 더 많은 배상금을 받아낼 수 있으며, 일본경제는 다시 한 번 비약할 수 있을 것이라고 믿었다. 언론도 일본인의 추악한 욕망을 자극했다. 유리한 강화조약만 체결되면 생활이 일약 향상될 것이라는 환상을 심어주었다. 배상금도 국민을 위해 사용될 것이며, 사할린 영유는 일본의 발전에 크게 기여할 것이라고 선전했다.

　꿈에 부풀어 있던 일본인에게 강화조약 소식이 전해졌다. 배상금은 한 푼도 없고, 사할린 영유도 남반부뿐이라는 것이 알려졌다. 일본 민중은 왜 그런 강화조약이 성립되었는지 이해하지 못했다. 민중의 불만은 고조되었다. 신문·잡지는 정부의 연약함을 공격했고, 강화조약을 파기하라고 목소리를 높였다.

　1905년 9월 5일 도쿄의 히비야日比谷 공원에서 강화를 반대하는 국민대회가 열렸다. 경시청은 집회를 금지했다. 공원 앞에 방책을 세워서 공원 진입을 통제했다. 그러나 약 3만 명의 민중이 대회에 참석했다. 군국주의자들은 강화조약 반대와 전쟁의 재개를 주장하는 현수막을 걸었다. 오후 1시경에 만세를 부르면서 대회가 끝났지만, 민중은 움직이려고 하지 않았다. 그런 민중을 경찰이 강제로 해산하려고 했다. 그러자 민중의 분노가 폭발했다. 순식간에 폭동으로 돌변했다. 민중은 먼저 정부의 어용신문으로 강화를 지지했던 국민신문사 사옥에 돌을 던지고 기물을 부순 다음 닥치는 대로 파출소를 습격했다. 경찰서 2개소, 파출소 364개소가 파괴되었다. 이것을 히비야 폭동 사건이라고 한다. 이 사건은 일본인이 희생을 감수하면서 전쟁에 협조한 이유가 어디에 있었는지 극명하게 보여준 사건이었다.

그렇다면 러일전쟁을 일으킨 일본의 목적을 달성하지 않았는가? 일본은 러일전쟁에서 청일전쟁 때와 같이 많은 배상금은 받아내지는 못했지만, 러일전쟁은 일본이 열강으로 비약하는 계기가 되었다. 한반도를 완전하게 장악했고, 만주(중국 동북 지방)를 사실상 지배하는 권리를 얻게 되었다. 일본은 금액으로 환산할 수 없는 막대한 이권을 손에 넣었다.

한반도는 일본이 중국으로 진출하는 발판이었을 뿐만 아니라, 일본 상품의 소비시장이었다. 러일전쟁이 끝나자마자 일본은 한국 경제의 주요 부분을 장악했다. 철도·우편·전신·광산·토지·산림도 마음대로 지배하고 약탈했다. 특히 미쓰이三井 재벌이 설립한 동양척식주식회사를 앞세워 한반도 토지를 점유했다. 금융·산업·무역도 장악했다. 일본상품은 한국 시장을 독점했다. 1905년 한국 수입총액의 76퍼센트가 일본상품이었다.

1906년 7월 일본은 뤼순에 관동도독부를 두었다. 관동주 총독에는 육군 대장·중장 중에서 임명하고, 총독이 주둔군 사령관을 겸임하게 했다. 또 러시아가 양도한 동청철도를 기반으로 1906년에 남만주철도주식회사를 설립했다. 만철은 반관반민의 국책회사였다. 일본은 국책회사인 만철을 통해 만주를 종속시키는 작업을 진행했다 일본 자본이 만주시장도 독점했다. 동시에 만주에서 석탄, 철광석, 콩 등을 일본으로 실어 날랐다.

　일본이 한반도와 만주를 독점하면서 일본경제는 활기를 띠었다. 1905년에만 대자본을 가진 회사가 180개 이상 설립되었다. 1906년에는 10억 엔 이상의 자본이 새로 투자되었다. 민간기업 중에서는 방적업이 가장 발달했다. 방적업은 러일전쟁 후에 한국과 만주시장을 독점했다. 1909년에는 영국·미국을 물리치고 시장 점유율 1위를 차지했다.

　독점자본은 한국·타이완·만주를 지배하는 한편, 중국 본토에까지 자본을 수출했다. 중국에서 철도부설권·석탄채굴권·공장경영권을 얻어냈다. 중국시장 점유율도 미국·영국을 앞질렀다. 러일전쟁의 승리는 일본 자본주의가 비약적으로 발전하는 계기가 되었다.

　러일전쟁으로 새로운 식민지가 된 사할린 남부도 개발되기 시작했다. 일본은 사할린을 가라후토樺太라고 불렀다. 1905년 7월 가라후토 민정장관이 통치를 시작했고, 1907년에는 가라후토 청樺太庁을 설치하고, 가라후토 수비대 사령관이 청장을 겸임하도록 했다. 가라후토 주변 바다는 세계 3대 어장의 하나로 수산자원의 보고였다. 석탄과 유전을 비롯한 지하자원도 풍부했다.

　러일전쟁은 한국과 만주를 둘러싼 일본·러시아의 제국주의 전쟁이었다. 이 전쟁에서 승리한 일본은 일약 세계 7대 강국으로 부상했다. 청일전쟁이 아시아의 장사를 가리는 씨름판이었다면, 러일전쟁은 세계의 장사를 가리는 씨름판이었던 것이다.

이토 히로부미

14. 성공

영악스러운 침략자

황태자 시절 한국을 방문한 다이쇼 천황(사진 중앙)
그 오른 쪽에 서 있는 어린이는 한국 황태자 이은
(1907. 10.16)

14. 성공

영악스러운 침략자

1. 강점

1904년 2월 일본은 러일전쟁을 시작하면서 한일의정서를 강제로 체결했다. 한일의정서 체결은 한국의 부분적 보호국화를 의미했다. 조선은 이미 일본의 군사적 지배하에 들어갔던 것이다. 동년 5월 13일 일본은 각의에서 한국을 식민지로 삼기로 결정했다.

동년 8월에는 제1차 한일협약을 체결했다. 이 협약으로 일본은 그 동안 한국이 고용했던 외국인 30여 명을 해고했다. 그리고 일본인 고문을 두어 한국의 재정권과 외교권을 규제했다. 1905년 11월에는 재정, 군부, 궁내부, 경찰 등의 부서에 188명의 일본인이 배치되어 있었다. 일본은 공공연하게 한국의 주권을 침해했다.

한국은 이미 일본의 손아귀에 들어가 있는 형국이었다. 미국·영국도 그러한 현실을 인정했다. 미국은 일본의 필리핀 침략을 우려했다. 1905년 7월 가쓰라·태프트 협정을 맺었다. 일본과 미국은 상호간에 한국과 필리핀 지배를 각각 인정했다. 이어서 영국도 영일동맹을 개정했다. 영국은 일본의 한국에 있어서의 특수한 권익을 보장하고, 일본의 한국에 대한 지도·감독·보호권을 인정했다. 한국을 지배하는데 대한 국제적 장애요인이 모두 제거된 것을 확인한 일본은 한국을 집어삼킬 계획을 착착 진행시켰다.

1905년 9월 포츠머스 강화조약이 조인되자, 일본정부는 한국을 보호국으로 삼기로 하고, 10월에 조약안을 각의에서 의결했다. 일본 외무대신은 이토 히로부미를 한국 황실위문 특파대사로 삼을 것을 천황에게 건의했다. 천황은 이토에게 역사적인 임무를 부여했다. 이토는 11월 2일에 도쿄를 출발해 일주일 후에 한성에 도착했다. 그는 개선장군처럼 한국인의 환영을 받으며 한성 땅을 밟았다.

손탁 호텔에 여장을 푼 이토는 11월 10일 하야시 곤스케林權介 공사의 안내로 고종를 알현했다. 이토는 고종에게 일본 천황의 친서를 전달하고 새로운 조약을 맺을 것이라고 말했다. 그는 일본정부가 작성한 조약안을 건네면서 5일 내에 검토하라고 말했다.

11월 15일 이토는 고종을 다시 알현했다. 고종은 이토에게 조약안을 전적으로 거부한다고 말했다. 고종은 러일전쟁을 일으킬 때 일본 천황이 동양평화와 한국의 독립을 보장하겠다고 선언했던 점을 상기시켰다. 고종은 그 말을 일본이 한국의 독립을 보장하기 위해 노력한다는 뜻으로 받아들였다. 그런데 이토가 제시한 조약안을 보고 고종은 충격을 받았다. 이토는 고종을 다섯 시간이나 다그치며 조약안을 수용하라고 협박했다.

11월 16일 이토는 한국정부의 각료를 손탁 호텔로 불렀다. 참정대신 한규설, 법부대신 이하영, 학부대신 이완용, 농상공부대신 권중현

등이 모였다. 이토는 이들에게 조약안에 대해 자세하게 설명했다. 그리고 대신들에게 차례로 의견을 말하라고 했다.

한규설은 일본이 그동안 한국의 독립을 보장한다고 했고, 한일의정서에도 그렇게 되어있는데 갑자기 한국을 보호국으로 삼겠다는 것은 이해가 되지 않으니 조약안에 반대한다고 말했다. 이하영도 한규설의 의견에 동조하면서 중대한 일은 공식회의에서 토의해야 한다고 말했다. 이완용은 당장 결론을 내릴 수 없다고 말했다. 권중현은 한규설이 한 말을 되풀이 하면서 천황이 보장한 한국 독립을 뒤집는 것은 이해할 수 없다고 말했다.

대신들은 다시 궁중으로 돌아가서 어전회의를 열었다. 외부대신 박제순이 조약문의 세부사항에 관해 보고했다. 고종은 각 대신들의 의견을 물었다. 대신들은 목숨을 버리더라도 결코 승인할 수 없다고 말했다.

11월 17일 하야시 공사가 한국 대신들을 일본 공사관으로 불렀다. 여덟 명의 대신이 모였다. 하야시 공사는 오후 3시까지 대신들을 다그쳤지만 아무 소득이 없었다. 그러자 하야시 공사가 고종을 알현해야겠다고 자리를 박차고 일어났다.

오후 4시에 어전회의가 열렸다. 대신들은 여전히 완강히 반대했다. 그런데 이때 이완용이 조약안의 수정을 요구하자는 의견을 슬그머니 꺼냈다. 부득이 조약안을 수용하게 될 경우를 대비해서 대책을 마련하자는 뜻이라고 덧붙였다. 몇몇 대신들이 고개를 끄덕였다. 한규설은 수정제의는 있을 수 없다고 말하면서 눈물을 흘렸을 뿐 조약을 무산시키기 위한 행동을 하지 않았다. 한 나라의 참정대신인 한규설이 무기력하게 대응하자 다른 대신들도 나서지 못했다.

오후 7시가 되었다. 고종은 여러 대신에게 일본 측과 다시 한 번 협의해 보라고 말하면서 자리를 떴다. 하야시 공사는 어전회의 결과를 이토에게 보고했다. 이토는 즉시 궁중으로 달려왔다. 이토는 직접 대신들을 한 사람씩 불러서 찬반을 물었다. 참정대신 한규설, 탁지부대신 민영기, 법부대신 이하영은 반대했다. 외부대신 박제순은 침묵으로 찬성의 뜻을 표했다. 이어서 군부대신 이근택, 학부대신 이완용, 내부대신 이지용, 농상공부대신 권중현이 찬성했다. 이토는 다수가 찬성했으므로 조약안이 가결되었다고 선언했다. 밖에서 기다리던 하야시 공사는 박제순 외부대신과 함께 조약안에 서명했다. 11월 18일 새벽 1시였다. 이토 히로부미는 을사보호조약이 성립되었다고 선언했다.

2. 제압

고종은 즉시 국권회복 운동에 나섰다. 1906년 5월까지 5회에 걸쳐서 을사보호조약이 무효라는 의견을 구미 각국에 전달하기 위해 노력했다. 특히 1905년 11월 24일 고종은 한국정부의 고문 헐버트에게 서신을 보내 보호조약은 일본이 강요한 것으로 무효이며 자신은 결코 이에 동의한 적이 없다는 사실을 미국정부에 전달해 달라고 부탁했다.

일본은 고종의 서한을 지닌 헐버트가 미국으로 가는 것을 처음부터 알았지만 그대로 출국시켰다. 헐버트는 워싱턴의 국무성으로 가서 고종의 서신을 제출하려고 했다. 그러나 국무성은 헐버트를 푸대접했다. 미국은 일본을 적극 후원하고 있었다. 같은 해 11월 30일에 재한 영국공사가 철수했고, 이어서 미국도 한성에 있는 미국 공사관을 폐쇄했다. 그리고 한국과 관련된 모든 외교업무는 일본의 도쿄에서 처리할 것이라고 선언했다.

11월 26일 대신을 역임한 조병세가 급히 상소를 올렸다. 그는 대신들에게 조약을 체결한 죄를 물어야 한다고 주장했다. 각지에서 집회가 열렸다. 평안도 지방 청년들은 한성으로 가서 왕궁 앞에서 자결하자고 결의했다. 전국의 유생과 전직 관리들이 왕궁 앞에서 농성에 들어갔다. 한성 시내의 상점들은 일시에 철시해 보호조약 체결을 애도했다. 11월 30일 아침 시종무관장 민영환이 자결했고, 여러 중신과 지사들이 잇달아 자결을 선택했다.

을사보호조약이 체결되자 일본은 한성에 통감부를 설치했다. 1906년 2월 1일 이토 히로부미가 초대 통감으로 부임해 처음으로 업무를 보았다. 이토는 헌병과 군대를 앞세워 한국인을 탄압했다. 이토는 사실상 한국의 황제나 다름이 없었다. 이토는 한국의 대신들을 자신의 관저로 불러서 각료회의를 개최했다. 한국의 대신들도 모든 일을 이토에게 보고했고 그의 허락을 받아야 일이 진행되었다.

전국에서 유생이 조약 파기를 외치고 의병이 일어나면서 한국사회는 큰 혼란에 빠졌다. 그런 와중에 한일관계에 커다란 파문을 일으킨 사건이 터졌다. 헤이그 밀사 사건이다. 1907년 6월 고종은 이상설, 이위종, 이준 등의 밀사를 네덜란드의 수도 헤이그에서 열린 제2차 세계평화회의에 파견했다. 을사보호조약이 일본의 강압으로 이루어진 것임을 폭로하고 강대국들의 도움으로 그것을 파기하려고 했던 것이다.

헤이그에 도착한 세 사람은 각국 위원에게 면회를 요청했으나 러시아·미국·영국은 이들의 면회를 거부했다. 강대국들은 이미 일본 편이었다. 특히 영국이 앞장서 밀사가 회의장에 들어오지 못하도록 방해했다. 분을 참지 못한 이준 열사는 회의장 밖에서 자해했다.

비밀리에 밀사가 파견되었다는 소식을 들은 이토는 격노했다. 한국 총리대신 이완용을 불러 항의했다. 이토 히로부미가 격노했다는 소식을 들은 한국 대신들은 안절부절 못했다. 7월 16일 한국 대신들은 고종의 퇴위를 주청했다. 그러나 고종은 듣지 않았다. 대신들은 다음 날 다시 고종에게 퇴위를 주청했다. 송병준이 황제가 신뢰를 잃었으니 그만 물러나라고 외쳤다. 고종은 그 말을 듣고 낙담했다. 그날 밤 고종은 이윤용, 신기선, 민영휘 등 9명의 노신들을 불렀다. 노신들도 퇴위가 불가피하다고 말했다. 그러자 고종은 7월 20일 오전 1시에 퇴위를 결심했다. 2시에 양위의 조칙이 발표되었고, 아침 8시에 양위식이 거행되었다.

이토 히로부미는 한국정부에 제3차 한일협약을 강요했다. 이 협약을 정미7조약이라고도 한다. 신협약으로 한국에 대한 통제를 강화되었다. 그 내용은 다음과 같다. 제1조 한국정부는 시정개선에 관해 총감의 지도를 받을 것. 제2조 한국정부의 법령 제정 및 중요한 행정상의 처분은 미리 통감의 승인을 받을 것. 제3조 한국의 사법 사무는 보통 행정 사무와 구별할 것. 제4조 한국 고등 관리 임면은 통감의 동의를 얻어 시행할 것. 제5조 한국정부는 통감이 추천한 일본인을 한국 관리에 임명할 것. 제6조 한국정부는 통감의 동의 없이 외국인을 초빙하지 말 것. 제7조 메이지 37년 8월 22일 조인한 일한협약 제1항을 폐지할 것. 정미7조약으로 이토 히로부미는 한국정부가 하는 모든 사업에 관여하게 되었다.

정미7조약 제2조에 근거해 한국은 사법 및 감옥 사무를 일본에 위탁했다. 일본인이 판사나 감옥의 관리로 임용되었다. 한국의 사법부와 재판소는 폐지되었다. 그 대신에 통감부에 사법청이 설치되고, 사법청 산하에 각급 재판소가 설치되었다. 모든 인사권은 통감이 장악했다.

이토는 신문지법과 보안법을 제정해서 항일운동을 탄압했다. 집회와 결사를 제한하고 무기 휴대를 금지시켰다. 총포 및 화약단속법, 헌병경찰권 강화법도 제정했다. 헌병경찰제도가 성립되었다. 이토가 헌병경찰제도 마련을 서두른 것은 한국 군대를 해산한 후에 발생할 것으로 예상되는 의병투쟁을 와해시키기 위해서였다.

일본은 한국 군대를 해산하는 작업에 착수했다. 이토 통감과 하세가와 요시미치長谷川好道 한국주둔군 사령관이 상의해 군대 해산을 위한 구체적인 계획을 마련했다. 통감부는 한성에 주둔하는 시위대 5개 대대, 기병대, 포병대, 교육대대 등을 먼저 해산하고, 다음에 지방에 주둔하는 8개 대대를 해산하기로 했다. 제3차로 나머지 보병대, 군기창, 무관학교, 위생원 등에 근무하는 병력을 해산하기로 했다.

8월 1일 오전 8시 한성의 각급 부대 장교가 한국주둔군 사령관 관저에 집합했다. 그 자리에서 하세가와 사령관이 군대 해산을 통고했다. 그리고 오전 10시 2,000명의 병사들에게 맨손 훈련을 실시하고 공로금을 지급할 예정이니 훈련원으로 모이라는 명령을 내렸다. 훈련원은 중무장한 일본군이 아침 일찍부터 포위하고 있었다. 일본인 관리가 군대 해산을 선언했다. 무장이 해제된 한국 군인은 그야말로 속수무책이었다.

그 때 갑자기 군인들이 술렁였다. 시위대 제1대대장 박승환朴昇煥이 군대 해산 소식을 듣고 자결했다는 소문이 퍼졌던 것이다. 그러자 성난 병사들이 부대로 달려가 빼앗긴 탄약과 무기를 손에 들고 폭동을 일으켰다. 700여 명의 한국군이 총을 들고 일본군에 대항했다. 구식총을 손에 든 한국군은 신식총으로 무장한 일본군을 상대로 처절하게 싸웠다. 하지만 기관총을 앞세운 일본군의 화력을 당할 수 없었다. 한국군이 농성하던 장소가 일본군에 의해 점령되자 한국군은 사방으로 흩어져 싸웠다. 남대문을 중심으로 치열한 시가전이 벌어졌다. 일본군의 공격으로 한국군은 많은 사상자를 냈다.

한성의 한국군을 해산시킨 통감부는 지방의 한국군을 해산시키는 작업에 착수했다. 먼저 각 부대장과 일본인 교관을 한성으로 불러 해산 명령을 내리고, 소란에 대비해 일본군을 각지로 파견했다. 지방에서도 한국군이 저항했지만 곧 일본군에게 진압되었다. 하지만 한국군의 저항은 전국적인 무장 봉기의 출발점이 되었다.

    8월에는 대대적인 의병이 일어났다. 서울에서 의병이 일어나자 원주, 여주, 강화 등에서 의병이 일어났다. 12월에는 이인영을 총대장으로 하는 13도창의군이 결성되었다. 1908년에는 창의군 1만 명이 서울 동대문 밖 30리 까지 진격했다. 그러나 총대장 이인영은 부친이 사망했다는 소식을 듣고 고향으로 돌아갔다. 창의군은 일본군의 공격을 받고 흩어지고 말았다. 이후 의병들은 전국 각지에서 독자적으로 일본군에 저항했다. 크고 작은 의병 부대가 조직되었다. 함경도에서 홍범도가, 경상도에서 신돌석이 의병을 일으켰다. 일본에 항거한 의병 수는 3만 명에 달했다.

    통감부는 일본군을 동원해 대대적인 의병 소탕작전을 벌였다. 경찰과 한국인 첩보원도 작전에 투입되었다. 이 작전을 삼광작전三光作戰이라고 했다. 사람을 죽이고, 마을을 불태우고, 곡식과 가축을 **빼앗는** 것이었다. 삼광작전으로 아예 흔적이 사라진 마을도 있었다. 1908년 9월 초부터 '남한대토벌작전'을 전개했다. 무자비한 학살 작전이 전개되면서 의병은 거의 모습을 감추었다.

3. 지배

    1909년 봄에 일본은 한일합병 계획을 세웠다. 일본 최고 실력자들이 한일합병 방침을 결정한 것은 4월 10일이었다. 총리대신 가쓰라 다로桂太郎와 외무대신 고무라 주타로小村壽太郎가 이토 히로부미의 관저를 방문해 한국합병 실행에 관해 협의했다. 고무라는 이미 작성된 한일합병에 관한 "방침서"와 "시행대강서"를 이토에 보여주고 의견을 물었다. 당시 이 사실은 극비에 붙여져 세상에 알려지지 않았지만, 그때 이토는 한일합병에 흔쾌히 찬성했다. 7월 6일에 일본 각의에서 '조선 합병 실행에 관한 건'을 의결했다. 그리고 곧 천황의 재가를 얻었다. 한일합병 방침이 정해진 것이다.

1909년 10월 26일 한국 의병 참모중장 안중근이 하얼빈 역에서 이토 히로부미를 사살했다. 일본은 이토의 피살을 계기로 한국의 식민지화 작업에 박차를 가했다. 일본은 1910년 7월 육군대신 데라우치 마사타케寺內正毅에게 제3대 한국 통감을 겸임하도록 했다. 데라우치는 평소에 병합을 서둘러야 한다고 생각했고, 격화되는 한국인의 저항을 억압할 수 있는 군사력을 장악하고 있는 지휘관이었다. 데라우치는 통감에 취임하자마자 경찰권을 장악하고 헌병 숫자를 대폭 늘렸다.

7월 8일 일본 각의에서 한일합병 후의 시정방침 13개조가 확정되었다. 중요한 내용은 다음과 같다. 첫째, 조선에서는 당분간 일본 헌법을 적용하지 않고 대권으로 통치한다. 둘째, 조선 총독은 천황에 직속해 조선에서의 일체의 정무를 통괄하는 권한을 가진다. 셋째, 조선 총독에게 대권의 위임으로 법률 사항에 관한 명령을 발휘할 수 있는 권한을 부여한다.

8월 22일 일본은 수십 척의 군함을 한국에 파견해 시위에 들어갔다. 그리고 일본군이 한국 왕궁을 포위한 가운데 한일합병조약 조인식이 있었다. 합병조약은 8월 29일 양국 『관보』에 동시 공포되었다. "한국 황제폐하는 한국 전부에 관한 일체의 통치권을 완전히 또한 영구히 일본국 황제폐하에게 양여讓與한다." 조약이 조인되면서 국호를 한국에서 조선으로 변경했다.

조선총독부가 설치되었다. 조선총독부는 법률에 대신해 명령을 내리고, 군대 통수권을 보유하고, 정무를 통할하는 권한을 가졌다. 조선 총독은 천황이 친히 임명하는 친임관이었고, 육·해군 대장 중에서 임명되었다. 조선은 일본의 제국헌법이 시행되지 않는 지역이었다.

한국 황제는 조선 왕으로 격하되었다. 조선총독은 조선귀족령을 제정했다. 조선의 황족과 한일합병에 힘쓴 한국인 '공신'들에게 작위와 은사금이 수여하기 위해서였다. 한국주차군은 조선주차군이 되었다. 조선주차군은 훗날 조선군으로 명칭을 변경했다. 조선 상비사단이 창설되었고, 전략적인 요충지에 해군도 주둔했다.

식민지 조선에는 헌병대장이 경찰을 지휘하고 감독하는 헌병경찰제도가 도입되었다. 경관뿐만 아니라 관리·교사까지 금빛 휘장이 달린 제복을 입고 칼을 차고 근무했다. 조선인은 일본인 관리·교사가 허리에 찬 쇳소리 나는 칼을 두려워했다. 한반도 전역에 1만6,000여 개소의 헌병·경찰기관을 두고, 헌병과 조선인 헌병보조원 및 첩보원을 배치해 조선인을 감시했다.

식민지 통치는 토지정책으로 시작되었다. 일본은 이미 1906년에 토지가옥증명규칙을 비롯한 일련의 법률을 공포했다. 등기제도가 도입된 것이다. 등기제도의 도입은 봉건적인 토지제도 아래서 관습적으로 유지되던 토지소유관계를 분명히 하는 계기가 되었다. 통감부가 서둘러 등기제도를 도입한 데에는 다른 목적이 있었다. 당시 한국에 진출한 일본 회사와 일본인이 토지 매집에 광분하고 있었다. 조선총독부는 일본인들의 토지소유권을 법적으로 보장할 필요가 있었던 것이다.

조선총독부는 1910년 3월에 토지조사국을 설치하고, 1912년 8월에는 토지조사령을 공포했다. 토지조사사업은 세금의 공평한 부과, 소유권 보호, 생산력의 증강을 명분으로 내세웠지만, 사실은 한반도를 일본의 식량·원료 공급기지로 만들기 위한 것이었다.

토지조사사업과 일본인의 토지매수가 병행되었다. 일본인 지주는 해가 갈수록 늘어났다. 토지조사사업은 1910년부터 1918년까지 시행되었다. 토지조사사업이 완료될 즈음 100정보 이상의 대지주는 한국인보다도 일본인이 많았다. 특히 일본인은 곡창지대를 점유했다. 총독부는 일본인·조선인 지주의 권리를 법으로 보호했다. 특히 조선인 지주는 일본이 한반도를 지배하는 기반이 되었다. 지주 밑에 예속된 농민들은 소작인으로 몰락했다. 토지를 빼앗긴 조선인 농민들 중에는 화전민이 되거나, 간도, 연해주, 하와이 등 해외로 이주하는 경우가 많았다.

조선인이 토지를 점유하고 있어도 법에 따라 신고하지 않은 토지는 국유지로 정했다. 국유지의 일부는 동양척식회사를 비롯한 일본인이 설립한 토지회사에 불하되었다. 그 밖에 철도부설용지, 도로용지, 군사시설용지, 학교 부지 등을 기부 형식으로 강제 수용했다.

1911년 6월에는 삼림령을 공포해 전통적으로 농민이 자유롭게 삼림을 이용하던 관행을 부정했다. 임야조사사업도 실시되었다. 임야 총 넓이의 80퍼센트 이상을 국유림으로 했다. 20퍼센트의 민유림 중에서도 상당 부분이 일본인 소유가 되었다.

1911년 8월 조선교육령이 공포되었다. 총독부는 조선인을 천황의 신민으로 육성하기 위해 일본어를 '국어'로 가르친다는 방침을 정했다. 도쿄의 중류 남자의 말을 표준어로 정했다. '국어' 교육을 통해 식민지 민중을 "일본인"으로 만들려고 했다. 조선에서는 의무교육이 실시되지 않았다. 경성이나 지방 도청소재지에 일본인이 다니는 학교를 별도로 설립했다. 일본인 학생이 다니던 학교는 해방 후에도 명문 중·고등학교로 명성을 떨쳤다.

1910년 12월 조선회사령이 공포되었다. 이 법령은 조선인 자본가의 활동을 제한하고 일본인 자본가의 한반도 진출을 촉진하기 위한 것이었다. 조선 최대의 지주는 국책회사로 1908년에 설립된 동양척식주식회사였다. 이 회사는 일본정부가 대주주였고 조선의 일부 왕족도 참여했다. 동양척식주식회사는 특수한 지위를 누렸다. 회사 설립 목적은 "한국에서 척식사업을 하는 것"으로 되어 있으나, 실제로는 토지사업이외에 농업경영, 수리관개사업, 척식금융 등 폭넓은 사업을 벌였다. 그중에서도 조선으로 진출한 일본인 이민자와 기업가에게 토지와 자금을 제공하는 것에 가장 큰 힘을 기울였다. 말하자면 동양척식주식회사는 일본의 식민지 경영의 첨병이었던 것이다. 1917년 이후에는 영업 범위를 만주·몽고·중국에까지 확대했다.

15. 비약

가뭄 끝에 내린 단비

중국 칭다오靑島를 점령하고 축하연을 베푸는 일본군

15. 비약

가뭄 끝에 내린 단비

1. 천운

19세기 말이 되면서 제국주의 열강은 이해를 같이 하는 국가끼리 동맹을 맺거나 협정을 맺어서 세력의 균형을 유지했다. 러일전쟁 후에는 독일·오스트리아·이탈리아가 삼국동맹을 맺었다. 이에 대응해 러시아·프랑스는 러불동맹을 맺었다. 러시아가 러일전쟁에서 패배하자, 영국은 세계 정책을 추진하던 독일에 대항하기 위해 프랑스·러시아와 협정을 맺었다. 그래서 삼국협정이 성립되었다.

독일은 범게르만주의를 내세우며 민족 문제가 복잡하게 얽혀있는 발칸 반도에 진출하려고 했다. 이에 대항해 러시아는 범슬라브주의를 앞세우고 남하정책을 추진하려고 했다. 이러한 국제정세 아래서 1914년 6월 28일에 오스트리아 황태자가 보스니아의 수도 사라예보에서 세르비아인 청년에게 암살당했다. 이 사건이 실마리가 되어 제1차 세계대전이 일어났다.

1914년 7월 28일 오스트리아와 세르비아는 전쟁에 돌입했다. 그것을 신호로 러시아·프랑스·독일은 각각 총동원령을 내렸다. 같은 해 8월 1일 독일은 오스트리아를 지원하는 러시아에, 다음 날에는 프랑스에 선전을 포고했다. 4일에는 영국이 독일에 선전을 포고했다. 서양은 순식간에 전쟁의 소용돌이에 휘말리게 되었다.

제1차 세계대전이 일어났을 때, 일본에서는 제2차 오쿠마 시게노부大隈重信 내각이 집권하고 있었다. 독일은 전통적으로 우호관계를 맺고 있는 일본의 움직임을 주시했다. 당시 베를린에서는 일본이 러시아의 배후를 침략한다는 소문이 돌았다. 신문에는 일본이 러시아의 배후를 치는 것이 유리하다는 논설이 실렸다. 실제로 일본이 러시아에 선전을 포고했다는 호외가 발행되었고, 그 소식을 들은 독일인이 일본대사관 앞으로 몰려가서 만세를 부르는 광경이 벌어지기도 했다. 독일에 거주하는 일본인들은 독일인에게 환대를 받았다. 그러나 8월 8일 일본의 가토 외무대신은 "일본은 일영동맹조약에 따라서 중립을 선언하지 않을 것이다."라는 담화를 발표했다. 그러자 일본인을 바라보는 독일인의 시선이 싸늘해졌다. 독일은 일본에 최후통첩을 보냈다.

8월 4일 주일 영국대사는 가토 외무대신을 방문해 영국이 참전하는 경우, 전쟁의 영향은 동북아시아에도 미칠 것이라고 우려하면서, 그럴 경우에 영국이 확보한 식민지인 홍콩과 웨이하이웨이威海衛를 일본이 지켜줄 것을 요청했다.

마침 각의를 개최하던 오쿠마 내각은 하늘이 준 기회라고 환호성을 올렸다. 원로들도 기꺼이 참전에 동의했다. 원로 이노우에 가오루는 세계대전이 일본의 국운을 떨칠 수 있는 천우신조의 기회라고 말했다. 실제로 세계대전은 러일전쟁 후 냉각되었던 영국·미국과의 관계를 호전시킬 수 있는 절호의 기회였다. 여론도 일본의 참전을 지지했다. 신문은 대체로 일영동맹의 의무를 다하고 "동양평화"를 지키기 위해 참전해야 한다는 논조였다. 논설은 일본의 참전이 "정당한 자위권"을 행사하는 것이라는 말을 덧붙이는 것도 잊지 않았다.

8월 7일 영국은 중국 연안에서 영국 선박을 공격하는 독일 군함을 감시해 줄 것을 일본에 정식으로 요청했다. 그날 밤 오쿠마 총리대신은 총리관저에서 임시각의를 개최해 일본의 참전을 의결했다. 총리대신은 각의 결과를 휴양 중인 다이쇼大正 천황에게 보고하고 결재를 받았다. 8월 8일 밤에 개최된 원로·대신의 합동회의에서 참전이 결정되었다. 다음 날 일본은 영국에 그 뜻을 통보함과 동시에, 일본의 참전 목적이 독일 군함을 격파하는 것에 머무르지 않고, 아시아에서 독일의 세력을 일소하는 데 있으니 영국도 일본의 개전 이유에 동의하라는 각서를 전달했다. 일본은 이미 중국 산둥 반도에 있는 독일의 이권을 일본의 것으로 하려는 계획을 세우고 있었다.

일본의 야망을 간파한 영국은 8월 9일 일본에 의뢰한 모든 내용을 취소한다고 통고했다. 영국은 아시아에서의 권익을 보호하기 위해 단지 일본의 군사력을 이용하려고 했던 것이지, 일본이 독일을 대신해 더욱 위험한 세력으로 등장하는 것을 원하지 않았다. 더구나 일본이 태평양 전역에서 무제한으로 활동하게 된다면 오스트레일리아와 뉴질랜드까지 위험해질 수 있다고 판단했다. 중국·미국도 일본의 참전을 원하지 않았다. 하지만 절호의 기회를 포기할 일본이 아니었다.

전쟁 상황이 급박해지자, 영국은 점차 일본의 참전을 저지하기보다는 전투지역을 한정하는 쪽으로 생각을 정리했다. 영국이 최종 결정을 내리기도 전인 8월 15일 일본은 독일에 동북아시아에서 물러갈 것, 중국의 조차지를 일본에 양도할 것 등을 내용으로 하는 최후통첩을 보냈다. 회답 기한이 끝난 8월 23일 일본은 독일에 선전을 포고했다. 가토 외무대신은 "동아시아에서 일본·영국의 이익에 손해를 끼치는 독일 세력을 파멸시키기 위해" 참전한다고 발표했다.

2. 발전

일본이 연합국의 일원으로 전쟁에 참가하기는 했지만, 일본은 연합국의 승리에는 관심이 없었다. 일본의 참전 목적은 우선 독일이 중국에서 조차한 지역과 산둥 반도에서 독일이 누리던 이권을 빼앗는 것이었다. 그것을 기회로 본격적인 중국 침략을 모색하려고 했다. 남태평양 지역에 산재한 독일령 섬을 빼앗는 것도 중요했다. 그것은 일본의 활동 영역을 태평양으로 확대할 수 있는 절호의 기회였다. 요컨대 일본의 군사행동은 단지 아시아에서 독일 세력을 몰아내고 일본이 그 자리를 차지하는 것이 아니었다. 그것을 발판으로 대제국을 건설한다는 원대한 꿈을 꾸고 있었다.

독일의 근거지는 중국의 산둥 반도에 있는 쟈오저우 만膠州灣 조차지와 남태평양 제도였다. 쟈오저우 만 조차지의 중심에는 칭다오青島가 있었다. 인구 5만5,000명으로 광대한 화북 지방을 배후지로 하는 칭다오는 상하이와 톈진에 이어서 중국에서 세 번째로 큰 무역항이었다. 남태평양 제도는 1899년 전후에 독일이 영토로 편입한 섬들이었다.

독일은 칭다오에 요새를 건설했다. 개전 당시 칭다오에는 5,000명이 넘는 병력이 집결해 있었다. 일본은 제18사단을 주력으로 하는 부대를 동원했다. 육군이 약 5만 명, 해군이 네 척의 전함과 다수의 순양함을 투입했다. 일본군은 영국군과 함께 쟈오저우 만을 공격했다. 중국이 중립을 선언했지만 일본군은 군사행동 지역을 확대해 9월 2일에 산둥 반도에 상륙했고, 11월 7일에 칭다오를 함락했다.

제1차 세계대전이 일어나자 일본의 수출은 호황을 누리기 시작했다. 모든 산업생산이 급속하게 증가했다. 미국의 호황도 수출증가의 요인이 되었다. 전쟁 중인 국가로 수출하는 품목이 증가했다. 특히 아시아 시장은 일본이 독점했다. 유럽에서 수입하던 기계와 각종 제품의 수입이 단절되었던 것도 일본경제가 발전할 수 있는 기회가 되었다.

1915년에는 수출액이 7억 8,000만 엔이었으나 1918년에는 19억 엔으로 증가했다. 세계 각국으로 일본상품이 수출되면서 조선업과 해운업이 발전했다. 일본 상선의 수요가 몰려 용선료와 운임이 10배가량 폭등했다.

무역외 수입도 수출로 인한 수입에 필적했다. 다량의 금이 일본으로 유입되었다. 제1차 세계대전 전인 1914년에는 11억 엔의 채무국이었던 일본이 1920년에는 27억 7,000만 엔의 채권국이 되었다. 일본의 경제규모는 확대되었고 공업생산이 농업생산을 앞지르게 되었다.

경공업 부문의 발전이 두드러졌다. 특히 방적·제사업이 약진했다. 방적업은 세계대전 중에 2배의 생산고를 기록했다. 1913년에 2백42만 추였으나 1918년에는 3백22만 추로 증가했다. 생사의 미국 수출도 증가했다. 그 영향으로 양잠농가가 번영했다. 면포 생산도 1913년에 1억 6,500만 엔에서 1919년에는 10억 3,300만 엔으로 증가했다.

제철업이 비약적으로 발전했다. 중화학공업의 상징이던 야하타제철소는 세계대전 중에 크게 확장되었다. 야하다제철소는 1913년에 440만 엔의 이윤을 냈으나, 1918년에는 5,800만 엔의 이윤을 냈다. 야하타제철소의 자본과 기술은 민간 제철소의 발전에 큰 영향을 미쳤다. 1914년에 약 13만 톤이던 일본의 철 생산량은 1917년에 약 60만 톤에 달했다.

제철업의 성장은 조선업의 발달을 촉진했다. 1913년에는 일본의 선박 건조량이 5만 톤에 지나지 않았다. 그래서 해마다 건조량의 2배 정도의 선박을 수입하는 형편이었다. 그러던 것이 1917년에는 해마다 73만 톤을 건조했다. 일본의 선박 건조량은 미국과 영국에 이어서 세계 3위로 부상했다.

화학공업은 독일에서 수입이 단절되면서 국내 산업이 독립했다. 세계대전 전에는 불모지나 다름없었던 일본의 화학공업이 비약적으로 발전했다. 특히 염료·질소·소다·약품공업이 발달했다. 질소비료를 자급할 수 있게 되었다.

공업화의 진전과 아울러 전력사업도 발달했다. 1914년에 110만 킬로와트였던 전력 생산량이 1919년에는 918만 킬로와트로 증가했다. 특히 공장의 전력 사용량이 증가했다. 세계대전 중에는 전력이 증기력을 앞질렀다.

제1차 세계대전 직전의 일본경제는 수입초과 상태였다. 그런데 세계대전이 일어나면서 극동에 위치해 있던 일본은 전쟁의 피해를 전혀 입지 않았을 뿐만이 아니라 일본정부가 자본주의를 집중적으로 육성할 수 있는 기회를 얻었다.

러일전쟁 이후 일본은 막대한 전비로 파산에 가까운 상태였다. 그러나 세계대전으로 인한 호경기로 자금을 축적할 수 있었다. 일본은 외채를 상환했을 뿐만 아니라, 오히려 영국·프랑스·러시아에 차관을 제공했다. 중국에도 정치적 목적의 차관을 제공했다. 그때까지 일본이 중국에 투자했던 금액 중에는 영국을 비롯한 열강에게서 빌린 자금이 포함되어 있었다. 하지만 제1차 세계대전을 거치면서 일본은 채무국에서 채권국으로 전환했다.

3. 야망

1912년 청조가 붕괴되고 중화민국 임시정부가 수립되었다. 그러나 혁명세력은 약체였다. 쑨원孫文이 청조로부터 대권을 위임받은 위안스카이袁世凱와 타협해 임시대통령의 지위에서 물러났다. 위안스카이가 대총통이 되었다. 그 후 중국에서는 내전이 일어나고 군벌이 할거하는 혼란이 지속되었다. 중국의 혼란을 틈타 일본의 여러 세력들이 이권을 챙기려고 암약했다.

1913년 중국에서 제2차 혁명이 일어났다. 그때 난징南京에서 일본인이 살해당하는 사건이 발생했다. 그러자 일본의 여론이 격앙되었다. 중국에서도 민족의식이 고양되었다. 일본이 칭다오를 점령하고 산둥 철도까지 손에 넣자, 중국 민중은 일본군의 철수를 요구했다. 하지만 일본은 무력을 앞세워 중국을 지배하려고 했다.

1915년에 오쿠마 내각은 중국의 혼란을 틈타서 산둥 반도에 상륙했다. 일본군은 칭다오靑島로 진격할 때 산둥 철도를 강제로 점거했다. 중국은 일본군의 만행에 항의했다. 중국은 미국에 도움을 요청하는 한편, 11월 18일 일본군의 철수를 요구했다. 다음 해 1월 7일 중국은 재차 일본군의 철수를 요구했다. 그러자 일본은 중국의 위안스카이 정부에 5개호 21개조의 요구사항을 제시했다. 일본은 유럽 열강이 전쟁의 수렁에 빠졌을 때, 그 틈을 이용해 허약한 중국을 압박해 이권을 챙기려는 야심을 숨기려하지 않았다.

일본의 요구한 내용은 대략 다음과 같다. 산둥 성에서 독일이 보유하던 권리를 일본이 승계하도록 할 것, 남만주 · 내몽고에서 일본의 특수한 권익을 인정하고 뤼순 · 다롄의 조차 기간을 99년으로 연장할 것, 중국 최대의 제철기업을 일본과 공동으로 경영할 것. 일본의 요구는 주로 중국에서 독일이 보유하던 권리를 일본이 승계하는 것과 일본이 러일전쟁 후에 차지했던 권리를 연장하고 추가하는 것이었다. 그런데 제4호의 "중국 연안을 다른 나라에 양도하거나 대여하지 말라."는 요구와 제5호의 여러 조항은 중국의 내정에 노골적으로 간섭하는 내용이었다. 제5호에는 정치·군사고문으로 일본인을 초빙할 것, 필요한 지역에서 중국과 일본이 공동으로 경찰권을 행사할 것, 청국과 일본이 합작으로 무기 공장을 설립할 것, 중국은 일본에서 일정량 이상의 무기를 공급받을 것, 철도부설권을 일본에 양도할 것 등 7개조가 열거되었다. 만약 제5호가 승인된다면 중국은 실질적으로 일본의 보호국이 되는 것이었다. 일본의 요구는 거의 강탈적 성격을 띠고 있었다. 명백한 주권침해였다. 그래서 일본도 제5호의 내용을 다른 나라에는 비밀로 했다.

베이징 정부는 일본의 요구에 반발했다. 위안스카이는 제5호의 내용을 미국 공사에게 넌지시 알려주었다. 미국과 영국도 일본의 요구에 반대했다. 중국 신문은 제5호의 내용을 보도했다. 중국인은 분노했다. 상하이를 중심으로 항일운동이 전개되었다. 그러나 일본은 강경한 자세로 일관했다. 일본은 스물다섯 번이나 중국을 압박했으나 교섭은 난항에 처했다. 그러자 일본은 5월에 최후통첩을 보내어 베이징 정부를 협박했다. 최후통첩에는 제5호의 내용 중에서 몇 개 조는 철회했으나 여전히 16개조의 내용이 담겨져 있었다. 베이징 정부는 16개조를 모두 승인했다. 1915년 5월 9일의 일이었다.

1916년에 러시아는 탐욕스러운 일본의 중국정책을 승인했다. 제4차 러일협약을 통해서였다. 미국은 일본이 중국으로 세력을 확대하는 것을 우려했다. 미국은 일본의 중국 진출을 견제하려고 했다. 1917년 11월 2일 미국과 일본은 이시이石井·랜싱Lansing 협정을 맺었다. 이 협정에서 미국은 일본이 중국에서 특수한 이익을 보유하는 것을 승인했다. 1917년 4월에 독일에 선전포고를 한 미국은 중국정책에 소극적일 수밖에 없었다. 일본은 이러한 기회를 절묘하게 이용했다. 서양 각국도 전쟁 중이어서 일본을 공식적으로 비난하지 않았다. 최후통첩의 단계에서 영국만이 자국의 권익과 충돌하는 것에 우려를 표명했을 뿐이었다.

오쿠마 내각의 강경 외교는 일본인의 전폭적인 지지를 얻었다. 여당인 입헌동지회는 같은 해 3월 총선거에서 대승을 거두었다. 이듬해인 1916년에 오쿠마 내각이 원로의 압력으로 해산되고 데라우치 마사타케寺內正毅 내각이 성립되었다. 데라우치 내각은 거액의 자금을 베이징 정부에 제공해 영향력을 행사하려고 했다.

한편, 위안스카이는 전제권력을 행사했다. 그는 황제가 되려는 야심을 품지만 뜻을 이루지 못하고 1916년에 사망했다. 그러자 북방에서 군벌인 또안치루이段祺瑞를 중심으로 하는 정부가 성립되었고, 남방에서는 쑨원을 중심으로 하는 정부가 성립되었다. 일본의 데라우치 내각은 중국의 정치에 간섭하지 않겠다는 성명을 냈다. 하지만 은밀하게 베이징의 또안치루이 정부에 다액의 차관을 제공했다. 이 정치 공작은 데라우치 내각의 사설 비서였던 니시하라 가메조西原龜三가 주도했기에 니시하라 차관이라고 한다. 차관은 1억 4,500만 엔에 달했다. 경제 원조 명목으로 제공되었으나 사실은 중국의 내란을 조장하기 위한 것이었다. 중국 침략을 위한 사전포석이었던 것이다.

15. 비약. 가뭄 끝에 내린 단비

시베리아에 출병하는 일본군(1918년 8월)

16. 정점

높은 산 깊은 골짜기

16. 정점

높은 산 깊은 골짜기

1. 과욕

제1차 세계대전 때 러시아는 독일에 연전연패했다. 1916년 가을 러시아는 더 이상 전쟁을 수행할 수 없을 정도로 피폐했다. 국민은 굶주림에 지쳤다. 1917년 3월 12일 노동자들이 수도 페테르부르크 거리로 나섰다. 병사들도 병영을 이탈해 시위대열에 합류했다. 노동자와 병사는 소비에트(협의회)를 구성했다. 군대는 시위를 진압하라는 정부의 명령을 거부했다.

황제의 권력은 허무하게 붕괴되었다. 노동자·병사 소비에트가 정치의 주도권을 장악했다. 그러나 11월 7일 레닌이 볼셰비키를 거느리고 봉기했다. 레닌은 임시정부를 무너뜨리고 소비에트 정부의 수립을 선언했다. 레닌은 농민에게 토지의 분배를, 노동자에게는 평화의 보장을 약속했다. 사회주의 혁명이 일어난 것이다.

소비에트 정부는 자본주의를 부정하고 제국주의를 거부했다. 1918년 3월 3일 소비에트 정부는 독일·오스트리아와 아무 조건 없이 단독으로 강화조약을 맺었다. 사회주의 정권의 성립은 자본주의에 위협적이었다. 일본은 소비에트 정부를 타도하려는 음모를 꾸미기 시작했다. 일본 육군과 외무성이 시베리아 출병을 심각하게 검토하기 시작했다.

마침 러시아 국내에서 반혁명파가 들고 일어났다. 일본이 시베리아에 출병할 수 있는 유리한 조건이 조성되었다. 이 무렵 일본에서는 데라우치 마사타케寺內正毅 내각이 성립되었다. 데라우치 총리대신의 배후에는 원로 야마가타 아리토모山縣有朋가 있었다. 군부와 정당도 데라우치 내각을 지지했다.

1918년에 들어서자 영국·프랑스가 일본에 시베리아 출병을 요청했다. 독일과 전쟁 중이던 영국·프랑스는 러시아 정세에 간섭할 여력이 없었다. 일본은 시베리아 출병이 대륙정책을 실현할 수 있는 절호의 기회라고 생각했다. 하지만 시베리아에 출병하려면 미국의 경제적 원조가 필요했다. 그래서 일본은 미국의 태도를 살피고 있었다.

일본의 참모본부는 출병에 적극적이었다. 1917년 11월 참모본부는 시베리아 거류민을 보호한다는 구실로 파병계획을 세웠다. 1918년 1월에 연해주를 침략할 계획이었다. 외무대신도 출병을 지지했다. 2월에는 외무부가 파병계획을 마련했다. 하지만 야마가타 아리토모를 비롯한 원로들은 일본이 단독으로 출병하는 것을 꺼렸다. 데라우치 총리대신도 원로들의 뜻에 따라 출병을 허락하지 않았다.

1918년 2월 일본은 시베리아 출병 계획을 미국·영국·프랑스에 알렸다. 3월 5일 미국은 일본의 시베리아 출병에 반대한다는 뜻을 밝혔다. 일본의 시베리아 출병을 사실상 묵인한다는 방침도 철회했다. 일본 국내의 출병론도 단독출병론과 협조출병론으로 분열되었다. 3월 19일 여론의 지지를 얻지 못한 단독출병론이 폐기되었다.

1918년 6월이 되자 상황이 급변했다. 레닌과 대립한 체코슬로바키아 군대가 시베리아에 고립되어 있었다. 그 군대를 구출하는 문제가 급부상했다. 7월 6일 미국이 시베리아 출병을 결정했고, 7월 8일에는 일본에 시베리아에 공동으로 군대를 파견하자고 제의했다. 단 시베리아 깊숙이 출병하는 것이 아니라 블라디보스토크 일대를 점령하자고 했다.

7월 12일 일본은 각의에서 출병을 결정했다. 처음에 출병을 반대했던 야마가타를 비롯한 출병반대론자들도 입장을 바꾸었다. 미국과 공동으로 출병한다면 문제가 없을 것이라고 생각했다. 8월 2일 일본은 드디어 시베리아 출병을 선언했다. 8월 4일에는 블라디보스토크 파견군 사령부가 설치되고 제2·제3사단이 블라디보스토크를 점령했다. 일본 이외에 미국이 9,000명, 영국이 5,800명, 중국·이탈리아·프랑스가 각각 1개 대대를 파견했다. 일본은 1만2,000명의 군사를 파견했다. 연합군은 바이칼 호 동쪽을 제압했다.

시베리아에 진지를 구축한 일본은 연이어 군대를 파병했다. 시베리아에 주둔한 일본군은 7만3,000명에 이르렀다. 일본의 전략은 대륙 침략의 거점 조선과 만주의 배후를 확보하는 것이었다. 연합군의 침략 목적은 시베리아에 반혁명정부를 수립하는 것이었다. 그러나 소비에트 정부군의 끈질긴 반격으로 연합군은 침략 목적을 끝내 달성하지 못했다.

연합군은 시베리아 반혁명정부 수립에는 실패했으나 시베리아 출병의 명분으로 내세운 체코슬로바키아 군대를 구원하는 데 성공했다. 그러자 미국은 1920년 1월 시베리아에서 철군하기로 결정했다. 연합국은 같은 해 6월까지 단계적으로 철군을 완료했다. 하지만 일본은 거류민을 보호한다는 구실로 1922년 말까지 계속 주둔했다. 일본은 시베리아 동부를 지배하려는 야심을 품고 있었다. 조선·만주로 사회주의 혁명이 파급되는 것을 방지하기 위한 목적도 있었다.

러시아 민중이 조직한 유격대, 즉 빨치산의 활동으로 일본군은 큰 피해를 입었다. 일본 영사관원과 일본인 거류민이 빨치산에게 목숨을 잃었다. 소비에트 혁명군의 반격으로 일본의 시베리아 침략 목적도 달성되지 못했다. 더구나 연합국이 일본의 독주를 견제하기 시작했다. 국내 여론도 철군 쪽으로 기울었다. 1922년 6월 12일 일본은 철군을 결정하고 10월 15일까지 철군을 완료했다. 하지만 일본군은 사할린 북부를 계속 점령하고 있다가 1925년이 되서야 철수했다.

7만 명이 넘는 대군이 4년간 시베리아에 주둔하면서 일본은 10억 엔의 비용과 약 3,500명의 병사를 희생시켰다. 일본의 시베리아 출병은 선전포고도 없이 남의 나라를 침략한 전쟁이라는 선례를 남겼다. 여러 나라가 시베리아를 침략했지만 가장 오랫동안 머물면서 국제적으로 비난을 받은 나라는 일본뿐이었다. 일본의 시베리아 출병은 명분도 없고, 목적도 없고, 사명감도 없는 그야말로 허탈한 전쟁이었다.

2. 갈등

1) 쌀소동

제1차 세계대전 중에 일본경제가 발전하면서 물가가 올랐다. 노동자의 임금도 상승했다. 1914년에 60전 하던 활자공의 일급이 1918년에는 82전으로, 44전 하던 방직공장 직공의 일급이 69전으로 올랐다.

하지만 물가상승이 임금상승을 훨씬 앞질렀다. 실질임금은 1912년을 100이라고 했을 때 1918년에는 78까지 하락했다.

물가 중에서도 노동자 가계 지출의 약 40퍼센트를 차지하는 쌀값이 가장 많이 올랐다. 산업이 발달하고 도시 인구가 증가하면서 일본에서 생산되는 쌀만으로 자급할 수 없었다. 600만 석 정도가 부족했다. 하지만 미곡시장을 장악한 지주계급은 쌀값 상승을 기대하면서 쌀의 방출을 조절했고, 미곡상이 사재기를 하면서 쌀값은 계속 올랐다. 1917년 1월 한 가마니에 14엔40전 하던 쌀값이 1918년 7월에는 31엔29전까지 올랐다. 8월 2일 정부가 시베리아 출병을 선언하자 쌀값은 상식을 벗어난 수준으로 급등했다. 8월에는 쌀 한 가마니 가격이 41엔6전이었다.

1918년 8월 3일 도야마 현富山縣 나카니이카와 군中新川郡에서 여성 300여 명이 무리를 지어 관청과 창고로 몰려갔다. 쌀의 선적을 저지하기 위해서였다. 남성들은 먼 바다로 고기를 잡으러 나갔기 때문에 여성들이 직접 행동에 나섰던 것이다. 관청으로 몰려간 여성들은 미곡을 다른 곳으로 이송하지 말 것, 쌀값을 인하할 것 등을 요구했다. 미곡상을 협박하기도 했다. 소동이 격렬해지자 경찰이 출동했다.

도야마 현 여성들의 소동을 일으켰다는 소식이 전해지자, 전국 각지에서 집단시위가 연이어 일어났다. 농민들이 무리를 지어 지주에게 몰려가 항의하는 사례가 급증했다. 광산 지대에서도 쟁의와 폭동이 일어났다. 이른 바 쌀소동은 먼저 서부 일본 지역으로 확대되었다. 8월 8일에는 오카야마 현岡山縣 오치아이초落合町에서 주민들이 관청으로 몰려갔다. 주민들은 쌀의 반출을 금지하고 쌀값을 내리라고 요구했다. 이 사건을 계기로 쌀소동은 오카야마 현 전역으로 확대되었다.

8월 10일이 되자 소동은 대도시로 확산했다. 교토京都에서는 부락민 수천 명이 쌀값 인하를 요구하며 폭동을 일으켰다. 다음 날에는 소동이 교토 전역으로 확대되었다. 대소동은 나흘이나 지속되었다. 제16사단이 출동해 겨우 소동을 진압하는 상황으로 발전했다.

소동은 전국의 대도시로 파급되었다. 오사카大阪에서는 8월 11일 국민당이 주최한 시민대회가 열렸다. 대회에서 항의문이 낭독되고 연설이 행해졌다. 민중은 큰길을 행진했다. 3,000명이 넘는 사람들이 큰길 옆에 있는 미곡상을 습격했다. 양동이나 자루를 들고 쌀을 담아가는 사람도 있었다. 소동은 더욱 확대되었다. 시위대는 시내 곳곳에서 미곡상을 습격했다. 신문은 "오사카 전 시가지가 거의 붕괴상태"라고 보도했다.

8월 12일 고베神戸에서는 수천 명이 모여 쌀을 수입하는 스즈키 상점을 에워싸고 습격했다. 전등이 파괴되어 세상은 온통 암흑이었다. 석유를 뿌리고 불을 지르는 사람들도 있었다. 미쓰비시 조선소 노동자 8,000여 명이 폭동을 일으키면서 회사와 관공서 30여 곳이 파괴되거나 방화되었다. 도시는 무법천지가 되었다. 군대가 출동해서 폭동을 진압하지 않으면 안 되었다. 8월 17일 이후에는 소동이 지방 중소도시와 농촌으로 파급되었다. 지방에서도 성난 군중이 미곡상과 부유한 상인의 상점을 부수거나 불을 질렀다.

9월 중순까지 계속된 폭동은 전국의 49개 시, 217개 도시, 231개 마을, 29개 탄광에서 발생했다. 쌀소동에 참가한 자는 전 인구의 4분의 1에 달했다. 정부는 소동을 진압하는 데 경찰력뿐만이 아니라 군대도 동원했다. 34개 시, 49개 정, 24개 마을에 군대가 출동했다.

2) 독점자본

제1차 세계대전의 전쟁특수와 1920년의 전후 공황을 거치면서 독점자본 체제가 확립되었다. 미쓰이三井·미쓰비시三菱·다이이치第一·야스다安田·스미토모住友의 5대 재벌은행이 독점적 지위를 점했다. 방적업·해운업·조선업·제철업·석탄업·전력산업에서도 독점적 지위를 점하는 기업이 나타났다. 이러한 과정에서 미쓰이·미쓰비시·스미토모 재벌은 은행을 중핵으로 조선·제지·상사·광업·조선업을 산하에 거느리는 재벌 독점체제를 구축했다.

독점자본은 스스로 정치조직을 만들었다. 제1차 세계대전 전의 상공회의소와 같은 단체만으로는 불충분했던 것이다. 1919년 3월 일본공업클럽이 창립되었다. 이 단체는 대자본 경영자들의 모임으로 오늘날 한국의 전경련과 같은 성격의 단체였다. 일본공업클럽의 초대 이사장으로 미쓰이합명회사 이사장 단 다쿠마団琢磨가 취임했다.

3) 노동계급

자본주의가 발전하면서 노동자 수도 증가했다. 1909년에는 직공 5인 이상 공장에서 일하는 노동자 수가 8만4,000명이었는데 1919년에는 182만 명이 넘었다. 여기에 광산·운수·유통 노동자 수를 더하고, 또 노동자 가족까지 합하면 1,000만 명에 달했다. 제1차 세계대전 중에 노동자가 하나의 계급으로 확립되었던 것이다. 노동자 수가 급증하면서 상업·잡업에 종사하는 도시 인구도 급속하게 증가했다.

노동자가 증가하면서 노동운동이 정착되었다. 1912년 8월 스즈키 분지鈴木文治를 중심으로 한 15명의 노동자가 우애회友愛會를 결성했다. 우애회는 노동운동의 모체로 착실하게 세력을 넓혔다. 스즈키는 노동자를 회원으로 영입하고, 전국의 주요 공업도시에 지부를 설치했다. 우애회 회원이 노동쟁의에 중심인물로 참가하면서 노동조합의 성격을 띠었다. 1915년 6월에는 조합원이 6,500명으로 증가했고, 다음 해 9월에는 2만 명, 1918년 4월에는 약 3만 명으로 증가했다. 우애회는 120개의 지부를 두었다.

쌀소동은 노동자들이 자신들의 정치적 역량을 확실하게 인식하는 계기가 되었다. 스즈키 분지는 말했다. "쌀소동은 무산계급이 스스로를 비천하다고 생각하는 마음, 스스로를 보잘것없는 존재라고 생각하는 마음을 불식시켰다. 그리고 강력한 자신감과 자존감을 주었다. 쌀소동은 일본 노동운동에 박차를 가했다." 쌀소동 이후 민중이 목소리를 내기 시작했던 것이다.

4) 국제환경

제1차 세계대전 이전의 국제정치 체제는 군주제를 용인했다. 프랑스·미국과 같은 공화국을 제외한 영국·독일·러시아·오스트리아·이탈리아·터키·일본은 모두 군주제를 근본으로 국민을 단결시키는 것이 당연하다고 인식했다.

제1차 세계대전이 일어났을 때, 유럽 사람들은 전쟁이 그리 오래가지 않을 것이라고 믿었다. 누구도 19세기의 연장선상에 있는 국제정치 체제가 붕괴하리라고 예상하지 못했다. 하지만 제1차 세계대전은 누구도 생각하지 못한 방향으로 전개되었다.

각국은 미증유의 동원전·소모전에 빠졌다. 1915년 4월 독일군은 국제조약으로 사용이 금지된 독가스를 사용했다. 1916년에는 비행기가 전투에 참가해 도시를 공습했고 전차가 등장했다. 양대 진영은 여러 국가와 민족을 전쟁에 끌어들였다. 인도와 일본이 참전했다. 미국·영국은 유대인에게 팔레스타인에 국가를 건설할 수 있게 해 주겠다고 약속했다. 유태인을 전쟁에 끌어들이기 위해서였다. 유럽에서 일어난 전쟁은 세계전쟁으로 확대되었다.

아무도 러시아 혁명을 예상하지 못했다. 전쟁이 장기화되고 소모전으로 치달으면서 민중은 극도로 피폐해졌다. 민중은 지배자가 상상하지도 못 할 만큼 곤궁해졌다. 그러자 권력이 국민을 장악하는 힘이 상대적으로 약했던 러시아에서 혁명이 일어났다. 역사상 처음으로 노동자·농민을 주체로 하는 정치체제가 성립되었다. 거대한 영토를 가진 러시아는 자본주의 세계에서 이탈했다.

전쟁으로 궁핍해진 독일의 노동자계급도 급진적 성향을 띠었다. 1918년 11월 독일은 왕조를 타도하고 바이마르 공화제를 수립했다. 오스트리아에서도 노동자들이 앞장서 왕조를 무너뜨렸다. 영국·이탈리아에서도 노동자들이 조직적인 투쟁을 전개했다. 유럽 각국은 미증유의 사회변동을 경험했다.

민중의 목소리가 커지면서 민주주의 세력이 비약적으로 성장했다. 국가주의 가치와 제국주의 체제를 전제로 한 군국주의와 그 이데올로기는 의미를 상실했다. 제국주의 국가는 이전과 같이 행동할 수 없었다. 제국주의 이데올로기 또한 이전과 같이 기능할 수 없었다. 전쟁과 혁명을 거치면서 군주제가 거의 소멸했다. 열강 중에서 전제적 성격을 갖춘 군주국은 일본뿐이었다. 천황제와 일본제국주의도 위기감을 느끼지 않을 수 없었다.

제1차 세계대전으로 유럽 열강이 해체되거나 약체화된 데 비해 미국은 더욱 강력한 힘을 갖추었다. 세계대전 초 중립을 지키던 미국의 무역이 급증했다. 세계대전 전에는 50억 달러가 넘는 채무국이던 미국은 1920년까지 170억 달러 이상의 수출초과를 달성하고 각국에 100억 달러 이상을 빌려 주는 채권국이 되었다. 민간자본의 해외 투자도 100억 달러에 달했다.

　미국의 발언권은 막강한 경제력을 배경으로 했다. 연합국을 대표하는 국가가 된 미국은 동아시아의 경제와 정치에도 영향력을 행사했다. 미국은 일본의 행동에 제동을 걸었다. 1915년 일본이 중국에 제안한 21개조 요구를 비난했고, 1918년 11월 이후 일본의 시베리아 출병 방식에 대해서도 항의했다. 1919년 베르사유 회의에서 일본의 중국 침략에 이의를 제기했다. 일본과 미국의 관계는 냉각되었다. 태평양을 사이에 두고 일본과 미국은 해군력 증강 경쟁을 벌였다. 일본과 미국이 곧 전쟁을 할 것이라는 소문이 떠돌기도 했다.

3. 협력

1) 강화

　1918년 11월 제1차 세계대전이 끝났다. 1918년 3월부터 독일은 대대적인 반격을 했지만 작전은 실패로 돌아갔다. 그러자 독일은 연합국에 항복했다. 11월 11일 독일이 연합국과 휴전협정을 맺으면서 4년간에 걸친 전쟁이 끝났다. 러시아에 이어서 독일도 전쟁이라는 무거운 부담을 견디지 못하고 스스로 무너졌던 것이다.

　1919년 1월 18일 연합국은 프랑스 파리 베르사유 궁전에서 강화회의를 열었다. 일본은 원로 사이온지 긴모치西園寺公望를 수석 전권대사, 추밀원 고문 마키노 노부아키牧野伸顕를 차석 전권대사로 파견해 강화회의에 임했다. 일본의 주영대사·주불대사·주이대사도 강화회의에 합류했다.

일본은 마키노 전권대사에게 다음과 같은 훈령을 내렸다. 첫째 중국 산둥 성山東省의 독일 이권과 북태평양에 있는 독일령 제도를 획득할 것, 둘째 직접 이해관계가 없는 문제에는 일체 관여하지 말 것, 셋째 연합국과 공통의 이해관계가 있는 문제에는 협조할 것 등 이었다. 강화회의에서 일본대표는 정부의 훈령대로 행동했다.

강화회의는 미국 대통령 윌슨W. Willson이 제창한 평화 14개조를 기초로 해 토의가 진행되었다. 강화회의의 주도권은 미국·영국·프랑스가 장악했고 이탈리아와 일본은 발언에 소극적이었다. 중국 대표는 산둥 성에 있는 독일의 권익은 중국에 반환되어야 마땅하다고 주장했다. 중국도 독일에 선전포고를 했기 때문이다. 중국 대표가 주장을 굽히지 않자 일본은 마키노 전권대사에게 산둥 문제에 관한 일본의 요구가 관철되지 않으면 조약에 조인을 하지 말라는 훈령을 내렸다. 일본이 강경한 태도로 나오자 윌슨 대통령은 중국 측의 요구를 무시하고 일본의 손을 들어주었다. 미국·영국·프랑스는 중국에서 독일이 보유한 이권을 일본이 승계하는 것을 승인했고, 적도 이북에 산재한 독일령 제도를 사실상 일본이 지배하도록 결정했다. 일본은 얻을 수 있는 것을 다 얻었다.

1919년 11월에 강화조약이 체결되었다. 이것을 베르사유조약이라고 하고, 새로이 형성된 국제질서를 베르사유 체제라고 한다. 베르사유조약의 주요 내용은 다음과 같다. 독일이 재기하는 것을 두려워한 영국·프랑스는 독일 국토의 6분의 1을 빼앗고, 독일이 해외에서 점유한 영토를 몰수했다. 독일이 보유할 수 있는 육군은 10만 명, 해군은 1만 5,000명으로 제한했다. 거액의 배상금도 부과했다. 그리고 민족자결의 원칙을 채택했다. 세계대전 원인 중의 하나가 약소민족의 독립문제였기 때문이다. 그 결과 동유럽 여러 나라의 독립이 인정되었다. 윌슨의 민족자결주의는 한반도에서 3·1운동이 일어나는 원인이 되었다.

1920년 윌슨의 제안으로 국제연맹이 설립되었다. 국제연맹은 가맹국의 군비축소, 영토 보전, 정치적 독립의 존중과 국제 분쟁의 평화적 해결 등을 목적으로 하는 최초의 세계기구였다. 본부는 스위스 제네바에 두었다. 총회·연맹이사회 등의 기관이 설치되었다. 일본은 영국·프랑스와 더불어 상임이사국이 되었다. 영국·프랑스가 국제연맹의 운영을 주도했다. 국제연맹의 영향력은 그렇게 크지 않았다. 무엇보다도 미국·소련이 국제연맹에 참가하지 않았고, 참가국은 자국의 이익에 집착했기 때문이다.

2) 군축

제1차 세계대전 중 일본은 총리대신을 의장으로 하고 육군·해군대신, 외무대신, 재정대신, 참모총장, 군령부장 등으로 구성된 국방회의를 열었다. 이 회의에서 육군을 25개 사단으로 늘리고, 해군은 전함 여덟 척, 순양함 여덟 척으로 늘리는 소위 8·8함대를 갖추기로 결정했다. 미국도 일본·영국을 가상 적국으로 해군의 전력을 증강하는 계획을 세웠다. 영국도 1921년 2월 순양함 네 척을 건조하기로 결정했다. 세계 3대 해양강국이 경쟁을 시작했던 것이다.

군사비 지출이 늘면서 각국은 재정난에 시달렸다. 1920년경 미국·영국의 군사비는 세출의 20퍼센트를 넘었다. 일본의 군사비는 세출의 40퍼센트를 넘었다. 그러자 각국에서 군비를 축소하려는 분위기가 조성되었다. 세계평화라는 이상을 기치로 내걸고 안전보장과 군축을 목표로 하는 회의가 자주 개최되었다. 세계대전 후 국제정치의 주도권을 장악한 미국은 열강의 군비확장 경쟁을 억제하려고 했다. 특히 일본의 중국 침략을 견제했다. 1921년 7월 11일 미국은 일본·영국·프랑스·이탈리아에 워싱턴회의를 제의했다. 군비 축소와 태평양·극동 문제를 논의하기 위해서였다. 벨기에·네덜란드·포르투갈도 워싱턴회의에 참가하기로 했다.

일본은 미국과의 관계를 개선할 수 있는 기회라고 판단했다. 해군대신 가토 도모사부로加藤友三郞를 수석대표로 임명했다. 귀족원 원장과 주미대사도 회의에 참석하도록 했다. 1921년 11월 12일 워싱턴회의가 개최되었다. 회의가 열리자마자 미국 국무장관은 군축안을 제시했다. 함대 건조계획을 모두 폐기하고 미국·영국이 각각 5, 일본이 3의 비율로 군축을 하자는 것이었다. 일본의 가토 수석대표는 결단을 내렸다. 태평양의 방위를 현재의 상태로 유지하는 것을 전제로 해서 미국의 제안을 수락했다.

미국은 일영동맹이 일본의 팽창정책을 부추겼다고 생각했다. 영국에 일영동맹을 폐기하라고 요구했다. 워싱턴회의에서 먼저 미국·영국·프랑스·일본이 4개국조약을 맺어 태평양의 여러 섬들을 현 상태로 영유하고 서로 이권을 존중하기로 약속했다. 4개국조약이 성립되자 영국과 일본은 동맹관계를 끝내기로 했다. 1902년 1월 30일 런던에서 조인된 후 몇 번이나 갱신하면서 20년간 일본 외교의 기축이던 일영동맹이 폐기되었다.

미국·영국·프랑스·이탈리아·일본의 5개국은 해군군축조약을 맺었다. 그 내용은 주력함의 건조를 10년간 중지하고 보유량을 미국·영국이 5, 일본이 3, 프랑스와 이탈리아가 각각 1.67의 비율로 제한하는 것이었다. 이상의 5개국에 중국·벨기에·네덜란드·포르투갈 등 4개국을 추가해 9개국조약을 맺었다. 그 내용은 중국의 주권·독립·영토 보전의 존중, 중국에 대한 무역의 기회균등, 문호개방 등의 원칙을 확인하는 것이었다.

1922년 2월 4일 일본은 산둥 반도의 조차지를 중국에 반환하고 중국은 그 곳을 개방한다는 조약에 조인했다. 또 중국에 대한 21개조의 요구 중에서 가장 비난을 받았던 제5호를 철회했다. 일본은 만주·몽고에 투자하는 데 일본이 우선권을 갖는다는 조건도 철회한다는 성명을 발표했다. 워싱턴조약이 체결되면서 이시이石井·랜싱Lansing 협정이 폐기되었다.

워싱턴회의 결과 동아시아에서는 미·영·일 3개국의 협력관계를 축으로 하는 새로운 국제질서가 형성되었다. 그러나 해군군축조약을 맺은 국가들은 순양함, 구축함, 잠수함 등 조약에서 제외된 보조함을 경쟁적으로 건조하기 시작했다. 그것은 또 다른 긴장을 유발시키는 요인이 되었다.

1927년 미국은 제네바 회의를 제안했다. 일본은 조선총독 사이토 마코토斎藤実를 전권대사로 파견했다. 프랑스와 이탈리아는 총톤수 제한안이 거부된 것을 이유로 회의에 불참했다. 그래서 미국·영국·일본만이 회의에 참석했다. 워싱턴회의에서 군축 대상에서 제외되었던 1만 톤급 이하 보조함 제한에 관해 논의했다. 하지만 의견의 일치를 보지 못해 회의는 실패하고 말았다.

1928년 8월 27일 미국·프랑스의 제안으로 파리조약이 체결되었다. 파리조약은 부전조약不戰條約이라고도 한다. 미국, 영국, 프랑스, 독일, 일본 등 15개국이 국가 정책 수단으로서 전쟁을 하지 말자고 약속했기 때문이다. 이 조약은 원래 프랑스가 미국에 양국조약의 형태로 제안한 것이었으나 미국은 국제조약의 형태로 조인해야 마땅하다고 회신한 것이 실마리가 되어 추진되었다. 회의에서 국제분쟁이 발생하면 전쟁이 아닌 평화적인 방식으로 문제를 해결하기로 했다.

1928년 2월 20일에 실시된 일본 최초의 보통선거 장면
도쿄 혼고本鄉 투표소

17. 정치

데모크라시 입문

17. 정치

데모크라시 입문

1. 민본

제1차 세계대전 후 민주주의 사상이 유럽을 중심으로 확산되었다. 그러한 움직임은 일본에도 영향을 미쳤다. 특히 쌀소동 이후 일본사회는 문화면에서도 정치면에서도 일찍이 예상하지 못했던 격동의 시기를 맞이했다.

새로운 변화에 가장 빨리 대응한 세력은 세계대전 중에 중국 침략과 시베리아 출병을 지지했던 정치가들이었다. 그들은 국민을 단결시켜서 대륙침략의 원동력으로 삼으려고 했던 세력이었다. 쌀소동이 일어나자 그들은 보통선거를 실현하는 방향으로 운동 방향을 돌렸다. 노동자까지 보통선거운동에 끌어들였다. 그들은 한편으로 보통선거운동을 주도하면서 다른 한편으로는 정부의 대외정책을 비판했다. 하지만 그들의 정치사상은 점차로 민중의 지지를 잃었다.

민중은 정치를 움직일 수 있을 만큼 성장했다. 1914년 3월 야마모토 곤베에山本權兵衛 내각이 해군 비리사건에 격분한 야당의 공격과 대중운동의 압력으로 붕괴되었다. 일본인은 군벌관료의 독재에 반대하고 민주화를 요구하기 시작했던 것이다. 이러한 움직임은 제1차 세계대전 이후에 활발해진 노동운동을 배경으로 했다. 민주화를 요구하는 시대적 조류는 정치에 직접적인 영향을 미쳤다.

1916년에 군벌의 지지를 배경으로 데라우치 마사타케寺内正毅 내각이 성립되었다. 데라우치는 조슈長州 출신 육군 원수로 육군대신과 초대 조선총독을 역임한 실력자였다. 그는 관료를 중심으로 초연주의 내각을 구성했다. 정부가 정당의 언동에 제약되지 않고 초연하게 정책을 실현해 나간다는 것이 초연주의였다. 그것은 결과적으로 정당과 민중의 요구를 무시하는 것이었다. 실제로 데라우치 내각은 야당과 민중의 뜻을 존중하지 않았다. 대외적으로 대륙침략 정책을 추진하고 대내적으로 민본주의 풍조를 압살하기 위해 언론을 탄압했다. 노동운동의 탄압도 강화했다. 그 결과 데라우치 내각은 쌀소동이라는 전대미문의 국민적 저항에 부딪쳐 총사직하지 않을 수 없었다.

1916년에 창당된 헌정회는 이미 민중의 힘을 자각하고 있었다. 헌정회는 미쓰비시의 지원을 받는 정당임에도 불구하고 헌정 옹호와 내각책임제를 주장하면서 "국가의 정치를 항상 국민적 기초 위에서 운용한다."고 선언했다. 헌정당 당수는 데라우치 총리대신이 설립한 임시외교조사위원회에도 불참했다. 물론 헌정당이 정부와 대립각을 세운 것은 정권을 장악하기 위한 책략이기도 했지만, 민중이 군벌에 염증을 느끼고 있다는 것을 간파하고 있었기 때문이다.

이 무렵 민본주의라는 말이 유행했다. 민본주의는 "입헌" "헌정"이라는 말과 함께 데모크라시를 의미하는 신조어로 사용되기 시작했다.

그러나 민본주의라는 말이 명확하게 정의되었던 것은 아니었다. 민본주의가 정확한 의미를 갖게 된 것은 도쿄대학 교수 요시노 사쿠조吉野作造가 일본의 국체國體를 전제로 데모크라시를 민본주의로 번역하면서부터였다. 요시노는 천황제와 모순되지 않는 범위 내에서 민주화를 주장했다.

요시노는 『중앙공론』 1916년 1월호에 「헌정의 본의를 설해 유종의 미를 거두는 길을 논함」이라는 제목으로 논문을 발표해 주목을 끌었다. 요시노는 이 논문에서 정치의 목적과 방침의 결정, 정치체제와 그 운용에 논의의 축을 두고 유럽 각국의 역사·사회를 사례로 들면서 민본주의론을 전개했다. 그는 입헌정치의 근본을 이루는 것이 민본주의이고, 그것은 일반 민중의 이익과 행복을 목표로 하고 민중의 의사를 존중하는 정치라고 강조했다.

하지만 요시노는 제국헌법을 정면으로 비판할 수 없었다. 주권이 민중에게 있다는 주장을 펴지 못했다. 주권이 민중에게 있는 민주주의는 군주국 일본에 적합하지 않다고 물리쳤다. 민본주의는 주권의 존재가 아니고 주권의 운용 차원의 개념이라고 했다. 요컨대 주권이 천황에 있다는 것을 전제로 민중을 위한 정치, 민중의 의견을 중시하는 정치를 강조했다. 보통선거, 정당내각제 등은 천황제 아래서도 할 수 있는 것이라고 했다. 특히 요시노는 선거를 중요시했다. 투표는 국민의 운명을 가르는 것이라고 역설했다.

2. 정당

쌀소동 이후 쌀값을 비롯한 물가가 반값 이하로 하락했다. 쌀소동이라는 미증유의 사건을 계기로 민본주의자들은 여론을 배경으로 정부를 공격하기 시작했다. 정당에 거부감을 갖고 있던 원로들도 민중의 힘을 무시할 수 없다는 것을 자각했다. 쌀소동은 다이쇼 데모크라시의 서곡이었다고 할 수 있다.

1918년 9월 27일 일본에서 처음으로 작위를 받지 못한 중의원 의원 하라 다카시原敬가 총리대신이 되어 내각을 조직했다. 9월 29일 하라 총리대신은 육군대신·해군대신·외무대신 이외의 모든 각료를 입헌정우회 회원으로 영입했다. 일본 최초의 본격적 정당내각이 실현된 것이다. 정국의 일신을 학수고대하고 있던 민중은 "평민재상"이 이끄는 정당내각의 탄생에 환호했다.

하라 내각은 4대 정강을 마련했다. 교육시설의 개선·교통기관의 정비·산업 및 통상무역의 진흥·국방의 충실이 그것이었다. 하라 내각은 교육·교통·산업·국방의 균형적 발달을 꾀하려고 했다. 제1차 세계대전 후의 세계정세에 능동적으로 대응하기 위한 것이기도 했다.

하라 내각은 중등·고등교육을 강화했다. 고등학교·실업학교·전문학교를 신설하고 상업학교를 단과대학으로 승격시켰다. 학문이 다양화되면서 대학 학부의 증설도 허용했다. 도쿄제국대학에 경제학부가 신설되었다. 학생 수가 급증했다. 1918년 12월 대학령을 공포했다. 그동안 전문학교였던 게이오대학·와세다대학早稲田大学·메이지대학明治大学·호세대학法政大学이 이때부터 대학이라고 불리게 되었다.

하라 내각은 지방 명망가에게 이익이 돌아가는 정책을 적극적으로 추진했다. 자본가의 요구를 충족시키면서 각 지역 명망가를 입헌정우회로 끌어들이기 위한 전략이었다. 실제로 효고 현兵庫縣에서는 헌정당을 지지한 지방 명망가가 하천의 제방을 보수하는 데 필요한 자금을 지원받기 위해 입헌정우회를 지지했다.

하라 내각은 전신전화사업의 확대, 도로의 신설·개축, 항만의 수

축, 하천의 정비 등과 같은 사업을 추진했다. 철도부설법을 개정하고 방대한 철도부설계획을 입안했다. 하라 내각은 재정 팽창에 의한 적극 정책을 추진했다. 군비 확대도 데라우치 내각을 상회하는 규모로 추진했다. 1920년 7월에는 가상적국 미국의 해군 군비확대에 대항하기 위해 전함 여덟 척, 순양함 여덟 척을 1927년까지 완성한다는 방침이 결정되었다. 1920년에는 군사비가 일반회계에서 점하는 비율이 48퍼센트, 1921년에는 49퍼센트에 달했다.

하라 내각은 선거법을 개정하고 군제郡制를 폐지해 입헌정우회의 기반을 다졌다. 보통선거운동에 대해서는 선거권의 일부를 확대하는 것으로 호응했다. 1919년 5월 선거법을 개정했다. 선거 자격을 세금 10엔 이상 납부한 자에서 3엔 이상 납부한 자로 정했다. 유권자 수는 143만 명에서 286만 명으로 증가했다.

하라 내각은 사회문제를 정책적으로 해결하는 길을 모색했다. 내무성에 설치된 사회과를 사회국으로 승격시켜 사회정책을 전담하도록 했다. 방면위원제도가 창설되었다. 이것은 각 지방에 위원을 두고 그 지역 빈곤자의 생계·생활조사를 실시하거나 상담하는 제도였다. 방면위원에는 지역의 상공업자나 자산가가 주로 임명되었다. 방면위원은 도움이 필요한 자를 사회시설에 연락하거나 지역 빈민층을 감시해 사회문제를 사전에 해결하는 역할을 담당했다. 지방자치단체에서 마을금고·공설식당·직업소개소를 운영하는 것도 사회사업의 일환이었다.

사회사업은 자연스럽게 교화사업으로 이어졌다. 1919년 3월 내무성은 민력함양운동을 시작했다. 이 운동의 목적은 천황에 충성하고, 헌법을 준수하고, 애국심이 투철한 국민을 육성하는 것이었다. 저축을 장려하고, 시간을 잘 지키고, 의식주를 개량하고, 혼례·장례를 개선하는 일도 추진되었다. 국가가 앞장서 사생활 영역까지 합리화하는 정책을 추진했던 것이다. 문부성에서 추진한 생활개선운동도 민력함양운동과 유사한 것이었다.

하라 총리대신은 많은 업적을 남겼지만 인기는 갈수록 하락했다. 민중이 하라를 지지한 것은 평민 출신인 그가 민중의 권익을 보호할 것으로 기대했기 때문이다. 그러나 하라는 오히려 민중의 역량을 과소평가했다. 그는 민중의 보통선거 요구를 묵살했고, 치안경찰법에 의한 쟁의행위금지를 철폐하라는 사회주의자의 요구를 거부했다. 쟁의가 발생한 공장 내에서 노동자가 행한 행위에는 치안경찰법을 적용하지 않았지만, 노동조합이 쟁의를 지도하면 치안경찰법을 적용했다. 노동운동에 대한 탄압도 계속되었다.

하라는 사회주의운동에 대한 선입견을 갖고 있었다. 사회주의운동이 확대되는 것은 일부 지식인이 민중을 선동하기 때문이라고 생각했다. 민중의 사회적·정치적 요구가 반영된 것이라고 생각하지 않았다. 그래서 지식인에 대한 사상탄압에 정책의 초점을 맞췄다. 하라 총리대신에 대한 민중의 분노가 쌓이기 시작했다.

민중을 더욱 허탈하게 한 것은 하라 내각과 입헌정우회가 부정부패 사건에 깊숙이 관련되었다는 사실이다. 1919년 말 아편을 단속하는 공무원이 아편 밀매에 연관된 사건, 1920년 5월 만철(남만주철도주식회사) 부사장이 공금으로 석탄과 선박을 비싼 값에 구입하는 조건으로 입헌정우회에 헌금을 요구한 사건, 각종 공사에 시의원이 관여한 사건 등이 잇달아 드러났다. 궁중에서도 황태자 혼례를 둘러싸고 추문이 돌았다. 민중은 정치에 환멸을 느꼈다. 1921년 11월 4일 하라는 도쿄역 앞에서 한 청년에게 암살되었다. 그 청년은 입헌정우회가 관련된 각종 의혹에 분개했다고 진술했다.

3. 선거

하라가 암살된 후 원로 사이온지 긴모치의 추천으로 다카하시 고레키요高橋是淸가 후계자로 지명되었다. 1921년 11월 13일 다카하시는 입헌정우회 총재가 되어 내각을 구성했다. 그러나 다카하시는 입헌정우회 내에서 하라와 같은 지도력을 발휘하지 못했다. 내무대신, 문부대신, 철도대신 등 입헌정우회 간부들과 대립했다. 다카하시는 내각을 개편해서 당의 체질을 개선하려고 했다. 1922년 5월 전 각료에게 사표 제출을 요구했다. 각료들이 집단으로 저항했다. 그러자 6월 6일에 다카하시 내각은 총사직하고 말았다.

다카하시의 뒤를 이어 가토 도모사부로 내각이 성립되었다. 각료는 관료와 귀족원 의원을 중심으로 구성되었다. 가토 내각은 워싱턴회의에서 결정된 군축을 주요 과제로 삼았다. 가토 총리대신은 해군대신을 겸직하면서 해군의 군축을 실현하는 정책을 추진했다. 행정개혁에도 힘을 기울였다. 시베리아에 주둔하고 있는 군대를 철수시키고 소련과 통상협상을 벌였다. 그러나 가토는 총리대신 재직 중에 사망했기 때문에 내각이 총사직했다.

1923년 9월 관동대지진이 일어난 다음 날, 제2차 야마모토 곤베에 내각이 성립되었다. 야마모토 내각은 계엄령과 치안유지령을 발동하고, 기한에 쫓기는 수표나 어음에 대한 지불유예령을 내리는 등 응급조치를 실시해 관동대지진이라는 미증유의 재난을 극복하려고 노력했다. 그런데 1923년 12월 27일 도라노몬虎ノ門 사건이 발생했다. 이 사건은 당시 섭정의 신분으로 다이쇼 천황을 대신해 정치를 관장하던 히로히토裕仁 황태자가 도라노몬 부근을 지날 때 저격당한 일이다. 다행히 탄환이 빗나가 히로히토는 무사했다. 범인은 무정부주의자였다. 이 사건으로 야마모토 내각이 총사직했다.

1924년 1월 추밀원 의장 기요우라 게이고淸浦奎吾가 총리대신에 임명되었다. 각료는 육군·해군·외무대신을 제외하고 모두 귀족원 출신 의원 중에서 선발되었다. 야당과 민중은 "귀족 내각"이라고 비난했다. 의회 내에서 정당 내각을 요구하는 목소리가 비등했다. 여러 정당은 "귀족 내각"의 배격과 정당 내각의 실현을 목표로 단결했다. 중의원에서는 입헌정우회·헌정당·혁신클럽의 세 정당이 서로 제휴했다. 입헌정우회 총재 다카하시 고레키요·헌정회 총재 가토 다카아키加藤高明·혁신클럽 당수 이누카이 쓰요시犬養毅가 앞장서 특권 내각 타도와 보통선거 즉시 실시를 슬로건으로 헌정옹호운동을 전개했다. 이 운동에 앞장섰던 정당을 호헌3파라고 한다. 헌정옹호운동이 거세지자 기요우라 내각은 의회를 해산하며 저항했다. 하지만 1924년 5월 제15대 총선에서 호헌3파가 승리했기 때문에 퇴진하지 않을 수 없었다.

총선에서 호헌3파가 284석을 얻어 압승했다. 헌정회가 152석, 정우회가 102석, 혁신클럽이 30석을 얻었다. 여당 정우본당은 114석을 차지하는데 그쳤다. 6월 10일 제1당이 된 헌정회 총재 가토 다카아키를 총리대신으로 하는 내각이 성립되었다. 육군·해군대신 이외에는 모든 각료가 호헌3파 당원으로 구성되었다. 다카하시 입헌정우회 총재는 가토 내각의 농상대신으로, 이누카이 혁신클럽 당수는 체신대신으로 각각 입각했다. 호헌3파 내각이 성립된 것이다.

가토 내각은 보통선거 실시를 공약했다. 총선거 결과를 보더라도 민중이 보통선거 실시를 얼마나 원하는지 알 수 있었다. 정부가 마련한 보통선거법안이 추밀원에 회부되어 수정을 거친 후 의회에 제출되었다. 보통선거법은 의회의 심의를 거쳐 1925년 3월에 열린 제50회 의회에서 성립되었다.

그러나 보통선거법은 여성과 식민지 조선·대만의 주민에게는 적용되지 않았다. 25세 이상의 일본인 남자에 한해 선거권이 주어졌다.

남자라도 이동이 심한 계절노동자, 생활이 곤궁한 자, 호주가 아닌 자, 주소가 불안정한 자 등에게는 선거권이 주어지지 않았다. 피선거권은 30세 이상의 남자에게 주어졌다. 납세 자격은 철폐되었다. 그 결과 유권자 수가 이전의 약 4배인 1,240만 명으로 증가했다. 하지만 인구비율로 보면 선거권자는 전체 인구의 약 20퍼센트에 불과했다.

17. 정치. 데모크라시 입문

1927년 여름, 시위에 나선 제사공장 여공들
오카야岡谷잠사박물관 소장

18. 저항

약자의 분노

18. 저항

약자의 분노

1. 투쟁

1) 노동운동

제1차 세계대전 중 자본가는 많은 이윤을 남겼다. 그래서 노동쟁의는 노동자들이 투쟁에 돌입하기 전에 해결되거나, 투쟁에 돌입했다고 하더라도 자본가들이 양보해서 단기간에 끝나는 경우가 많았다. 그러나 일본경제가 공황에 진입하면서 노동운동은 종래의 임금 인상을 주로 하는 투쟁에서 임금의 인하와 해고에 반대하는 투쟁으로 전환되었다.

우애회는 전국적인 조직이 되었다. 1919년 우애회가 대일본노동총동맹우애회로 개칭하면서 사회를 개조하는 것을 운동의 목표로 한다고 선언했다. 대일본노동총동맹우애회는 노동조합운동의 자유, 8시간 노동, 보통선거, 치안경찰법 개정, 교육제도의 민주화 등 20개 항목을 행동강령으로 채택했다. 그리고 스즈키 분지鈴木文治 회장 독재체제를 종식시키고 이사회제도를 도입했다. 25명의 이사 중에 여성 2명이 포함되도록 하는 획기적인 제도를 마련했다. 우애회가 전국 조직으로 거듭나면서 사회주의의 영향을 받았다. 노동자 조직이 확대되고 노동운동도 과격해졌다.

1920년 5월 2일 일본 최초로 메이데이May Day 행사가 개최되었다. 도쿄의 우에노上野 공원에는 약 1만 명의 노동자가 모였다. 오후 1시 대일본노동총동맹우애회 회장 스즈키 분지가 개회를 선언하고, 정부에 파업을 금지하는 치안경찰법 제17조의 폐지를 요구했다. 이후 메이데이 행사는 1935년까지 매년 개최되었다. 행사는 언제나 경찰의 감시 하에 진행되었다. 노동자들이 경찰과 충돌해 난투를 벌이는 경우도 많았다. 참가인원이 매년 증가했다.

대일본노동총동맹우애회는 서부 일본을 중심으로 단체교섭권을 쟁취하기 위한 투쟁을 전개했다. 1921년 7월 고베의 미쓰비시 조선소와 가와사키川崎 조선소에서 3만5,000명의 노동자가 사상 최대 규모의 투쟁을 전개했다. 쟁의는 군대가 출동하면서 노동자 측의 패배로 끝났지만 투쟁 과정에서 노동조합운동이 뿌리를 내렸다. 1921년 10월 대일본노동총동맹우애회는 일본노동총동맹으로 명칭을 변경했다. 일본노동총동맹의 성립은 노동자와 자본가가 협조해야 한다는 원칙에서 벗어나 진정한 노동조합 태세를 확립하는 계기가 되었다.

정부는 노동운동을 강력하게 탄압했다. 그러자 급진적 성향을 띤 노동자들이 증가했다. 노동진영은 좌파와 우파로 나뉘었다. 1925년 5월 좌파는 일본노동조합평의회를 결성했다. 이 단체는 일본노동총동맹 쇄신파 32개 조합 1만3,000명으로 출범했다. 일본노동조합평의회는 1926년 악법반대운동·의회해산청원운동, 1927년 건강보험법 반대·임금삭감 및 해고 반대투쟁·법률제정 요구 등 전국적인 투쟁을 전개했다. 1926년에는 46개 조합 3만2,000천 명을 거느린 조직으로 발전했고, 공장위원회·공장대표자회의와 같은 조직과 전술을 창안하기도 했다.

2) 농민운동

노동운동은 농촌에도 영향을 미쳤다. 불황의 여파는 소작인에게 가장 큰 충격을 주었다. 소작쟁의가 빈번하게 일어났다. 1918년부터 고율의 소작료 인하를 요구하는 소작쟁의가 늘어나기 시작했다. 1920년 공황으로 농산물 가격이 폭등하면서 소작쟁의가 비약적으로 증가했다. 전국 각지에서 소작인조합이 설립된 것도 이 무렵이었다.

1922년에 일본농민조합이 결성되었다. 일본농민조합은 일본 최초의 전국 규모 농민조합으로 전국 각지에 형성된 소작인조합의 통합과 소작인의 지위향상을 목표로 했다. 1926년 일본농민조합은 전국에 957개 지부, 조합원 7만 명을 거느린 조직으로 발전했다. 소작쟁의를 계기로 각지에서 결성된 개별적 소작조합이 일본농민조합 산하로 결집하면서 조직이 급속도로 확대되었다.

일본농민조합은 소작료 감면 투쟁을 비롯해 소작입법, 보통선거 요구 등 각종 농민운동을 전개했다. 1923년부터 각 지방의 쟁의를 지도하기 시작했다. 지주와 경찰이 농민들의 투쟁을 탄압하면서 농민운동은 점차로 과격하게 변질되었다. 1926년 급기야 우파가 분열해 전일본농민조합동맹을 결성했고, 1927년에는 좌파가 전일본농민조합을 결성했다. 전일본농민조합은 1928년에 일본농민조합과 통합해 전국

농민조합으로 거듭나면서 농민조합운동의 주류를 형성했다.

3) 여성운동

여성운동도 고양되었다. 여성운동은 1911년에 결성된 세이토사青鞜社에서 시작되었다. 세이토사는 일본여자대학 출신 히라쓰카 라이초平塚雷鳥를 중심으로 한 젊은 여성들이 결성한 문학단체로 문예잡지를 발행했다. 히라쓰카는 일본 여성운동의 선구자였다. 그녀가 활발하게 사회활동을 하는 것만으로도 당시에는 세상을 떠들썩하게 하는 '사건'이었다.

1920년 히라쓰카와 이치카와 후사에市川房枝가 신부인협회를 결성했다. 이치카와는 교사와 신문기자를 거쳐서 1919년부터 일본노동총동맹 부인부에서 활동하던 여성이었다. 히라쓰카와 이치카와가 결합하면서 여성운동이 더욱 활기를 띠었다. 신부인협회는 1924년에 부인참정권기성동맹으로 발전했다.

혁신 계몽단체도 결성되었다. 1921년 야마카와 기쿠에山川菊栄와 이토 노에伊藤野枝가 세키란카이赤瀾会를 결성했다. 일본공산당 창립 멤버 야마카와 히토시山川均의 부인이기도 한 야마카와 기쿠에는 1920년에 일본사회주의동맹에 참가한 진보적 여성이었다. 이토 노에는 사회운동가 오스기 사카에大杉栄의 부인으로 남편과 같이 무정부주의운동에 참가한 여성이었다. 그들은 사회주의를 표방하며 실천운동에 앞장섰다.

4) 해방운동

봉건제가 철폐된 후에도 여전히 신분적 차별과 경제적 압박에 시달리던 피차별민들도 진정한 해방을 외치기 시작했다. 근대사회가 성립되면서 신분이 철폐되고 평등이 달성되었다고는 하나 일본인은 여전히 피차별민을 일상생활 속에서 차별했다.

피차별민은 차별의 부당성을 호소하고 차별의 철폐를 요구하는 해방운동을 전개했다. 1922년 3월 3일 교토에서 전국수평사全國水平社가 결성되었다. 결성대회에는 전국에서 약 3,000명의 피차별민이 참가했다. 그들은 자주적 해방·경제의 자유·직업의 자유를 외쳤다. 전국수평사가 창립된 지 1년 만에 일본 각지에 약 300개소의 수평사가 성립되었다. 세력이 가장 컸을 때는 전국에 1,100여 개소의 지부가 있었고, 피차별민의 60퍼센트 정도가 전국수평사의 지도를 받았다. 처음에는 중앙과 지방의 유기적 통일성이 결여되어 있었으나 1925년부터 사회주의운동과 제휴해 전국적 조직으로 성장했다.

2. 긴장

사회운동이 확산되자 대학생도 운동의 대열에 합류했다. 사회변혁을 목표로 하는 단체가 모습을 드러내기 시작했다. 1917년 12월 도쿄에서 우애회 소속 청년노동자와 대학생이 노학회勞學會라는 모임을 결성했다. 노학회는 사회문제를 집중적으로 연구하는 모임이었다. 1918년 9월 교토에서도 노학회가 조직되었다.

1918년 12월 도쿄대학에서 신입회라는 모임이 결성되었다. 신입회는 사회의 부조리와 특권계급이 좌지우지하는 사회의 개혁을 목표로 하는 모임으로 노학회 산하 조직이었다. 1919년 2월 와세다대학에서도 민본주의의 보급을 내세우는 민인동맹회民人同盟會가 조직되었다. 이 조직에서 건설자동맹이 탄생되었다. 1921년 4월에는 와세다대학 문화회가 조직되었다. 이 모임은 무능한 교수를 추방하고, 군국주의를 부추기는 강의를 거부하는 운동을 전개했다. 당시의 학생운동은 사회주의 색채를 띠면서 폭넓은 사회개혁을 목표로 했다.

사회운동의 확산은 1910년 대역사건 이래 질식된 사회주의 사상의 부활에 결정적 영향을 미쳤다. 이미 1912년 오스기 사카에가 『근대사상』을 발간했고, 1915년 사카이 도시히코堺利彦는 『신사회』를 창간해 활동했다. 1920년대 말에는 사회주의자동맹이 결성되어 노동운동과 농민운동의 결합을 시도했다. 사회주의노동동맹은 학생단체와 대일본노동총동맹우애회 간부들을 끌어들였다.

야마카와 히토시山川均도 무산계급의 통일전선을 주장했다. 사카이 도시히코·야마카와 히토시를 비롯한 공산주의자들은 공산당의 국제조직 코민테른Comintern의 지시를 받아 활동했다. 코민테른은 이미 1922년 제4회 대회에서 일본공산당을 코민테른의 일본지부로 승인했다.

사회주의가 뿌리를 내리면서 학생운동은 각 대학 간 연대를 강화했다. 1922년 11월 학생연합회가 결성되었다. 학생연합회는 마르크스주의에 경도된 전투적 학생단체 연합회였다. 특히 학생연합회 소속 와세다대학문화동맹은 조직적인 운동을 전개했다. 1922년 5월 와세다대학문화동맹이 군사연구단 발족식을 무산시켰다. 학생들의 투쟁으로 군사연구단은 곧 해체되고 말았다.

정부는 사회주의자·무정부주의자를 탄압하기 시작했다. 극우파들 사이에서 사회주의를 적대시하는 분위기가 형성되기 시작한 것도 이 무렵이었다. 1923년 9월 관동대지진이 일어났을 때 사회주의자는 경찰에게 속속 구속되었다. 사회운동에 앞장선 노동자들도 강제로 구금되었다. 경찰서에 끌려간 노동자가 군인에게 살해당하기도 했다.

국가권력 특히 군부는 사회주의자·무정부주의자를 극단적으로 증오했다. 1923년 9월 관동대지진이 일어난 직후에 발생한 아마카스 사건은 그것을 상징하는 것이었다. 아마카스 사건은 헌병 대위 아마카스 마사히코甘粕正彦가 사회주의운동가 오스기 사카에와 그의 부인 그리고 딸을 헌병대로 연행해 살해한 사건이었다.

1925년 가토 내각은 보통선거를 실시하는 반대급부로 치안유지법을 제정했다. 치안유지법은 국체·정체의 변혁 또는 사유재산제도를 부정하는 것을 목적으로 단체를 결성하거나 가입한 자는 10년 이하의 징역 또는 금고에 처한다고 규정했다. "국체"라고 하는 애매한 관념이 처음으로 법률에 등장한 것이 주목된다. 그것은 해석 여하에 따라서 얼마든지 확대 적용될 수 있는 위험성을 내포하고 있었다.

치안유지법은 주로 공산주의 운동을 탄압하기 위한 법령이었다. 하지만 이 법령이 일단 시행되기 시작하자 공산주의자뿐만 아니라 사회주의자, 진보적 지식인, 종교가, 평화주의자 등 정부가 천황제에 유해하다고 판단한 자에게 모두 적용되었다. 1924년까지 도쿄 경시청에만 설치되었던 특별고등경찰이 오사카, 교토 등 중요한 지역에도 설치되었다. 1945년 10월 치안유지법이 폐지될 때까지 이 법으로 체포된 사람은 일본에서만 수십 만 명에 이르렀다. 이 법으로 희생된 조선인은 헤아릴 수 없을 정도였다.

치안유지법이 적용된 첫 번째 사건은 1925년 말 교토학련사건이었다. 학련은 학원 민주화·군사교련 반대·치안유지법 반대를 외쳤다. 경찰은 학련에 소속된 교토대학, 도시샤同志社대학의 학생들을 검거했다. 치안유지법은 교육정책에도 영향을 미쳤다. 1924년 고등학교

교장 회의에서 학내의 사회과학 연구단체를 해산시키기로 결의했다.

공산당은 철저하게 탄압되었다. 1928년 3·15 사건이 일어났고, 1929년에는 4·16 사건이 일어났다. 당시 일본은 중국을 본격적으로 침략하려는 계획을 세우고 있었다. 그런데 정치 상황이 불안했다. 일본 국내에서 금융공황이 일어났고, 중국에서는 혁명의 불길이 번지고 있었다. 더구나 제1회 보통선거에서 무산정당이 국회로 진출했다. 특히 일본공산당은 기관지 『적기』를 창간하고, 당원을 일본노농당 후보로 입후보시키면서 공공연하게 활동했다. 두려움을 느낀 정부는 특별의회가 소집되기 직전인 1928년 3월 15일 공산당·노농당·평의회·무산청년동맹 관계자 천 수백 명을 치안유지법 위반 혐의로 일제히 검거했다. 이것이 3·15 사건이었다.

1929년 4월 16일에는 일본공산당원이 전국에서 일제히 검거되었다. 일본공산당의 재조직운동을 붕괴시키는 것이 목적이었다. 이때 치안유지법으로 기소된 자가 339명에 달했다. 공산당은 간부가 모두 체포되면서 괴멸에 가까운 타격을 입었다. 그 후 공산당은 분열 과정을 겪으면서 쇠퇴했다.

치안유지법은 천황의 긴급칙령으로 개악되면서 최고형을 사형으로 정했다. 일본노농당 출신 의원 야마모토 센지山本宣治는 치안유지법 개악을 막으려고 분투했다. 그런데 1929년 3월 치안유지법 개정안이 의회를 통과하던 날 야마마토 센지가 우익단체 단원에게 살해되었다.

3. 조센징

1) 항일

1919년 1월 21일 고종이 붕어했다. 고종의 급작스러운 죽음에 일본이 관련되었다는 소문이 퍼졌다. 조선인은 답답하고 분한 마음을 달래고 있었다. 고종의 국장은 3월 3일에 거행하기로 결정되었다. 비운의 황제를 마지막으로 전송하는 데 적어도 수십 만 명의 인파가 모일 것으로 예상되었다.

한편, 고종이 붕어하기 3일 전 프랑스 파리에서 베르사유회의가 개최되었다. 이 자리에서 미국 대통령 윌슨은 민족자결주의를 제창했다. 각 민족은 정치적 운명을 스스로 결정한 권리가 있으며, 다른 민족의 간섭을 받을 수 없다는 주장이었다. 이 소식을 들은 식민지 조선인의 독립에 대한 욕구가 일시에 폭발했다.

2월 8일 도쿄에서 조선인 유학생 600여 명이 조선의 독립을 선언했다. 이 사실이 곧 조선에 전해졌다. 조선인 유학생 독립선언 사건에 자극을 받은 경성의 천도교·기독교·불교 지도자를 비롯한 33명의 민족대표자가 비밀리에 연락을 취했다. 민족대표자들은 대중화·일원화·비폭력의 원칙을 정했다. 독립선언서는 최남선이 쓰기로 했다.

3월 1일 경성의 파고다공원에서 독립선언서가 낭독되었다. 조선인 학생, 자영업자, 직공, 점원, 농부 등 모든 계층의 조선인들이 남녀노소를 불구하고 파고다공원에 모였다. 독립선언서 낭독이 끝나자 조선인들은 "대한독립만세"를 외치며 길거리로 나섰다. 경성에서 "대한독립만세"의 함성이 울려 퍼질 때 평양, 선천宣川, 원산 등 각 지방에서도 "대한독립만세" 소리가 하늘을 울렸다. 사전에 전국 주요 도시에서 동시에 만세운동을 개시하기로 치밀하게 계획되었던 것이다.

주요 도시에서 동시에 시작된 3·1독립운동은 삽시간에 전국으로 확산되었다. 조선인은 지도자의 체포에 반발해 헌병대나 경찰서로 몰려가 거세게 항의했다. 조선인과 헌병·경찰이 충돌하는 사태가 속출했다. 평양을 비롯한 전국 각지에서 상점이 문을 닫았다.

조선총독부는 모든 수단을 동원해 "소요"를 막으려고 했다. 그러나 "소요"는 "점차 북한 및 남한 지방에 만연"했다. 3·1독립운동은 3월 하순에서 4월 초에 걸쳐서 정점에 달했다. 도시 뿐만이 아니라 농촌에서도 사람이 모이는 곳이면 어느 곳에서나 "대한독립만세" 소리가 울렸다. 약 2개월 동안 전국 218개 시·군 중 217개 시·군에서 "대한독립만세"의 함성이 울려 퍼졌다. 운동에 직접 참가한 조선인은 적어도 200만 명 이상이었다.

3·1독립운동의 열기는 해외에서도 고조되었다. 중국의 간도間島·상하이, 소련의 시베리아 연해지역·블라디보스토크에 거주하는 조선인, 일본에 거주하는 조선인, 하와이 교포들이 독립운동 대열에 참여했다. 4월 10일에는 상하이에 대한민국임시정부가 수립되었다. 임시정부는 마침 프랑스에 머물고 있는 김규식金奎植을 베르사유회의에 출석시키기로 결정했다. 일본의 공작으로 김규식은 회의에 참석할 수는 없었지만, 임시정부의 「한국독립승인청원서」를 회의에 제출했다.

조선인의 거국적인 궐기에 당황한 일본이 군대를 동원했다. 3월 12일 조선군사령관은 조선 각 지방에 일본군을 출동시켰다. 일본군은 4월 초까지 120개 지역에 파견되었다. 그러나 "소요"를 진압할 수 없었다. 4월 4일 일본정부는 일본 본토에 있는 군대를 조선에 파견하기로 결정했다. 4월 8일에는 히로시마広島의 제5사단, 히메지姬路의 제10사단이 부산에 급파되었다. 다른 사단도 순차적으로 조선에 파견되었다. 대군이 파견되면서 일본의 헌병·경찰·군대는 독립운동을 하는 한국인을 무자비하게 탄압하기 시작했다. 한국에 거주하는 일본인, 재향군인, 소방관 등도 조선인 탄압에 앞장섰다. 일부 조선인 친일파들도 독립운동을 내부에서 와해시키기 위해 활동했다.

3·1독립운동 기간에 발생한 조선인 희생자는 조선총독부가 남긴 자료만으로도 학살자 7,509명, 부상자 1만5,849명, 구속자 4만6,306명에 달했다. 체포된 이화학당 출신 유관순은 일본인 판사가 진행하는 재판을 거부하며 투쟁을 전개하다가 모진 고문 끝에 감옥에서 죽었다.

3·1독립운동은 비록 실패했으나 다른 세계에 끼친 영향은 매우 컸다. 베르사유조약에서 미국을 비롯한 열강이 일본을 일방적으로 두둔해서 중국의 요구가 거의 관철되지 않았다는 소식이 중국에 전해졌다. 그러자 1919년 5월 4일 중국인 학생 3,000여 명이 천안문광장에 모여서 국권회복과 매국노 타도를 외쳤다. 3·1독립운동의 영향을 받은 것이다. 중국인 학생들은 일본대사관을 비롯한 각국 대사관에 청원하면서 시위를 전개했다. 친일파를 습격하고, 등교를 거부하고, 파업을 선동했다. 경찰은 시위대를 무력으로 탄압했으나 운동은 전국으로 확산되었다. 6월 3일 상하이上海에서 수만 명의 노동자가 일제히 파업에 들어갔다. 상인들도 철시하고 일본상품 배척운동을 전개했다.

일본은 베이징 정부에 항일운동을 탄압할 것을 강요했다. 일본의 압박에 굴복한 베이징 정부는 앞장서서 항일운동을 억압했다. 그러나 운동이 전국으로 확산되자 베이징 정부는 위기감을 느꼈다. 정권을 잡고 있던 친일파가 퇴진하지 않을 수 없었다. 5·4운동을 계기로 중국혁명은 새로운 단계로 접어들었다. 같은 해 10월 쑨원孫文은 중국국민당을 결성했다.

2) 차별

한일합병 후 일본은 가혹한 수탈정책을 추진했다. 조선의 농촌은 파탄지경에 이르렀다. 1910년부터 1918년에 걸쳐서 실시된 토지조사 사업 과정에서 많은 농민이 몰락했다. 일본이 의욕적으로 추진한 산미증산계획도 조선인 농민의 몰락을 재촉했다.

조선을 일본인을 위한 미곡생산지로 개발하는 것이 산미증산계획이었다. 그런데 일본은 품종개량을 통한 증산 방식이 아니라 관개시설을 설치하고 경작지를 정리하는 방식으로 생산을 늘리는 방식을 취했다. 그런 방식은 대지주에게는 유리했으나 자영농에게는 불리했다. 1920년 이후 일본인 대지주가 급증했고 50정보 이상을 소유한 조선이 지주가 감소했다. 1정보 미만을 소유한 조선인 자영농과 소작농이 급증했다.

몰락한 조선인 농민들은 도시 또는 공사장으로 나아가 일용노동자로 전락했다. 특히 일본인들이 많이 거주하는 도시의 변두리에 방대한 빈민층이 형성되었다. 조선인 빈민들은 일본인 거주지를 오가며 잡일을 해서 생계를 유지했다. 일본어 회화가 가능한 자에게 일할 수 있는 기회가 많이 주어졌다. 도시 주변의 노동자들 중에는 일자리를 찾아 조선을 떠나는 사람들이 많았다.

1914년 제1차 세계대전이 일어나자 일본은 전쟁특수를 누렸다. 호경기로 일본의 경제규모가 확대되었다. 전쟁특수가 계속되면서 일본 본토의 노동력이 부족했다. 임금이 상승했다. 그러자 조선인 노동자들이 일본 노동시장에 유입되었다. 제1차 세계대전이 종료되고 만성불황이 계속되었을 때는 불황을 타개하기 위해서 일본 노동시장은 여전히 조선인 노동자들을 필요로 했다.

일본으로 건너간 조선인의 대부분이 남한 출신이었다. 경상도와 전라도에 고향을 둔 사람이 전체의 80퍼센트를 차지했다. 그들 대부분은 농촌 출신자로 기술을 가진 사람이 거의 없었다. 불숙련노동자인 조선인들은 대부분이 직공, 인부, 잡부 등 육체노동에 종사했다. 그들은 열악한 생활조건 속에서 일본인 노동자가 받는 임금의 50퍼센트에도 미치지 못하는 낮은 임금을 받으면서 중노동에 종사했다. 일본 경찰과 지방자치단체는 재일조선인들을 조사하고 감시했는데, 그 자료에 의하면 재일조선인은 생활난을 해결하기 위해 일본으로 건너 온 사람이 대부분이었다.

저임금으로 열심히 일하는 조선인 노동자들이 일본 노동시장으로 유입되자 일본인 노동자들이 긴장했다. 조선인 노동자들이 일본인 노동자의 임금 향상을 억제하는 역할을 했기 때문이다. 일본인 노동자와 조선인 노동자 사이에 갈등이 일어났다.

일본인의 조선인에 대한 차별도 심화되었다. 조선인의 어쩔 수 없이 일본인이 기피하는 일에 종사하는 경우가 많았다. 또 조선인은 식민지에서 건너온 가난한 인종이었다. 또 일본인과 다른 생활습관과 문화로 인해 조선인을 혐오하는 일본인도 있었다. 일본인은 직업적·인종적·문화적으로 조선인을 차별하거나 멸시했다.

재일조선인의 대다수는 교토·오사카·도쿄와 같은 대도시와 공업도시에 거주했다. 어떤 지역에서는 조선인이 집단으로 거주하는 '조선인부락'이 조성되기도 했다. 그들은 가건물·폐선·폐가·폐쇄된 장터에 거적을 둘러치고 생활하는 경우가 많았다. 오사카의 '조선인부락'의 경우 한 가구당 평균 거주인원이 18.2명, 한 가구당 평균 거주면적은 5.1평이었다. 그들의 생활은 필설로 형용할 수 없을 만큼 비참했다.

조선인 노동자는 일본인이 기피하는 토목·광업 분야의 일에 주로 투입되었다. 잡역부는 매일 노동시장에서 일거리를 찾지 않으면 안 되었다. 노동현장을 찾아 전전하는 조선인 노동자가 처한 현실은 가혹했다. 궂은 날에는 일거리를 찾지 못했고, 공사가 끝나면 그대로 실업자가 되었다. 조선인은 탄광에서도 가장 힘든 채탄작업에 집중 배치되었다.

3) 학살

1923년 9월 1일 11시 58분 관동대지진이 발생했다. 도쿄는 아수라장이 되었다. 특히 화재 피해가 심각했다. 400만 명이 넘는 이재민들은 도쿄 각지에 모여서 두려움에 떨었다. 지진이 일어난 날 저녁부터 "사회주의자나 조선인이 불을 질렀다."라든가 "조선인이 습격해 불을 지르고 우물에 독을 넣었다."라는 소문이 퍼지기 시작했다. 소문은 도쿄·요코하마 등 지진의 피해가 특히 컸던 지역에 널리 퍼졌다.

경시청은 도쿄 전시가지에 조선인이 습격해 온다는 '정보'를 널리 알렸다. 9월 2일 오후 내무서 경보국장이 각 지방자치단체에 전보를 쳤다. "도쿄 부근의 진재를 이용해 조선인이 각지에 방화하는 뻔뻔스러운 짓을 하려고 한다. 실제로 도쿄 시내에서 폭탄을 소지하고 석유를 뿌리며 방화하는 조선인이 있다." 경보국장은 조선인 방화에 대한 엄중한 단속을 지시했다.

경찰력을 보강하고 치안을 유지하기 위해 9월 1일 저녁부터 군대가 출동했다. 9월 2일 저녁에는 도쿄에 계엄령이 선포되고, 이어서 도쿄 인근 지역에도 계엄령이 선포되었다. 출동한 군대는 조선인을 수색하기 시작했다. 각 지역의 청년단·재향군인회·소방대를 중심으로 자경단이 조직되었다. 일본인들은 각자 집에 있는 도검을 휴대하고 거리로 나왔다. 도검이 없는 자들은 죽창으로 무장했다. 자경단은 조선인을 색출하기 위해 통행인을 검문했다. 군인·경찰·자경단이 서로 협력하면서 조선인을 색출했고 조선인이 발견되면 즉석에서 살해했다. 하루 사이에 일본인에 의해 살해당한 조선인은 공식적으로 확인된 것만도 6,600여 명이었다.

며칠 후 조선인과 관련된 악의적인 소문은 사실이 아니라고 밝혀졌다. 그러나 일본은 언론을 엄중하게 통제해 그 사실이 공표되지 못하도록 했다. 군대와 경찰이 조선인에 대한 민족적 증오감을 부채질한 것이 엄청난 참화로 이어졌는데도 일본은 조선인 학살에 대해 잘못을 인정하려고 하지 않았다. 자경단이 도에 지나친 행동을 했다고 말했을 뿐이다. 학살에 가담한 자경단은 물론 군대나 경찰에 대해서 아무런 조치도 취하지 않았다. 일본인 사회주의자 오스기 사카에가 헌병 장교에게 살해되자 즉시 범인을 체포해 군법회의에 회부하고 지휘 책임을 물어 계엄사령관을 경질하는 등 신속한 조치를 취했던 것과는 대조적이었다.

일본화되는 경성 시내(1920년대)

19. 인내

시험에 든 승리자

19. 인내

시험에 든 승리자

1. 불황

일본경제는 국내시장이 협소하기 때문에 공황이 발생할 가능성이 컸다. 자본주의 경제 하에서 생산력의 확대는 기업이 독자적으로 판단한다. 기업이 구매력과 유효수요를 잘못 판단하면 생산력이 상대적으로 과잉되는 현상이 초래하기도 한다. 그러면 상품이 적체되기 시작하고 조업단축과 자본감소라는 과정을 거쳐서 기업이 도산하게 된다. 기업이 도산하면 자금을 대출해 준 은행이 자금을 회수할 수 없게 되고, 자금 흐름이 경색되면 경제 질서가 무너진다. 불경기의 여파는 상점·생산회사·은행이라고 하는 계통을 따라서 연쇄적으로 확산된다. 이런 현상을 공황Panic이라고 한다. 일본은 이미 1890년에 공황을 경험한 적이 있고, 그 후에도 자주 공황을 경험했다. 그러나 1920년대에 경험한 공황은 매우 심각했다.

서구 열강이 제1차 세계대전으로 전란에 휩싸여 있을 때 일본은 미증유의 호황을 누렸다. 일본상품이 아시아 시장은 물론 서구 열강이 독점하고 있던 아프리카 시장까지 독식했다. 전쟁이 장기화될 것으로 예측한 일본의 산업계는 과대한 시설투자를 했고 정부도 적극적인 재정정책을 추진했다. 그러나 세계대전은 예상 밖으로 빨리 종결되었다. 전쟁이 끝난 후 서구 열강이 침체된 경제를 회복하고 다시 아시아·아프리카 시장으로 진출하면서 일본경제가 침체되기 시작했다. 수출이 감소하고 해외시장이 위축되었다. 만성적인 불황이 지속되었다.

전쟁 특수경기로 일시적으로 나타났던 수출 초과는 서서히 수입 초과로 전환되었다. 더구나 수입품 중에는 생산을 확대하기 위한 설비투자용 원자재가 차지하는 비중이 높았기 때문에 그 자체가 이미 공황의 원인을 내포하고 있었다. 주가는 세계대전 당시에 비해 2분의 1 내지 3분의 1로 하락했다. 특히 면사 가격이 폭락했다.

1920년 3월 주식이 폭락하는 것을 시작으로 공황이 일본경제를 덮쳤다. 급격하게 팽창한 생산력에 공황의 원인이 있는 만큼 사태는 심각했다. 이전에 발생했던 공황과는 비교가 안 되는 대규모 경제공황이 도래했다. 특히 생사와 면사 가격이 폭락하면서 일본경제가 위기에 직면했다. 공업생산은 20퍼센트, 광업생산은 40퍼센트 감소했다. 수출은 40퍼센트 수입은 30퍼센트가 각각 감소했다. 특히 농산물 가격의 하락폭이 컸다. 농산물 가격의 폭락은 빈농과 자영농은 물론 자주에게도 큰 타격을 입혔다.

기업은 공황에 대한 대책을 세웠다. 임금을 인하하고 종업원을 줄이고 공장 문을 닫았다. 그러자 각지에서 노동쟁의가 빈발했다. 1920년에만 282건의 노동쟁의가 발생했다. 노동자는 임금인하 반대를 외치며 투쟁했다. 쟁의기간이 장기화되고 데모에 참가하는 노동자가 점점 늘어났다. 위기감을 느낀 정부는 경찰·헌병·재향군인·우익단체까지 총동원해 노동자들을 탄압했다.

은행·상점·회사의 파산이 속출했다. 사회운동이 활발하게 일어났다. 일본 자본주의는 위기에 처했다. 정부는 일본은행의 자금을 대출해 일시적으로는 공황을 극복했다. 하지만 그것은 근본적인 대책이 아니었다. 1922년에는 지방은행에서 금융공황이 일어났다. 만성적인 불황 상태가 지속되었다.

1923년 9월 1일 11시 58분 관동대지진이 발생했다. 도쿄 인근을 진앙지로 하는 규모 7.9의 대지진이었다. 피해는 도쿄는 물론 도쿄 주변 지역에 미쳤다. 가나가와 현神奈川縣이 가장 많은 피해를 입었다. 가나가와 현에서 붕괴된 주택이 10만호 이상이었다. 요코하마橫浜는 전 시가지가 불바다로 변했다. 가마쿠라鎌倉를 비롯한 태평양 연안 도시에는 쓰나미가 덮쳤다.

도쿄는 아수라장이 되었다. 지진에 의한 압사자는 2,000여 명이었으나 5만7,000여 명이 화재로 숨졌다. 사망자와 행방불명자는 모두 14만3,000명이었다. 붕괴되거나 소실된 가옥은 70만 호에 달했다. 430만 명의 이재민이 발생했다. 피해액은 60억 엔이 넘었다.

일본경제는 또 다시 공황상태에 빠졌다. 대지진이 일어난 다음 날 성립된 제2차 야마모토 곤베山本權兵衛 내각은 파산에 직면한 은행을 구제하기 위해 일본에서 처음으로 30일 기한의 지불유예령을 선포하고, 대지진 이전에 발행한 어음의 손실 보상을 위해 수표를 발행하는 등 응급조치를 취했다. 그러나 야마모토 내각이 취한 조치는 임시방편적이고 자본가를 구제하는 데 초점이 맞춰져 있었을 뿐이었다.

정부는 관동대지진 등의 영향에서 벗어나려고 노력했다. 1924년부터 지진으로 소실된 지역의 토지구획정리사업이 실시되었다. 하지만 자금이 계속 방출되면서 일본경제는 거품이 발생했고 피해복구를 위한 비용이 급증했다. 일본은 만성적인 경제위기에서 쉽사리 벗어나지 못했다. 세계적으로 무역이 거의 회복되었지만 일본은 여전히 구조적인 불황에 시달리고 있었다. 하지만 재벌은 계열 은행을 중심으로 발전해 독점자본에 의한 산업지배가 한층 강화되었다.

2. 금융

1926년 심각한 경제위기와 함께 쇼와昭和 시대가 개막되었다. 가토 다카아키 총리대신이 사망한 후 1926년 1월 헌정회 총재 와카쓰키 레이지로若槻礼次郎가 총리대신이 되었다. 당시는 만성적인 불황이 더욱 심화되고 있었고 사회운동도 격화되고 있었다. 와카쓰키 내각은 사회 정책과 협조외교를 정강으로 내세우고 경제를 재건하려고 했다. 무엇보다도 관동대지진 이후의 만성적인 불황을 극복하는 것이 당면과제였다.

일본은 제1차 세계대전 중에 급팽창한 불량 기업을 전후 공황 후에도 정리하지 않고 방치했다. 또 관동대지진으로 기업과 은행이 큰 타격을 입자 정부는 일본은행을 통해 4억 3,082만 엔의 특별융자를 실시했는데, 1926년 당시 2억 엔 이상이 결재가 되지 않은 채로 남아 있었다. 일본경제는 위험한 폭탄을 안고 있는 형국이었다.

1927년 3월 14일 법안을 심의하는 중에 재정대신이 와타나베渡辺 은행의 파산을 발설하고 말았다. 그러자 예금자가 도쿄의 와타나베은행에 몰려들어 예금을 일시에 인출하는 소동이 벌어졌다. 와타나베은행은 물론 와타나베은행과 거래하는 은행도 다음 날 영업을 하지 않았다. 뒤이어 도쿄와 요코하마의 중소 은행들이 잇달아 휴업에 들어갔다.

그러자 상황은 걷잡을 수 없이 확산되어 금융공황이 일어났다. 공황은 순식간에 지방의 중소 은행으로 파급되었다. 일본은행이 급하게 4억 엔을 대출해 일단 위기를 넘겼다.

그러나 일본의 금융공황은 나날이 심각해지고 있었다. 그런 와중에 1927년 4월 5일 고베의 종합상사 스즈키상점이 신규 거래 중지를 선언하고 도산했다. 스즈키상점은 미쓰이·미쓰비시에 버금가는 회사였다. 제1차 세계대전 때 쌀·설탕·철·비료를 매점매석하면서 일본 제3의 재벌로 성장해 60여 개의 자회사를 거느리고 있었다. 스즈키상점의 도산이 일본경제에 얼마나 큰 영향을 미쳤는지 미루어 짐작할 수 있다.

스즈키상점이 도산하면서 타이완은행도 위기에 직면했다. 설상가상으로 스즈키상점에 거액을 대출한 타이완은행의 부정대출 사건이 폭로되었다. 타이완은행은 은행권 발행의 특권을 갖고 있는 중앙은행이었다. 제1차 세계대전 이후 타이완은행은 일본에 있는 기업에 대한 대출을 늘렸다. 특히 스즈키상점에 자금을 방만하게 대출했는데, 결국 그것이 일본경제를 위기로 치닫게 하는 원인으로 작용했던 것이다. 와카쓰키 내각은 위기에 처한 타이완은행을 비롯한 금융기관을 구제하기 위해 노력했으나 성과를 거두지 못하고 총사직했다.

와카쓰키 내각이 붕괴되자 경제계는 혼란에 빠졌다. 타이완은행은 휴업에 들어갔고, 그 여파는 다른 은행의 파산으로 이어졌다. 화족이 출자한 주고은행十五銀行을 비롯한 37개 은행도 방만한 대출이 원인이 되어 휴업에 들어갔다. 1927년에 휴업한 은행은 45개소에 달했다. 휴업하거나 도산한 은행의 예금자나 그 은행과 거래하던 중소기업도 위기에 처했다. 정상적으로 영업하는 대형 은행에서도 예금을 인출하는 사람이 줄을 이었다.

1927년 4월 20일 다나카 기이치田中義一 내각이 성립되었다. 내각에는 미쓰이 재벌과 친밀한 인사가 포진했다. 다나카 내각은 재정·금융계의 장로격인 다카하시 고레키요高橋是淸를 재정대신으로 기용해 사태를 수습하려고 했다. 4월 22일 다카하시 재정대신은 우선 3주간의 지불유예(모라토리엄)를 시행했다. 그리고 일본은행을 통해 21억 9,000만 엔을 대출해 금융공황을 진정시켰다.

금융공황은 일단 수습되었지만 심각한 후유증을 남겼다. 금융공황으로 일본의 은행 수는 1,300개에서 약 700개로 감소했다. 문을 닫은 것은 대부분이 중소 은행이었다. 일본인은 도산할 위험이 있는 중소 은행에 돈을 맡기려고 하지 않았다. 예금이 대형 은행으로 집중되었다. 그 결과 미쓰이·미쓰비시·스미토모·야스다·다이이치의 5대 은행의 예금고가 급증했다. 독점자본 계열의 은행이 지배적 지위를 확립했다. 액수가 적은 금액은 신용이 보장되는 우편저금으로 집중되는 경향이 나타났다. 결국 재벌과 국가의 자본력이 강화되었다.

3. 관망

제1차 세계대전을 전후해 일본 자본주의가 본격적으로 중국 시장에 진출했다. 일본경제의 중국 의존도는 갈수록 높아졌다. 일본은 중국에서 철광석, 석탄, 소금, 콩 등을 수입하고, 중국으로 면사, 면포, 기계, 잡화 등을 수출했다. 1919년 중국이 수입한 물품 중에서 일본상품이 차지하는 비율은 36퍼센트였고, 1920년에 일본이 중국에 수출한 금액은 5억2,400만 엔으로 일본 수출 총액의 약 4분의 1에 해당하는 금액이었다. 면방직·탄광·전력·제철·철도·은행의 투자액은 1921년의 통계로 11억 달러에 달했다. 그것은 영국에 거의 필적하는 금액으로 일본의 해외 투자액의 대부분을 차지하는 것이었다. 중국인의 저임금·장시간 노동을 착취할 수 있는 자본의 수출은 해가 갈수록 증가했다.

한편, 중국에서는 일본상품 배척운동과 같은 반일투쟁이 전개되었다. 반제국주의 기치를 내건 중국인의 투쟁이 빠른 속도로 확산되었다. 중국인은 주로 일본을 대상으로 하는 투쟁을 전개했다. 면방직업과 같은 경공업 분야에서 중국의 민족자본이 성장했다. 그런데 제1차 세계대전이 종료되면서 미국·영국 자본이 중국으로 복귀했다. 일본의 경제활동은 후퇴하지 않을 수 없었다. 일본의 대중국 수출이 계속 저하되었다.

1925년경부터 한국에서 조선노농총동맹·조선청년총동맹과 같은 사회단체와 조선공산당이 결성되었다. 베트남에서는 호치민胡志明의 지도 아래 민족해방투쟁이 전개되었다. 중국에서는 5·4운동 이후 반제국주의 분위기와 소련의 원조로 중국공산당이 결성되었다. 광둥廣東에 있던 쑨원은 국민당을 결성했다. 1924년 국민당은 공산당과 연합해 제국주의 타도와 군벌 해체를 목표로 하는 정책을 추진했다. 이것을 제1차 국공합작이라고 한다. 1925년 상하이에서 일본·영국 세력과 중국 노동자·학생세력이 무력으로 충돌했다. 상하이·광둥·홍콩에서도 노동자들이 파업에 들어갔다. 이런 와중에 광둥에서 국민정부가 성립되고 국민혁명군이 조직되었다.

1925년 2월 상하이에서 일본자본에 대항하는 파업투쟁이 일어났다. 일본자본이 경영하는 방적공장에서 일본인 감독이 중국인 여공을 폭행한 사건이 계기가 되었다. 파업은 상하이에 있는 일본자본이 경영하는 공장으로 확산되었다. 당시 일본자본은 중국에서 45개 방적공장을 경영하고 있었다. 일본자본이 경영하는 방적공장은 중국 방적업의 50퍼센트 정도를 점유하고 있었고, 그 공장의 50퍼센트 이상이 상하이에 집중되어 있었다. 상하이에서 발생한 파업투쟁은 제국주의 반대 투쟁으로 발전하면서 중국 전역으로 확산되었다.

일본에서는 가토 내각, 와카쓰키 내각에서 시데하라 기주로幣原喜重郎가 외무대신을 역임했다. 당시 일본은 열강의 견제, 국내의 불황, 중국의 반제국주의 투쟁에 직면해 있었다. 시데하라는 그런 상황을 직시했다. 그는 베르사유조약과 워싱턴조약을 지키면서 미국·영국과 협력관계를 유지하는 데 힘썼다.

1925년 1월 20일 일소기본조약이 조인되었다. 일본과 소련 간의 외교가 회복된 것이다. 우익 세력과 일부 외무성 관리가 소련과 국교를 회복하는 것에 반대했지만 시데하라는 소련과 공존해야 한다는 신념을 버리지 않았다. 시데하라는 중국에 대해서도 무력을 앞세운 내정간섭을 피하고 외교로 일본의 이권을 합리적으로 지켜나가는 정책을 취했다.

당시 중국은 청조 말에 잃어버린 국익을 되찾고 민족주의를 고양시키기 위해 노력했다. 특히 만주에 진출한 일본 세력을 몰아내기 위해 싸우고 있었다. 이에 대해 일본은 청일·러일전쟁을 통해 손에 넣은 권리를 어떻게든지 지키려고 했다. 만주·몽고를 중국에서 분리해 일본의 세력 하에 두려는 음모를 꾸미고 있었다. 일본의 식민주의와 중국의 민족주의가 정면으로 충돌한 양상이었다. 바로 이러한 시기에 시데하라는 협조외교 방침을 내세우고 난국을 헤쳐 나가려고 했던 것이다.

시데하라 외교는 결코 동아시아 평화를 위한 것이 아니었다. 어디까지나 일본의 국익을 지키기 위한 것이었다. 협조외교를 표방하면서도 일본의 국익이 침해된다고 판단하면 거리낌 없이 무력을 행사했다. 1925년 6월 시데하라는 만주 군벌 장쭤린張作霖과 비밀협정을 맺어 일본에 항거하는 한국인 독립군을 압박했다. 같은 해 가을 장쭤린 세력이 분열되어 내전이 일어났을 때 시데하라는 3,500명의 군대를 파견했다. 1926년 3월에는 일본 해군이 중국의 국민혁명군 포대에 포격을 가하는 사건을 일으켰다. 모두 만주·몽고의 권익을 지키고 중국 민족을 분열시키기 위한 방책의 일환이었다.

이 무렵 중국의 정치는 변화기를 맞이하고 있었다. 쑨원이 사망한 후 그 뒤를 이은 장제스蔣介石는 1926년부터 제국주의 열강의 앞잡이 노릇을 하는 화중·화북의 군벌을 타도하기 위해 북벌을 개시했다. 장제스가 이끄는 국민혁명군은 마오쩌둥毛澤東이 이끄는 농민군의 도움을 받아 1926년 10월 우한武漢을 점령했다. 1927년 1월에는 우한의 영국 조계지를 실력으로 회수했다. 그러자 영국은 미국·일본에 공동으로 중국 정세에 간섭하자고 제의했다. 영국은 상하이에 있는 외국인 조계지까지 회수당할 우려가 있다는 점을 내세웠다. 그러나 시데하라는 영국의 제의를 거절했다. 영국이 중국 시장을 선점하는 것이 일본의 중국 침략에 불리했기 때문이다.

1927년 3월 장제스의 국민혁명군은 노동자의 무장봉기에 호응하면서 상하이와 난징南京을 점령했다. 국민혁명군이 난징을 점령할 때 영국·미국 함대가 난징 시내를 포격해 많은 사상자를 내는 사건이 발생했다. 이때도 일본은 영국·미국과 함께 행동하지 않았다. 일본의 국익에 도움이 되지 않는다고 판단했기 때문이다.

시데하라는 일본의 국력을 냉정하게 인식했다. 하지만 시데하라는 군부와 독점자본의 압력을 끝내 외면할 수 없었다. 1927년 4월부터 일본군이 중국 침략을 개시했다. 중국의 공산주의 운동이 만주·몽고에 파급되기 전에 간섭해야 한다는 육군의 의견이 채택되었다. 중국에 상륙한 일본군은 영국·미국·프랑스·이탈리아와 함께 난징사건에 대한 책임자 처벌과 손해배상을 중국에 요구했다.

장제스는 일본의 압력에 굴복했다. 장제스는 갑자기 국공합작을 무효화하고 상하이에서 반공쿠데타를 감행했다. 반공선언을 하고 공산당원을 처형했다. 그러자 몸을 사리고 있던 군벌 장쭤린도 활동을 재개했다. 일본이 그처럼 바라던 중국 민족의 분열이 현실화되었던 것이다.

1920년 전후에 발행된 잡지들

20. 내면

민중의 소리

1920년 전후에 발행된 잡지들

20. 내면

민중의 소리

1. 정신

1) 사상

　1917년 러시아혁명을 계기로 일본에서도 마르크스주의 운동이 뿌리를 내렸다. 러시아의 코민테른은 당시 러시아에 망명한 가타야마 센片山潛에게 1922년에 국제공산당 일본자부를 결성하게 했다. 이때부터 무산계급운동은 정치에 대항하는 방향으로 전환하면서 대중화를 지향했다. 1922년에 일본노동총동맹은 "노동자계급의 실력으로 노동자계급의 해방과 자유를 쟁취해 새로운 사회를 건설하자."는 강령을 발표했다. 사회혁명을 지향하는 노동운동이 세력을 얻으면서 마르크스주의 사상이 확산되었다.

1920년 3월부터 일본경제가 불황기에 접어들었다. 기업이 잇달아 도산했고 실업자가 증가했다. 전국에서 노동쟁의와 소작쟁의가 빈번하게 일어났다. 1920년 5월 일본 최초의 노동절 행사가 도쿄의 우에노上野 공원에서 개최되었고, 15개 노동단체가 결집해 노동조합동맹회를 결성했다. 같은 해 12월 오스기 사카에大杉栄·사카이 도시히코堺利彦가 일본사회주의동맹을 발족시켰다. 야하타제철소八幡製鐵所를 비롯한 조선소 노동자들이 투쟁에 돌입했다. 전국 각지에서 노동쟁의가 발생했다.

사회주의자들의 활동과 노동쟁의·소작쟁의를 지켜본 보수성향의 일본인들이 우익운동을 전개했다. 우익운동은 노동쟁의에 조직적인 개입과 방해, 노동조합 분열, 부락민의 해방운동 반대, 사회주의자에 대한 테러 등으로 표출되었다. 재벌, 보수성향의 정치인, 군부 등이 우익운동을 지원했다.

다이쇼 시대에 결성된 우익단체는 표면적으로는 국체호지國體護持, 적화방지, 정치혁신 등을 주장했지만, 우익단체 회원 중에는 자본가들의 앞잡이가 되어 그들의 신변을 보호하고 노동쟁의에 개입하거나 사회주의자와 재일조선인들에게 테러를 가하는 자들이 적지 않았다. 또 정치단체를 조직해서 소송을 남발하고 고관을 암살하는 등 폭거를 감행하기도 했다. 그래서 일본인들은 국가주의 단체를 폭력단으로 인식하게 되었다.

그러나 우익단체들이 모두 부패하거나 타락한 것은 아니었다. 국가개조와 현상타파를 주장하는 유존사猶存社와 같은 우익단체가 활동을 시작했다. 유존사는 1919년 8월에 결성된 국가주의운동 단체였다. 유존사는 중국의 신해혁명에 가담한 경력이 있는 기타 잇키北一輝를 국가개조의 지도자로 영입했다.

기타 잇키는 『일본개조법안대강』 사상에 입각해서 일본의 정치경제적 조직을 개조해야 한다고 주장했다. 기타가 말하는 개조란 천황대권을 발동해서 3년간 헌법 정지, 국회 해산, 화족제도 폐지, 계엄 중 보통선거를 통한 국가개조 의회 소집, 황실재산의 국가 귀속 등 이었다. 또 일본국민 한 가구의 재산한도를 100만 엔으로 정하고, 일본국민 한 가구가 소유할 수 있는 사유지의 한도를 시가 15만 엔으로 정하고, 개인의 생산업 한도를 자본금 1,000만 엔으로 정하고, 개인의 생산업 한도를 넘는 것은 국가가 직접 경영해야 한다고 주장했다.

유존사는 기타 잇키의 저서 『일본개조법안대강』의 선전에 힘쓰면서 혁명 일본의 건설, 일본국민의 사상적 충실, 일본국가의 합리적 조직, 민족해방운동, 전투적 동지의 정신적 단련 등의 강령을 제시하고 국가사회주의 실현을 목표로 활동했다. 유존사는 도쿄제국대학, 교토제국대학, 게이오대학, 와세다대학, 삿포로농학교, 다쿠쇼쿠대학拓殖大學 등의 대학에 학생단체를 설립하도록 지원했다.

유존사의 정신을 계승한 단체로 국가주의자 오카와 슈메이大川周明가 결성한 행지사行地社가 있었다. 유존사가 해산한 후, 1924년 4월에 창립한 행지사는 사회교육연구소를 설립하고 월간지 『일본정신연구』를 발행해 일본주의·대아시아주의 사상을 전파했다. 1925년에는 교토·오사카를 비롯해 전국 주요 도시에 지부를 설립했다. 또 도쿄제국대학과 교토제국대학 내에 학생행지회를 설립했다. 그리고 기관지 『일본』을 발행했다.

오카와 슈메이의 사상은 그가 1926년에 저술한 『일본 및 일본인의 길日本及日本人の道』에 가장 잘 드러나 있다. 오카와는 일본의 역사적 특수성을 강조하고, 일본인의 도덕적 가치를 높게 평가했다. 그는 국가가 주관하는 통제경제 체제를 확립해야 한다고 역설했다. 오카와는 인맥을 활용해서 육군의 중심부, 특히 참모본부의 중견간부와 교류하면서 그들에게 국가사회주의 사상을 전파했다.

2) 학술

　니시다 기타로西田幾多郞의 철학 서적이 많은 독자를 확보한 데에는 시민사회의 형성과 밀접한 관련이 있었다. 제1차 세계대전 이후 중등교육을 이수한 사람들이 급격히 증가했다. 그들이 사회로 배출되면서 방대한 독자층을 형성했던 것이다. 지식인들은 합리성을 존중하면서 자아의 실현을 추구하는 개인주의 성향이 강했다. 니시다 기타로는 이어서 인간의 사유방식을 조명한 저서를 출간해서 독창적인 사상체계를 수립했다. 니시다의 연구는 일본의 관념론철학의 도달점이었다. 칸트의 관념론과 이상주의·인도주의 관점에서 바라다본 인생론이 지식인들의 호평을 받았다.

　도쿄대학 교수 미노베 다쓰키치美濃部達吉가 천황기관설天皇機關說을 주장했다. 이것은 통치권은 법인인 국가에 있으며 천황은 그 최고기관으로서 통치권을 행사하는 존재라는 헌법학설이다. 다시 말하면 주권은 천황에 있다는 것을 전제로 하면서도 통치권의 주체를 법인으로 규정하고 천황은 국가의 최고기관으로서 헌법의 각 조항에 따라서 통치권을 행사하는 존재라고 생각하는 학설이다. 이에 대해 천황주권설은 통치권은 신성불가침한 천황에게 있으며 그것은 무제한이라고 주장했다. 미노베는 천황주권설을 주장하는 학자들과 격렬한 논쟁을 벌였다. 학계에서는 천황기관설이 통설로 인정되고 있었다. 미노베의 학설은 민본주의와 함께 정당정치의 이데올로기적 기초가 되었다. 그러나 천황기관설은 파시즘이 대두되면서 군부·우익으로부터 공격을 받았다.

　법제사 분야에서는 나카다 가오루中田薰가 출현했다. 나카다는 1902년 25세에 도쿄대학 조교수로 부임한 이래 비교법제사를 연구해 일본 법제사학을 정립했다. 경제학 분야에서는 후쿠다 도쿠조福田德三를 비롯한 독일계 자유주의 경제학에 뿌리를 둔 학자들이 주류를 이루었다. 후쿠다는 독일 유학시절에 독일 역사학파와 마르크스주의 영향을 받았고, 게이오대학 교수로 재직하면서 경제이론·경제사·사회정책 등의 학문 분야를 개척했다. 또 자유주의자로서 논단에서도 활발하게 활동했다.

사회주의운동이 진행되면서 마르크스주의 경제학 연구도 성행했다. 교토대학 교수 가와카미 하지메는 1919년『사회문제연구』를 발간하고 마르크스의 저서를 번역하는 등 왕성한 저술활동을 했다. 가와카미는 인도주의 입장에서 빈곤 문제를 거론하는 개량주의자의 입장을 취했다. 1925년에는 마르크스의『자본론』이 간행되었다. 1928년에서 1935년에 걸쳐서『마르크스·엥겔스전집』 33권이 세계 최초로 간행되었다.

동양사 분야에서는 시라토리 구라키치白鳥庫吉와 나이토 고난內藤湖南과 같은 학자들이 배출되어 견실한 실증주의 학풍을 세웠다. 유럽에서 유학하면서 근대역사학의 연구방법을 익힌 시라토리는 도쿄대학을 졸업하고 가쿠슈인대학學習院大学 교수로 재직하면서 아시아 전역, 특히 중앙아시아와 동북아시아의 여러 민족의 역사 연구에 큰 업적을 남겼다. 1908년에는 만철에 만주지리역사조사실을 설치해 자료를 수집했다. 동양문고를 설치하는 데도 주도적인 역할을 했고, 동양학 관련 학술지『동양학보』를 창간하는 등 동양사학 발전에 공헌했다. 동양문고는 1924년 재단을 설립한 이래 중국은 물론 몽고·터키·티베트 등 아시아 여러 지역의 문헌을 수집했다. 시라토리의 연구는 일본의 대륙침략에 크게 기여했다. 나이토 고난은 1907년부터 교토대학에서 동양사강좌를 담당하면서 중국 발전에 관한 독창적인 견해를 제시했다.

일본사 분야에서는 와세다대학 교수 쓰다 소우키치津田左右吉가『고사기』·『일본서기』를 실증적으로 연구해 신화와 연결되는 일본고대사가 객관적인 사실이 아니라는 것을 논증했다. 일본문화사 연구를 개척한 니시다 나오지로西田直二郎는 『일본문화사서설』을 저술했다. 1932년에서 1933년에 걸쳐서 『일본자본주의발달사강좌』가 간행되었다.

민속학 분야에서는 야나기다 구니오柳田国男가 많은 업적을 남겼다. 야나기다는 특히 민간전승에 관심을 기울였다. 일찍부터 일본 전국을 유람하면서 민간에 전승되는 이야기나 민속을 발굴하고 『향토연구』를 간행해 민속학을 발전시켰다. 야나기 무네요시柳宗悦는 무명의 장인이 제작한 생활용품 속에서 민중의 소박한 미를 발견하려는 민예운동을 제창했다. 그는 조선의 청자·백자의 아름다움을 발견하고 널리 소개한 것으로 유명하다.

2. 문예

1) 문학

다이쇼 시대에는 교육수준이 향상되고 저널리즘과 출판계가 활기를 띠면서 문학작품이 민중에게 보급되었다. 문학도 자유주의와 인도주의 사조의 영향을 많이 받았다. 다이쇼 시대의 사조를 문학에 가장 잘 반영한 것은 잡지 『시라카바白樺』 동인 문학자들이었다. 그들은 인도주의·이상주의의 기풍을 가진 청년들이었다. 그들은 모순 속에서 살아가는 지식인들의 고뇌를 있는 그대로 표현하려고 했다. 그들의 태도는 당시의 지식인들에게 깊은 감명을 주었다. 무샤노코지 사네아쓰武者小路実篤·시가 나오야志賀直哉·아리시마 다케오有島武郎 등이 대표적인 인물이었다. 무샤노코지는 철저한 개인주의 입장을 취한 낙관론자였다. 그의 작품은 인간에 대한 신뢰와 긍정을 근본으로 했다. 시가 나오야는 자신의 주장의 선명하게 표현해 재능을 인정받았다. 불순을 용서하지 않는 강렬한 정신과 정확한 표현력으로 작가들로부터 존경을 받았다. 미국의 하버드대학에 유학한 아리시마 다케오는 1917년부터 사실주의 작품으로 문단의 지위를 확립했다.

시라카바파보다 조금 늦게 아쿠타가와 류노스케芥川龍之介·기쿠치 칸菊池寬·구메 마사오久米正雄·야마모토 유조山本有三 등이 등장했다. 그들은 이지적이고 기교에 넘치는 작품을『신사조』라는 잡지에 발표하면서 활동했다. 아쿠타가와 류노스케는 도쿄대학 영문과 재학 중에 나쓰메 소세키 문하에 들어가서 활동했다.『코』라는 작품이 나쓰메 소세키에게 인정을 받으면서 일약 문단의 총아로 부상했다. 그는 인간의 심리를 예리하게 묘사하면서 현실 문제를 파헤치는 단편을 많이 발표했다. 특히 역사에 자신의 해석을 붙여서 역설적인 인간관을 보여주려고 하는 이지적인 작풍을 선보였다. 기쿠치 칸은 원래 희곡 작가였으나 1918년『무명작가의 일기』라는 작품을 시작으로 많은 작품을 발표해 일약 유명 작가의 지위에 올랐다. 구메 마사오는 아쿠타가와 류노스케와 같이 도쿄대학 영문과 재학 중에 희곡을 발표해 재능을 인정받았다. 나쓰메 소세키 문하에서 활동했다. 야마모토 유조는 1926년『아사히신문』에 소설을 연재하면서 주목을 받았다. 그 후에도 쉬운 문체로 어떻게 살 것인가를 추구한 장편소설을 신문에 발표해 많은 독자를 얻었다.

1912년 사회주의자들이 문예잡지『근대사상』를 창간해 민중예술의 필요성을 역설했다. 프롤레타리아 문학의 선구가 된 것은 하야마 요시키葉山嘉樹의『바다에 사는 사람들』이었다. 하야마는 와세다대학을 중퇴하고 선원으로 일하면서 노동운동에 입문했고 직업을 전전하면서 두 차례나 투옥되는 경험을 했다. 1926년에는『문예전선』에 참가해 작가생활을 하기 시작했다. 1920년에는 프롤레타리아 문학잡지

『씨 뿌리는 사람들』이 창간되었고, 1924년에는 『문예전선』이 창간되었다. 1920년대 말기에는 전일본무산자예술동맹이 결성되면서 고바야시 다키지小林多喜二・도쿠나가 스나오德永直 등이 활동했다. 고바야시 다키지는 시가 나오야에 사숙해 창작활동을 하다가 1927년경에 프롤레타리아 문학 운동에 참가했다. 1928년에는 정부의 공산당 탄압을 그린 『1928년3월15일』을 발표해 실력을 인정받았고 1929년에는 『게 잡이 배』을 발표해 유명해졌다. 노동자 출신 도쿠나가 스나오는 노동현장의 경험을 그린 작품 『태양이 없는 거리』를 잡지에 연재해 일약 프롤레타리아 작가로 인정받았다. 그러나 정부가 사회주의운동을 탄압하면서 그들의 활동은 부진했다. 그밖에 기록문학으로 1925년 호소이 와키조細井和喜蔵가 집필한 『여공애사』가 있다. 일본 자본주의 저변에서 가혹한 노동과 가난한 생활을 강요당했던 방적공장 여공들의 삶을 사실적으로 묘사한 작품이다.

　　대중문학의 선구자는 나카자토 가이잔中里介山이라고 할 수 있다. 신문기자 출신 나카자토는 1909년부터 『얼음 꽃』을 비롯한 작품을 잇달아 신문에 연재해서 독자들의 인기를 끌었다. 1920년대에 들어서면서 전문교양을 갖춘 지식인들을 독자로 하는 대중문학이 만개했다. 순수문학에서 방향을 전환한 기쿠치 칸은 현실주의적 인생관에 축을 두고 대중과 소통하는 기법으로 많은 작품을 남겼다. 구메 마사오도 점차로 통속소설로 이름을 날렸다. 독자층이 늘어나고 대중소설의 기반이 형성되자 『문예춘추』를 비롯한 문학잡지에도 대중작가들의 작품이 소개되었다.

2) 예술

일본화 분야에서는 메이지 시대에 이어서 요코야마 다이칸橫山大觀, 시모무라 간잔下村觀山, 다케우치 세이호竹內栖鳳 등이 활약했다. 요코야마와 시모무라는 메이지 말기에 미술 진흥을 위해 설립된 문전文展을 탈퇴하고 1914년에 일본미술원을 부흥해 새로운 바람을 일으켰다. 요코야마는 독자적인 수묵화 양식을 선보였다. 시모무라는 일본의 전통적 화법을 연구해 온건한 절충화법을 형성했다. 교토 화단의 중진 다케우치는 숙달된 필력으로 전통적 기법을 근대화했다. 문전은 문부성에서 주최하는 미술전람회를 말한다. 이에 대해 일본미술원에서 주최하는 미술전람회를 원전院展이라고 했다. 요코야마 다이칸을 비롯한 화가들이 일본미술원을 부흥하고 원전을 개최하자 문전도 변화를 모색했다. 문부성은 제국미술원을 설립했다. 그 이후 제국미술원에서 주최하는 미술전람회를 제전帝展이라고 했다. 문전·원전·제전을 통해 실력 있는 화가들이 등장했다.

서양화는 문전의 양화부를 중심으로 발전했다. 그러나 1914년에 이시이 하쿠테이石井柏亭·아리시마 이쿠마有島生馬 등이 문전을 탈퇴해 이과회二科會를 조직했다. 이시이는 부친에게서 일본화를 배우고, 아사이 추浅井忠에게서 서양화를 배워 일본 서양화 화단의 기초를 구축한 인물이다. 아리시마는 이탈리아와 프랑스에서 유학하고 귀국한 후 인상파 화풍을 구사했다. 실력 있는 중진 서양화가가 이끄는 이과회는 다이쇼 시대 혁신적인 경향을 망라하는 유력한 재야단체가 되었고, 1930년에는 독립된 미술협회로 발전했다. 이과회에서 일본 서양화를 선도하는 화가들이 많이 배출되었다. 다이쇼 시대 말기에는 입체파·미래파로 일컬어지는 새로운 화풍이 일어났다. 이 시기에는 화풍도 객관적인 묘사보다는 내면 묘사에 초점을 맞추는 경향으로 변화했다. 새로운 화풍은 야수파의 영향을 받았다.

  연극 분야에서도 새로운 바람이 불었다. 가부키에서는 모리타 간야守田勘弥·나카무라 기치에몬中村吉右衛門 등이 활약했다. 모리타는 전통적인 가부키 뿐만 아니라 창작극에서도 많은 성과를 올렸다. 나카무라는 전통적인 시대물에서 능력을 유감없이 발휘한 가부키 배우였다. 신극 분야에서는 1913년 시마무라 호게쓰島村抱月가 마쓰이 스마코松井須摩子와 함께 예술좌藝術座를 설립해 입센·톨스토이 원작을 근대극으로 각색해서 상연면서 대중들의 인기를 끌었다. 두 사람이 사망한 후에는 사와다 쇼지로沢田正二郎가 신국극新國劇 시대를 열었다. 사와다는 도쿄의 메이지좌明治座에서 무사들의 결투를 주제로 한 시대물을 상연해 확고한 기반을 확립했다. 한편, 소극장에서도 번역극이 상연되었다. 사회주의를 선전하는 연극이 상연되기도 했다.

3. 문화

  제1차 세계대전 전후부터 쇼와昭和 시대 초기까지의 문화는 소위 다이쇼 데모크라시로 상징된다. 제1차 세계대전 후, 세계적인 민주주의 풍조와 자본주의의 발전은 도시를 중심으로 하는 시민사회의 형성을 촉진했다. 민중의 영향력이 커지면서 시민문화가 번영했다. 다이쇼 시대의 문화는 한마디로 대중문화라고 할 수 있다. 대중문화를 선도한 것은 도시의 지식인 계층이었다.

  이 시대에 외래문화가 본격적으로 수용되었다. 메이지 시대에는 개별적이고 특수적인 방법으로 외래문화를 수용했다면, 다이쇼 시대에는 매우 원활하고도 폭넓게 수용했다. 그 결과 일반 민중의 일상생활에 이르기까지 서양풍의 문화가 침투되었다.

　세계적인 민주주의 풍조는 민중의 영향력을 증대시킴과 동시에 다이쇼 데모크라시라고 하는 민본주의 풍조를 형성했다. 민본주의를 기조로 자유주의·인도주의 사조가 성행했다. 또 사회운동이 고양되고, 사회주의 사상이 뿌리를 내리는 등 사상적으로 매우 자유로운 시기를 맞이했다.

1) 생활의 근대화

　1920년대에 접어들면 농촌의 인구는 정체했지만, 도시의 인구는 급속하게 증가했다. 도시화가 진행되면서 주택지역이 도시 근교까지 확대되었다. 새로운 교통수단으로 통근용 전차와 노선버스가 발달했다. 개인주택도 서양식으로 건축되었다. 가스·수도·전기가 보급되었다. 도시에는 수많은 봉급생활자가 출현했다. 가정주부도 직장을 갖게 되었다. 정부가 교통문제나 주택문제에 관심을 갖게 된 것도 대체로 1920년대부터였다.

　1920년대에 도시화·정보화·대중화를 배경으로 민중의 생활양식과 행동양식이 변화했다. 도시에 거주하는 봉급생활자들을 중심으로 새로운 취미나 유행을 쫓는 현상이 두드러졌다. 일상생활도 크게 변화했다. 도시화가 진행되면서 남성들은 평상복으로 양복을 착용했다. 직업을 갖는 여성들이 증가하고, 생활개선 운동이 전개되고, 뜨개질이 유행하면서 여성들도 점차로 양장을 하게 되었다. 전통적인 기모노着物는 의식을 거행할 때 입는 옷이 되었다.

　식생활도 변화했다. 정부는 각기병脚氣病을 방지하기 위한 대책으로 잡곡의 소비를 장려했고, 1923년 9월 관동대진재의 영향으로 빵의 소비가 급증했다. 도시화가 진행되고 봉급생활자가 증가하면서 식사 시간이나 식사준비 시간을 줄이지 않을 수 없었다. 특히 도시 주변에서 통근하는 봉급생활자들은 조식으로 빵을 먹은 가정이 증가했다.

전등·가스·수도 등이 도시를 중심으로 보급되면서 부엌이 개량되었다. 부뚜막이 없어지고 앉아서 불을 때거나 숯을 피워 음식을 조리하는 풍경도 점차 사라지게 되었다. 1920년경에는 가정에서도 중국요리를 하는 것이 유행했고, 일본인의 취향에 맞춘 서양요리도 일반화되었다. 민중의 식생활에서 전통 일본요리, 즉 와쇼쿠和食와 중식中食·양식洋式이 혼재된 퓨전요리가 일본인의 음식문화로 자리 잡았다.

메이지 시대의 주택은 상류계급의 일부가 서양식 건물을 짓고 생활하거나 접객 시설로 이용했다. 중류계급 이하의 주택은 전통적인 목조로 된 건물이었다. 그러나 다이쇼 시대가 되면 가정생활과 개인생활이 중요하게 인식되었다. 부부의 침실과 아이들 방을 따로 꾸미는 집이 증가했다. 주택개량운동으로 입식 부엌을 설치하는 가정도 늘었다. 지금의 일본풍 주택의 원형은 다이쇼 시대에 형성된 것이다.

2) 문화의 상업화

1917년에는 『주부의 벗』이라는 여성잡지가 창간되고, 1920년에 『부인클럽』이라는 여성잡지가 창간되었다. 이미 1903년에 『가정의 벗』, 1916년에 『부인공론』이라는 여성잡지가 발간되었다. 1920년대에 들어서면서 여성잡지 독자가 급증했다. 특히 『주부의 벗』은 20만 부 이상 팔리는 기록을 세웠다. 잡지를 읽는 여성이 급증했던 것이다.

여성잡지 구독자는 주로 도시생활을 하는 중류층 여성이었다. 그래서 여성잡지 기사도 이들의 눈높이에 맞춰져 있다. 남편의 직업은 봉급생활을 하는 관리·교사·회사원·직업군인 등이 많았다. 그들은 학교교육을 통해 사회적 지위를 획득한 신지식인들이었다. 이러한 중산층 가정의 주부들은 자녀 교육에도 열심이었다.

1920년대 후반에는 사회에 진출하는 여성이 증가했다. 1923년 창간된 『직업부인』이라는 여성잡지가 이 시대의 분위기를 잘 반영하고 있다. 이전에는 방직공장의 여공이 여성의 직업을 대표했지만, 1920년에 들어서면서 여성이 교사·회사원·의사·간호원·점원·타이피스트 직업을 갖게 되었다. 여성이 일할 수 있는 직종이 다양해졌다는 것을 알 수 있다. 여성들은 주로 친척이나 학교의 소개로 직업을 갖게 되었다.

다이쇼 시대는 문화가 상업화되는 시기이기도 했다. 수십만 부씩 판매되는 대중잡지의 출현이 그것을 상징했다. 1923년 1월에 창간된 월간지 『분게이슌주文芸春秋』는 주로 도시 봉급생활자들이 부담 없이 읽을 수 있는 문학잡지였다. 『분게이슌주』는 발행부수 10만부를 자랑하는 잡지로 성장했다.

1925년에는 고단샤에서 보수적인 생각을 가진 농민이나 중소기업가를 대상으로 한 월간지 『킹キング』이 발간되었다. 이 잡지의 편집은 주로 에피소드에 초점이 맞춰져 있었다. 하지만 『킹』에는 전통적인 도덕과 입신출세주의가 주입되어 있었다. 『킹』은 발행부수 70만부를 돌파하는 인기를 누렸다.

주간지도 탄생했다. 일본 최초의 주간지는 1922년에 창간된 『슈칸아사히週刊朝日』였다. 『슈칸아사히』는 독자들이 저렴한 가격에 구매해서 재미있게 읽을 수 있는 주간지였다. 잡지는 소중하게 보관하는 책이 아니라 가볍게 읽고 버리는 소비품의 일종이 되었다.

3) 문화의 대중화

문화의 대중화에 기여한 것은 언론매체였다. 특히 신문이 급속하게 성장했다. 최신 인쇄시설을 갖추고 수송체계가 합리화되면서 운영형태도 대규모 영리사업으로 변신했다. 발행 부수도 증가했다. 1920년대 중반에 매일 100만 부 이상 발행하는 신문사가 등장했다. 발행 부수가 늘어나면서 신문은 점차로 정치면과 사회면의 지면을 늘리고, 스포츠·문화면을 신설해 독자층의 요구에 능동적으로 대응했다.

1920년부터 미국에서 라디오 방송이 시작되었다. 일본도 라디오 방송을 위한 준비작업에 들어갔다. 1922년 2월 실험용 방송시설을 설치하고, 법을 정비하고, 체신성遞信省이 나서서 도쿄·오사카·나고야 名古屋 등 대도시에 공익법인을 설립했다. 그리하여 1925년 3월 사단법인 도쿄방송국이 일본 최초로 시험방송을 실시하고, 같은 해 7월 12일 본방송을 개시했다. 라디오 시대가 개막된 것이다. 오사카방송국과 나고야방송국도 송신을 개시했다. 청취자는 방송국과 계약을 맺고 방송을 청취했다. 방송 청취신청을 한 사람은 20만 명에 가까웠다. 1926년 8월 정부는 3개 방송국을 해산하고 새로이 사단법인 일본방송협회를 설립했다. 통신성이 방송국을 감독했다.

1928년부터 일본식 씨름 스모相撲가 실황으로 방송되면서 라디오 방송을 청취하는 인구가 급증했다. 라디오 보급률은 1930년에 6.1퍼센트, 1935년에 17.9퍼센트에 달했다. 그러자 정부는 라디오방송을 통제하려고 했다. 방송의 내용을 사전에 검열했다. 사전에 허가하지 않은 방송은 할 수 없도록 했다. 정부는 사회질서와 풍속을 어지럽힌다고 여겨지는 내용, 외교·군사의 기밀, 관공서·의회의 비밀 사항 등에 대한 보도를 금지했다.

21. 경직

평정을 잃은 군인들

제2차 산둥 출병에서 중국의 지난 성을 점령한 일본군(1928년)

21. 경직

평정을 잃은 군인들

1. 마각

　와카쓰키 레이지로 내각이 붕괴된 후, 1927년 4월 입헌정우회 총재 다나카 기이치田中義一가 총리대신이 되어 내각을 구성했다. 다나카는 대중국 강경파의 기대를 한 몸에 모으며 등장했다. 이 무렵 헌정회는 정우본당과 연합해서 입헌민정당을 조직했다. 입헌민정당은 입헌정우회와 서로 번갈아가면서 정권을 담당했다.
　1920년대 말 일본경제는 매우 심각한 상황에 직면해 있었다. 다나카 내각은 경제위기를 타개하기 위해서 외교정책의 전환을 모색했다. 결국 다나카 내각은 군부와 협력하면서 중국 침략을 염두에 둔 강경외교노선을 채택했다. 그러나 표면적으로는 제네바회의와 파리부전조약에 참가하면서 협조외교를 유지하는 모양을 취했다.

당시 중국에서는 장제스의 국민혁명군이 장쭤린張作霖 세력을 압도하고 있었다. 장쭤린은 만주를 손에 넣은 후 베이징으로 진출해 대원수를 칭했지만, 장제스의 북벌군에 밀려 펑톈奉天으로 물러나는 것을 고려하지 않으면 안 되는 상황이었다. 다나카 총리대신은 중국이 장제스의 지배 아래 들어가는 것이 시간문제라고 보았다. 그래서 중국에서 만주를 분리해서 일본의 세력 아래 두는 계획을 서둘러 실행했다. 일본은 러일전쟁 당시 처형될 위기에 몰린 장쭤린의 생명을 구해준 적이 있었다. 다나카 총리대신은 장쭤린을 일본의 앞잡이로 이용할 수 있다고 믿었다.

중국에서 국민혁명군의 북벌이 성과를 올리자, 1927년 일본은 거류민과 일본기업의 권익을 보호한다는 구실로 산둥 성에 출병했다. 이것을 제1차 산둥 출병이라고 한다. 이 무렵 장제스는 반공의 기치를 내걸고 중국공산당과 노동조합연합을 탄압하기 시작했다. 장제스는 제국주의 열강에 협조적인 절강浙江 재벌과 손을 잡았다. 북벌이 일시 중지되었다. 그러자 일본군도 일단 철수했다.

1927년 6월 27일 정부는 중국 각지의 일본 외교관, 육·해군 대표, 만철 수뇌를 도쿄로 불러들여 동방회의를 열었다. 가장 중요한 의제는 중국에서 만주·몽고를 분리하는 방안이었다. 회의에서 만주·몽고를 중국에서 분리하는 정책이 채택되었다. 만주·몽고를 손에 넣기 위해서는 즉시 군대를 파견한다는 방침도 확정했다.

한편, 일본의 관동군은 사령부를 뤼순旅順에서 펑톈으로 옮겼다. 정부는 거류민을 보호한다는 구실로 만주에 군대를 파견했다. 하지만 그것은 그야말로 구실이었고 실질적으로 중국 침략을 개시한 것이었다. 그러자 중국인의 반제국주의 투쟁의 칼날은 일본을 겨누었다. 중국인의 반일감정이 높아지면서 대중국 무역도 부진했다. 동시에 미국·영국과 일본의 대립도 심화되었다.

사태가 불리해지자 일본은 중국 침략을 위한 '작업'을 본격적으로 추진하기 시작했다. 동방회의에서 정해진 방침에 따라 일본은 장쭤린과 교섭했다. 일본은 장쭤린을 국민혁명군의 공격으로부터 지켜주는 대신에 만주·몽고에서 일본의 권익을 확대해 줄 것을 요구했다. 장쭤린은 일본의 제안을 거부했다. 오히려 국민당과 타협하고 미국·영국에 접근하는 태도를 취했다. 장쭤린은 일본의 음모를 간파하고 있었던 것이다. 일본의 강경책은 중국인의 반일감정을 불러일으켰다. 장제스도 장쭤린과 타협하는 길을 모색하고 있었다. 이러한 정보를 입수한 일본은 장제스와 장쭤린을 이간하고 만주를 직접 지배하려고 했다.

1928년 6월 4일 새벽 5시 관동군이 장쭤린이 탄 특별열차를 펑텐 부근에서 폭파했다. 관동군은 사전에 계획한대로 범인은 국민혁명군의 스파이라는 성명을 발표했다. 그러나 이미 중국인들 사이에 열차 폭발 사건은 일본의 음모라는 소문이 돌았다. 장쭤린의 장남 장쉐량張學良은 장쭤린의 사망 사실을 숨기고 중상이라고 발표했다. 관동군의 책략에 놀아나지 않고 중일 양군의 충돌을 슬기롭게 피했다. 관동군의 음모는 보기 좋게 실패했다. 오히려 항일의 기치를 올린 장쉐량은 국민당 세력을 만주 깊숙이 침투하도록 도왔다. 1928년 12월 29일 오전 7시를 기해 만주 전역에 국민당의 청천백일기가 게양되었다. 관동군의 장쭤린 암살은 중국인들을 단결시켰고, 국민혁명군이 크게 승리하도록 하는 계기가 되었다.

장쭤린 암살 사건은 만주모중대사건으로 일컬어졌다. 일본은 이 사건의 진상을 국민에게 알리지 않았다. 그러나 국제적인 비난에 직면하자 사건을 더 이상 방치할 수가 없었다. 난처해진 다나카 총리대신은 장쭤린 암살사건의 책임자를 처벌하려고 했다. 그러자 육군이 크게 반발했다. 특히 참모본부 작전부장은 여당 의원들을 상대로 사건 진상의 공표를 저지하는 공작을 벌였다. 군부의 공작으로 체신대신·철도대신·농림대신이 사건의 공표에 반대했다.

1929년 6월 28일 다나카 총리대신은 천황에게 "관동군은 장쭤린 폭살과는 무관하지만 경비를 소홀히 한 것으로 책임자를 행정처분할 것"이라고 보고했다. 그리고 주모자를 정직시키고, 관동군 사령관을 대기시키고, 관동군 참모장과 독립수비대장은 근신 처분하는 것으로 사건을 마무리했다. 1929년 7월 2일 다나카 내각은 사건의 책임을 지고 총사직했다.

2. 미궁

1929년 7월 2일 입헌민정당 총재 하마구치 오사치浜口雄幸가 다나카의 뒤를 이어서 총리대신이 되었다. 하마구치 총리대신은 소극정책을 선언하고 10대 정강을 내세웠다. 금본위제 확립, 긴축재정, 산업합리화, 영국·미국과 협조 등이 그것이었다. 이미 협조외교를 추진한 적이 있는 시데하라 기주로를 다시 외무대신으로 기용하고, 일본은행 총재 이노우에 준노스케井上準之助를 재정대신에 임명했다.

시데하라를 외무대신으로 기용한 것은 협조외교를 부활시킨다는 뜻이었다. 협조외교는 결코 일본이 중국을 침략하는 방침을 포기하는 것이 아니었다. 중국 침략 방침은 군부·추밀원의 주류를 이루고 있는 대중국 강경외교파와 다르지 않았다. 다만 군사적인 모험은 가능한 피하고, 미국·영국과 타협하면서 유연한 방법을 모색하는 방침을 취했기 때문에 협조외교라고 했던 것이다.

10월 7일 영국은 미국·프랑스·이탈리아·일본을 1930년 1월에 런던으로 초빙해 해군의 군축회담을 개최하고 싶다고 제안했다. 1929

년 10월 16일 일본은 런던회의에 참가하겠다는 뜻을 밝혔다. 총리대신을 역임한 와카쓰키 레이지로가 런던회의 수석대표로 임명되었다. 런던 군축회의는 제네바회담에서 실패한 보조함의 제한을 목적으로 하는 것이었다. 11월 26일 일본 각의에서 보조함은 미국의 70퍼센트로 한다는 방침이 결정되었다.

런던회의에서 보조함을 미국의 70퍼센트로 하겠다는 일본과 60퍼센트로 하라고 요구하는 미국·영국이 격론을 벌였다. 이윽고 일본 협상단은 대형순양함 60.23퍼센트, 잠수함 100퍼센트, 경순양함 및 구축함 70.15퍼센트 등으로 하는 타협안을 마련했다. 전체적으로 미국의 69.75퍼센트의 비율이었다. 3월 14일 일본 협상단은 정부에 훈령을 품신했다.

하마구치 총리대신은 협상단이 마련한 안을 승인하기로 결심했다. 하마구치는 런던회의를 결렬의 위험에 빠뜨릴 수 없다고 생각했다. 해군 수뇌부를 불러 다음과 같이 말했다. "이것은 내가 정권을 잃어도, 민정당을 잃어도, 또 내 목숨을 잃어도 물러설 수 없는 굳은 결심이다." 원로 사이온지 긴모치도 하마구치를 지지했다. 우여곡절 끝에 반대파 장교들도 결국 타협안에 동의했다.

1930년 4월 22일 3개국이 런던군축조약에 서명했다. 워싱턴조약에서 정한 주력함 건조 정지 기간을 1936년까지 5년 연장하고, 보유 톤수 비율을 미국·영국이 15, 일본이 9로 개정했다. 일본이 미국·영국에 대해 대형 순양함 60퍼센트, 경순양함·구축함 70퍼센트, 잠수함은 동률로 하는 타협안이 성립되었다.

조약의 결과에 대해 대중국 강경파의 비난과 공격이 잇달았다. 우익단체와 정우회가 맹렬하게 반대했다. 특히 강경파의 아성이라고 할 수 있는 해군·추밀원은 정부가 군부의 반대를 무시하고 조약을 맺은 것은 천황의 통수권을 침범하는 것이라고 공격했다. 국가주의단체와 야당 정우회도 해군·추밀원의 입장에 동조했다.

런던군축조약을 계기로 군부의 별동대라고 할 수 있는 우익단체 세력이 급속하게 대두했다. 일본의 우익은 중국에 대한 침략을 열렬하게 주장하는 국가주의단체로 성장했다. 주요 단체로 유존사猶存社, 국본사國本社, 흑룡회黑龍會, 행지사行地社 등이 있었다. 우익단체들에 의한 파쇼적 행동도 격화되었다. 1930년 11월 하마구치 총리대신이 우익 청년에게 저격당하는 사건이 발생했다. 협조외교도 위기를 맞이했다.

3. 공황

1929년 10월 미국에서 시작된 공황은 소련을 제외한 전 세계로 확산되면서 자본주의 사회를 동요시켰다. 일본은 인플레이션이 진행되고 공업의 국제 경쟁력이 약화되었다. 외환시세의 변동으로 엔의 가치가 하락했다. 수입품 가격이 상승하고 수출이 불안정해졌다.

1930년 3월부터 세계공황의 여파가 일본을 강타했다. 대공황의 중심은 일본의 주요 수출국 미국이었다. 정부가 추진한 경제정책의 효과가 전혀 나타나지 않았다. 1930년에 도산한 기업 수는 823개에 이르렀다. 모든 산업이 조업단축을 실시하고 카르텔을 형성했다.

일본의 물가도 하락했지만 미국·영국의 물가는 더욱 하락했다. 일본이 미국으로 가장 많이 수출하던 생사 1고리梱 당 가격이 공황 직전에는 1,400엔이었으나 1년 후에는 500엔으로 폭락했다. 생산지수도 공황전의 3분의 1 수준으로 낮아졌다. 금이 대량으로 유출되었다. 공업생산은 70퍼센트까지 줄었고 무역은 40퍼센트 가까이 감소했다. 물가가 폭락하면서 중소기업이 도산하고 임금이 삭감되었다.

공황의 여파는 특히 농촌을 강타했다. 농촌에서 도시로 진출한 노동자들이 일자리를 잃고 고향으로 돌아왔다. 농촌의 생활은 더욱 궁핍해졌다. 미국을 최대 시장으로 하는 생사의 수출이 격감하면서 생사 가격이 50퍼센트 이상 폭락했다. 양잠농가는 큰 타격을 입었다. 면사 가격도 40퍼센트 이상 폭락했다. 쌀값도 30퍼센트 이상 폭락해 농업공황에 직면했다. 설상가상으로 1931년에 동북 지방에 극심한 흉년이 들었다. 기아가 농촌을 엄습했다.

쌀값이 폭락하고 흉년이 들어도 농민이 부담해야 하는 조세나 비료 가격은 변화가 없었다. 농민은 생산량을 높이기 위해 콩깻묵이나 물고기를 말린 금비를 많이 사용하고 있었다. 과산화수소나 유안을 원료로 하는 화학비료 사용량도 급증했다. 국산만으로는 금비의 수요를 충족시키지 못하자 해외에서 금비를 수입했다. 경작에 필요한 경비가 급증하면서 빈농이 몰락했다. 소작료 납부도 지체되었다. 동북 지방 농촌에서는 끼니를 잇지 못하는 아동이 대량으로 발생했다. 자녀를 매매하는 경우도 있었다. 소작료 인하 요구와 소작권을 둘러싼 쟁의가 격화되었다.

대공황은 아시아의 식민지나 반식민지에 더욱 큰 타격을 입혔다. 제국주의 열강은 공황의 피해를 식민지에 전가했다. 식민지 민중의 희생으로 본국 경제를 회복시키고자 했다. 특히 식민지 농업이 큰 타격을 입었다. 지주들의 수탈로 토지를 잃고 농촌을 떠나는 소작인들이 급증했다. 일본의 미곡상들은 식민지 조선에서 쌀을 헐값으로 매입해 일본으로 들여왔다. 조선의 농촌경제는 조그마한 충격에도 붕괴될 수밖에 없는 상태에 놓여졌다.

만성적인 불황과 하마구치 내각의 산업합리화 정책으로 노동자의 생활은 더욱 비참해졌다. 조업단축과 대기업의 인원정리 여파로 실업자가 300만 명이 넘었고 반실업상태에 처한 인구도 급증했다. 실질

임금이 낮아져서 노동쟁의가 빈발했다. 1931년에 발생한 노동쟁의는 2,456건이었다. 소작쟁의 건수도 매년 증가했고 쟁의에 참가하는 소작인도 수만 명에 달했다.

일본경제가 침체되자 일부 국가주의자와 젊은 장교들 사이에 무력으로 국가를 개조하려는 움직임이 일어났다. 중국을 전전하다가 귀국한 국가주의자 이노우에 닛쇼井上日召는 승려가 되어 이바라키 현茨城県에 호국당을 세우고 자신을 추종하는 농촌 청년·해군비행학교 학생·도쿄대학 학생에게 국가주의를 주입시켰다. 이노우에는 추종자들에게 무력에 의한 국가혁신의 방향을 제시했다. 해군의 젊은 장교와도 긴밀한 관계를 맺었다.

4. 불온

육군의 젊은 장교는 농촌 출신 병사와 접촉하면서 불황에 시달리는 농촌의 비참한 현실을 알게 되었다. 그런데 정치인과 재벌은 민중의 사정을 아랑곳하지 않고 부정부패를 일삼고 있다는 사실에 분개했다. 젊은 장교들은 무력에 의한 국가개조를 심각하게 고민했다. 그들은 우익과 손을 잡고 비상수단으로 난국을 타개하려고 했다. 1930년 육군의 중견 간부들이 사쿠라회桜会를 조직해 국가개조를 의논했다.

1930년 5월 100명이 넘는 중좌 이하 회원이 모였다. 그들은 일본인의 정신을 돌보지 않고 오로지 정권의 유지와 사리사욕에 몰두해 있는 위정자들을 성토했다. 위로는 천황의 눈을 가리고 아래로는 국민을 얕보는 자들을 비난했다. 그리고 정국의 부패가 정점에 달했다는 사실에 인식을 같이했다.

사쿠라회와 비슷한 성격을 지닌 단체로 천검당天劒黨이 있었다. 천검당은 1927년 7월 니시다 미쓰구西田稅를 중심으로 결성된 단체였다. 니시다는 육군사관학교 재학 중에 기타 잇키北一輝의 국가개조법안에 감명을 받았다. 1925년 니시다는 결국 군에서 물러나 국가혁신 운동에 전념했다. 니시다은 헌법을 정지하고, 의회를 해산하고, 전국에 계엄령을 펴고, 새로운 국가를 건설하려고 했다.

한편, 해군에서는 런던군축조약 조인을 둘러싸고 통수권간섭이라는 문제가 제기되었다. 군부의 급진파는 우익 사상가 기타 잇키가 저술한 『일본개조법안대강』을 금과옥조로 여기며 탐독했다. 특히 사쿠라회는 일거에 일본사회를 뒤집는 쿠데타를 꿈꾸고 있었다.

1931년에 들어서면서 국가의 혁신을 부르짖는 불온한 분위기가 더욱 짙게 조성되었다. 3월에 사쿠라회 간부, 육군성 군무국장, 참모본부 제1부장, 우익 성향의 민간인, 사회민주당 당원 등이 모여서 쿠데타를 모의했다. 그러나 그들의 쿠데타 계획은 미수에 그쳤다. 이 사건을 3월사건이라고 한다. 1931년 10월 사쿠라회 장교들과 우익 민간인들이 합심해서 만주사변에 호응하는 형태로 쿠데타를 결행하기로 모의했다. 그러나 이 사건도 사전에 정보가 유출되어 실패로 끝났다. 이것을 10월사건이라고 한다.

이노우에 닛쇼가 혈맹단을 조직했다. 테러를 감행해 국가개조의 실마리를 만들기 위해서였다. 1932년 2월 오쿠라대신을 역임한 이노우에 준노스케井上準之助, 3월에는 미쓰이 합명회사 이사장 단 다쿠마團琢磨가 암살되었다. 이노우에는 오노 쇼小沼正, 단 다쿠마는 히시누마 고로菱沼五郎에 의해 살해되었다. 이 두 사람은 국가주의 단체인 일본국민당 당원이었다. 그들은 일찍이 이노우체 닛쇼에게서 니치렌종日蓮宗 신앙과 국가혁신 사상을 배운 경험이 있었다. 오노와 히시누마가 체포되면서 혈맹단의 암살계획이 세상에 알려졌다. 혈맹단원 12명이 체포되었다. 우두머리 이노우에 닛쇼를 비롯한 3명은 무기징역, 나머지는 징역형에 처해졌다.

　혈맹단은 국가혁신이라는 목표를 달성하기 위해 한 사람이 한 명씩 죽인다는 계획을 세웠다. 혈맹단에는 농촌 청년, 초등학교 교사, 학생 등도 포함되어 있었다. 그들의 암살 예정자 명부에는 이노우에 준노스케와 단 다쿠마 이외에도 원로 사이온지 긴모치西園寺公望를 비롯한 정계 · 재계 인사 20여 명의 이름이 올라 있었다.

22. 작심

발톱을 드러낸 맹수

만주국 수립. 청조 최후의 황제였던 푸이溥儀가 집정에 취임했다.(1932년)

22. 작심

발톱을 드러낸 맹수

1. 도발

장쭤린張作霖이 사망한 후 만주를 지배하고 있던 장쉐량張學良은 1929년 국민정부의 장제스와 제휴했다. 그러자 중국에서는 일본에 빼앗긴 만주의 권익을 회복하려는 기운이 조성되었다. 한편, 일본이 노골적으로 중국을 침략하려는 야욕을 드러내자 영국·미국도 중국을 원조하기 시작했다. 중국은 영국·미국의 원조자금으로 만주에 철도를 부설하려고 했다. 일본의 만철(남만주철도주식회사)에 대항하기 위해서였다. 그러자 일중관계는 긴장감을 더했다.

1930년경부터 중국은 이른바 혁명외교라는 경직된 외교자세를 표방했다. 혁명외교란 과거 청국이 열강과 체결한 조약은 무효라고 선언하는 것이었다. 서구 열강은 중국의 태도를 달갑지 않게 생각했다. 이러한 정세를 주시하고 있던 일본의 관동군은 군사력을 앞세워 중국의 국권회복운동이 만주까지 파급되는 것을 저지하려고 했다. 그런데 일본은 "중국의 주권·독립 및 영토적·행정적 보존을 보장한다."는 9개국조약과 "자위 이외의 전쟁을 부인한다."는 부전조약을 체결한 국가였다. 관동군은 형식적으로 이 두 조약에 저촉되지 않으면서 무력으로 만주를 중국에서 분리해 지배하려는 계획을 세웠다.

장쉐량 정권이 일본에 대항하려는 뜻을 분명히 하자, 일본은 만주를 본격적으로 침략하려는 계획을 세웠다. 일본은 먼저 장쉐량 정권을 전복시키고, 그 다음에 친일정권을 수립하고, 최종적으로 만주를 직접 지배한다는 3단계 계획을 세웠다. 그 계획은 참모본부 제2부장의 지휘로 시행되었다.

8월 2일과 4일는 임시 군사령관 회의와 사단장 회의가 개최되었다. 일본이 곧 만주에 군대를 파견한다는 소문이 퍼졌다. 관동군은 일본군 수뇌부 및 조선군 일부 장교와 긴밀하게 연락했다. 그들은 일거에 만주를 일본의 세력 아래 넣어서 국내 모순을 해결하려고 했다. 모든 계획은 관동군 참모 이시하라 간지石原莞爾를 중심으로 추진되었다. 이시하라는 중국이 먼저 도발하는 모양을 만들면 부전조약을 피해 갈 수 있고, 또 만주 민족이 자율적으로 국가를 건설하는 형식을 취하면 9개국조약을 위반했다는 비판도 피해 갈 수 있을 것이라고 생각했다.

1931년 9월 18일 밤 10시 20분경 관동군 독립수비보병 제2대대 제3중대 소속 장교가 펑톈奉天 북방의 류탸오후柳條湖에서 남만주 철도를 폭파했다. 일본은 이 사건을 중국군의 소행이라고 선전하면서 전쟁의 실마리를 만들었다.

만주 침략을 구상한 것은 관동군 작전참모 이시하라 간지 중좌였지만 실질적으로 침략군을 지휘했던 인물은 관동군 고급참모 이타가키 세이시로板垣征四郎 대좌였다. 이타가키는 평소에 이시하라의 구상을 높게 평가하고 있었다. 그래서 작전에 관한 일은 이시하라에게 일임하는 태도를 취했다.

이타가키·이시하라를 비롯한 관동군 참모들은 혼조 시게루本庄繁 사령관에게 펑텐에 있는 장쉐량의 진영을 습격하자고 압박했다. 그들은 사태가 지연되는 것이 두려웠다. 1928년 장쭤린 폭살 사건 때와 같이 정부와 군 수뇌부의 견제로 계획이 용두사미로 끝날 수도 있다고 생각했다.

관동군사령관으로 막 부임한 혼조는 9월 18일 요양遼陽의 제2사단 사령부를 시찰하고 밤 10시경에 뤼순의 군사령부에 도착했다. 그 무렵 관동군 독립수비보병 제2대대는 대포로 펑텐 성내에 있는 중국군 진지에 맹렬한 포격을 가했다. 장쉐량은 중국군의 철퇴를 명했다. 그러자 일본군 독립수비보병이 펑텐 성을 점령했다.

모든 것이 이타가키·이시하라의 음모라는 사실을 몰랐던 혼조 사령관은 당황했다. 이타가키·이시하라는 관동군이 출동해야 한다고 주장하며 혼조 사령관을 설득했다. 9월 19일 새벽 0시 28분 "전투가 확대되고 있는 중"이라는 전보가 전달되었다. 전보를 본 혼조 사령관은 이윽고 일본군에게 공격 명령을 내렸다.

일본군은 일제히 작전을 전개해 19일 오전 중에 펑텐 인근 지역을 점령했다. 조선군이 진입하는 길목을 확보해 두기 위해서였다. 이시하라는 처음부터 조선군의 응원을 전제로 계획을 수립했고, 조선군 사령부도 이미 이타가키·이시하라와 뜻을 같이 하기로 약속되어 있었다.

일본의 참모본부는 긴급회의를 열었다. 고이소 구니아키小磯国昭 군무국장을 비롯한 육군 수뇌부는 관동군의 행위가 지당하다고 말했다. 그리고 병력을 파병할 필요가 있다는 데 의견의 일치를 보았다. 하야시 센주로林銑十郎 조선군사령관도 이미 출동 준비를 완료한 상태였다. 미나미 지로南次郎 육군대신은 각료회의에서 관동군이 자위권을 행사한 것이라고 보고했다. 9월 21일 오후 조선군 보병 제39여단이 압록강을 건너서 관동군사령관의 지휘 아래 들어갔다. 일본군은 순식간에 만주의 요충지를 점령했다.

2. 사변

1931년 9월 22일 만주 일대를 점령한 일본군은 간부회의를 개최해서 만주 문제를 해결하기 위한 "만몽문제해결책안"을 제시했다. 그 내용에는 "일본의 지지를 배경으로 동북 4성省 및 몽고를 영역으로 하고, 선통제宣統帝를 우두머리로 하는 정권을 수립해 만주·몽고 여러 민족의 안락한 영토로 한다."는 방침이 명확하게 제시되었다. 이러한 방침에 따라 관동군은 만주에 새로운 정권을 수립하기 위한 공작을 개시했다.

사태가 급박하게 돌아가자, 1931년 9월 21일 중국은 일본이 만주를 불법으로 침략했다고 국제연맹에 제소했다. 일본은 영국·프랑스·독일·이탈리아와 함께 국제연맹의 상임이사국이었다. 그때까지 국제연맹은 이 사건을 대수롭지 않게 생각했다. 당시 영국은 금본위제에서 이탈하지 않을 수 없을 만큼 경제적으로 어려움을 겪고 있었다. 국제연맹에 가입하지는 않았지만 강력한 영향력을 행사하던 미국도 일본 관동군의 위험성을 제대로 인식하지 못하고 있었다. 국제사회는 와카쓰키 내각의 힘을 과대평가했다.

와카쓰키 내각은 나름대로 관동군을 통제하려고 노력했다. 이미 만주 철도 연변을 점령한 관동군은 이어서 하얼빈을 점령하는 계획을 추진했다. 그러나 일본군 수뇌부는 소련과의 충돌을 우려해 관동군이 하얼빈으로 진출하는 것을 허락하지 않았다. 9월 24일 일본은 만주사변이 확대되지 않도록 노력할 것이며, 만주에서 어떤 영토적 욕망을 갖고 있지 않다는 취지의 성명을 발표했다. 일본은 군대를 처음 주둔했던 장소로 철수시킬 것이라고 거듭 강조했다.

9월 30일에 개최된 국제연맹 이사회는 일본군은 철도부속지 내로 철수해야 한다는 결의안을 채택하고 폐회했다. 일본정부는 물론 육군대신·참모총장도 결의안을 지지했다. 하지만 관동군은 전혀 다른 뜻을 품고 있었다. 만주국 수립 공작을 은밀히 추진했다. 일본군 수뇌부의 고급 장교들 중에도 관동군의 행동에 동조하는 세력이 있었다. 관동군은 만주·몽고를 독립국으로 하고, 그것을 일본의 보호국으로 한다는 방침을 확정하고, 그 방침을 실행에 옮기는 방안을 강구했다.

관동군 사령부는 독자적인 행동을 취하기 시작했다. 10월 3일 장쉐량을 응징할 것이라는 성명을 발표했다. 또 관동군은 새로운 정권수립 운동에 관여하지는 않겠지만 만주·몽고 민족이 같이 번영하는 영토가 하루빨리 실현되기를 충심으로 바란다는 취지의 성명을 냈다.

10월 8일 관동군은 비행기를 동원해 진저우錦州를 폭격했다. 장쉐량이 진저우에서 병력을 결집시키고 있다는 정보를 입수했기 때문이다. 진저우 폭격은 관동군이 만주를 군사적으로 제압하겠다는 선언이었다. 진저우 폭격은 중국군에 심각한 타격을 입혔을 뿐만 아니라 관동군의 의지가 얼마나 확고한 지를 일본정부에 보여 준 사건이기도 했다.

관동군은 북만주 일대로 진출하는 계획을 추진했다. 하지만 참모본부는 소련과의 마찰을 우려했다. 일본군이 북만주로 진출하는 것을 허용하지 않았다. 그러자 관동군은 헤이룽쟝 성의 철도를 수리한다는 구실로 군사행동을 개시했다.

1932년 1월 1일 관동군은 헤이룽쟝 성이 중국에서 독립한다고 선언하게 했다. 만주를 중국에서 독립시키기 위한 실마리를 만든 관동군은 1월 3일에 진저우를 점령했다. 관동군은 만주 전역을 사실상 일본의 지배 아래에 두는 데 성공했다. 2월 16일 만주의 유력자들이 모여서 건국회의를 열었다. 이 회의에서 동북행정위원회가 조직되고, 만주·몽고 지역에 새로운 국가가 성립되었다고 선언했다. 독립선언의 배후에는 관동군이 있었다.

3. 기만

1931년 12월 11일 관동군을 통제하는 데 실패한 와카쓰키 내각이 총사직했다. 그 뒤를 이어서 입헌정우회 총재 이누카이 쓰요시犬養毅가 총리대신이 되어 내각을 조직했다. 이누카이 내각은 군부에 동조하면서도 군부의 급격한 행동만은 저지하려고 했다.

이누카이 총리대신은 중국과 관계가 깊은 인물이었다. 실제로 중국의 국민정부 내에 친분이 있는 인물이 있었다. 12월 20일경 이누카이 총리대신은 특사를 중국 난징에 파견했다. 일본 특사는 국민정부 수뇌부와 접촉해 중국의 주권을 인정하고 만주에 자치정권을 수립하는 협상안을 마련했다. 그러나 만주·몽고를 완전히 장악하고 직접 지배하려고 했던 관동군과 그 동조자들은 이누카이 총리대신의 정치적 협상을 방해했다. 군부는 정당·재벌의 부패를 비판하면서 국민을 선동했다. 이누카이 내각도 관동군을 효율적으로 통제할 수 있는 힘이 없었다.

만주사변이 일어났을 때 국제연맹은 일본의 사태 불확대 방침을 믿었다. 그러나 관동군은 계속적으로 침략을 감행했다. 1932년 1월에는 만주 전역을 점령했다. 그러자 국제사회는 일본을 불신하기 시작했다.

국제연맹의 분위기는 순식간에 경직되었다. 중국인의 반일운동도 격화되었다. 중국인은 항일구국회를 결성해 일본상품 배척운동을 전개했다.

관동군은 국제연맹의 결의와 중국의 경고를 무시했다. 1932년 3월 1일 일본은 만주국 정부의 이름으로 건국을 선언했다. 관동군은 청조의 마지막 황제 푸이溥儀를 중국에서 탈출시켜 집정執政으로 앉혔다. 일본은 푸이를 꼭두각시로 내세우고 사실상 만주를 지배했다. 군사·외교는 물론이고 내정의 실권도 관동군과 일본인 관리가 장악했다. 관동군의 모략으로 인구 3,400만 명의 괴뢰국가 만주국이 탄생했던 것이다.

국제연맹은 만주의 실태를 조사하기 위해 영국의 리튼Lytton을 단장으로 하는 조사단을 파견했다. 조사단은 1932년 4월부터 6월까지 만주를 방문해 조사를 실시했다. 1932년 10월 국제연맹은 만주에 관한 조사보고서를 공표했다. 1931년 9월 18일의 류탸오후 철로 폭파사건에 대해 "일본군의 군사행동은 정당한 자위수단이라고 인정할 수 없다."고 단언했다.

일본은 국제연맹이 보고서를 공표하기 직전인 1932년 9월 15일 일만의정서를 체결해 만주국을 정식으로 승인했다. 일만의정서는 일본과 만주국 사이에 체결한 기본조약이었다. 일본은 괴뢰국가 만주국을 전폭적으로 원조한다는 방침을 내외에 천명하기 위해 조약을 체결하는 형식을 취했던 것이다. 국제연맹은 일본의 행동을 비난했다. 일본과 국제연맹의 대립은 피할 수 없는 상황이었다.

일본은 국제연맹 이사회 및 임시총회 수석에 정우회 소속 국회의원 마쓰오카 요스케松岡洋右를 임명했다. 11월 21일에 개최된 이사회에서 리튼 보고서의 심의가 있었다. 12월 15일 19인위원회는 미국·소련이 참가하는 조정위원회를 설치하기로 했다. 그러나 일본은 국제연맹의 결정을 무시하고 군사행동을 계속해 점령 지역을 넓혔다. 그러자 국제연맹의 태도가 경직되었다. 1933년 2월 14일 국제연맹은 만주에 대한 중국의 주권을 승인하고, 일본군은 철도부속지로 철수하라고 권고했다. 2월 21일 권고안을 심의하기 위한 국제연맹 임시총회가 개최되었다. 2월 24일 일본군의 철수를 요구하는 권고안이 42대 1로 가결되었다. 반대 1표는 물론 일본이 던진 표였다.

권고안이 가결되자 마쓰오카 일본대표는 일본대표단을 이끌고 총회에서 퇴장했다. 일본은 결국 국제연맹에서 탈퇴했다. 일본이 상임이사국의 지위를 버리지 못할 것이라고 생각했던 국제연맹 회원국은 큰 충격을 받았다.

1934년 7월 오카다 게이스케岡田啓介가 총리대신이 되어 내각을 구성했다. 오카다 내각은 소장파 장교들을 중심으로 형성되고 있던 국가개조운동을 억압하려고 했다. 외무대신으로 취임한 히로타 고키広田弘毅는 중국의 화북 지방에 대한 일본의 경제적 진출을 가장 중요한 과제로 삼고 그 이외는 중국과 협조한다는 방침을 정했다.

히로타 외무대신의 협조외교는 일본이 만주국을 손에 넣기 위한 방편이었다. 히로타 외무대신은 일본이 만주를 사실상 지배하기 위해서는 중국과 협력하는 모양을 취하는 것이 유리하다고 판단했던 것이다. 실제로 협조외교는 일본이 한국인의 항일운동을 탄압하는 데 큰 도움이 되었다.

히로타 외무대신은 국민정부가 공산당 세력이 확산되는 것을 경계하고 있다는 것을 알았다. 국민정부에 공산당을 함께 몰아내자고 제안했다. 국민정부는 우선 공산당과 대결하기로 하고 중만우정협정을 체결하는 등 일본에 우호적인 태도를 취했다. 국민정부가 만주국과 협정을 체결하면서 일본의 만주국 지배는 안정되었다. 일본군은 충분한 시간을 갖고 중국 침략을 준비할 수 있었다.

23. 혈안

전쟁 전야

도쿄 거리를 행군하는 2·26사건 반란군(1936. 2. 28)

23. 혈안

전쟁 전야

1. 광란

1) 테러

이누카이 쓰요시犬養毅 내각은 만주사변이 일어나면서 군수 인플레 정책을 취했다. 이 정책으로 일본은 일시적으로 호황을 누렸다. 그러자 힘을 얻은 국가주의 단체는 대륙침략과 군수 인플레정책을 더욱 강력하게 추진할 것을 정부에 요구했다. 그러나 정계·재계의 지도자들은 군수 인플레정책에 기꺼이 동조하지 않았다. 그러자 국가주의 단체들이 정계·재계의 지도자들을 공격했다. 가장 대표적인 사건이 혈맹단 사건이었다. 국가주의 단체의 과격한 행동에 갈채를 보내는 일본인들이 많았다.

혈맹단 사건이 일어난 지 3개월이 지난 1932년 5월 15일 해군의 젊은 장교와 민간 우익 세력이 총리대신 관저를 습격해 이누카이 총리대신을 사살하는 사건이 일어났다. 범인들이 침입했을 때 이누카이는 식당에 있었다. 범인은 이누카이를 권총으로 쏘았으나 총알이 발사되지 않았다. 이누카이는 태연하게 범인들에게 말을 걸면서 응접실로 자리를 옮겼다. 이누카이는 그곳에서 범인들과 대화를 하려고 했으나 범인들 중의 한 사람이 끝내 이누카이를 권총으로 사살했다.

5·15사건을 주도한 해군 장교들은 부패한 지배층을 타도해 국민의 각성을 촉구하려고 했다. 이 사건은 군부가 독재로 치닫는 계기가 되었다. 이 사건 또한 앞서 발생한 3월사건, 만주사변, 10월사건 때와 같이 범행의 동기가 순수하고 애국심에서 일어난 사건이라는 점이 강조되었다.

사법부도 피고들을 관대하게 처분했다. 범행을 주도한 수괴는 금고 15년, 범행에 가담한 다른 사관후보생들은 금고 4년에 처해졌다. 일본인들은 피고들에게 더욱 동정적이었다. 피고들을 칭송해 감형을 이끌어 내자는 운동이 전국적으로 전개되었다. 피고들은 의사로 받아들여졌다. 전국에서 피고들을 격려하는 편지와 선물이 쇄도했다. 피고와 결혼하겠다고 나서는 여성도 많았다. 일본이 무엇에 홀린 것 같은 분위기였다.

5·15사건으로 이누카이 내각이 붕괴되었다. 군부는 정당 내각의 존속을 강력하게 반대했다. 원로 사이온지는 차기 총리대신으로 사이토 마코토斎藤実를 추천했다. 사이토는 군부관료, 정당, 귀족원 등 각계에서 관료를 선발해 이른바 거국일치 내각을 조직했다. 내무대신과 재정대신에는 민정당·정우회 양당의 장로가 취임했다. 그러나 육군대신에는 젊은 장교와 극우파에게 인기가 있는 아라키 사다오荒木貞夫가 유임되었다.

거국일치 내각의 조직으로 8년 동안 계속되던 정당 내각이 종언을 고했다. 군부와 우익의 발언권이 강화되었다. 정부는 농촌을 재건하기 위한 정책을 추진했다. 재벌은 사회사업에 기여하면서 우익들의 눈치를 살피지 않으면 안 되었다. 1932년 7월에는 사회민중당과 전국노농대중당이 통합해 사회대중당을 결성했다. 사회대중당은 군부에 적극 협조했다.

2) 우경화

1933년 이후 우익 세력에 유리한 분위기가 조성되면서 공산주의자들의 전향이 속출했다. 우익 세력이 결집해서 자유주의·민족주의·개인주의를 비난하기 시작했다. 1933년에 다키가와 사건이 일어났다. 1933년 4월 하토야마 이치로鳩山一郎 문부대신은 교토대학 총장에게 같은 대학 법학부 교수 다키가와 유키토키滝川幸辰의 파면을 요구했다. 다키가와의 저서와 강연 내용이 마르크스주의 학설에 입각한 것으로 일본의 전통적인 도덕에 위배된다는 것이 이유였다. 다키가와 교수는 1933년 5월에 학교를 떠났다. 다키가와 사건으로 대학의 자치가 붕괴되었다.

국수주의가 기승을 부리는 1930년대에 들어서면서 공산당에 대한 일본인의 반감이 고조되었다. 정부도「치안유지법」을 앞세워 공산당을 노골적으로 탄압했다. 간부들이 잇달아 검거되면서 일본공산당은 괴멸에 가까운 타격을 입었다. 경찰에 체포되어 장기간 가혹한 조사를 받은 공산당원 중에는 공산주의 이론을 비판하면서 전향하는 사람이 줄을 이었다. 1933년 6월 형무소에 수감되어 있던 일본공산당 중앙위원장 사노 마나부佐野学가 전향한다고 선언했다. 이어서 일본공산당 간부들이 잇달아 전향 의사를 밝혔다. 1933년 7월까지 50일 간 548명의 공산당원이 전향했다. 일단 전향한 공산당원들은 우익의 혁신론에 동조하고, 군국주의를 찬양하고, 대륙침략에 협조했다.

전향하지 않은 공산주의자 앞에는 정부의 탄압과 우익세력의 폭력이 기다리고 있었다. 1934년에는 『일본자본주의발달사강좌』 간행의 중심인물 노로 에이타로野呂栄太郎가 경찰에 체포되어 살해되었다. 노로는 마르크스주의 경제학을 연구하면서 소위 강좌파 이론을 주도한 학자였다. 일본공산당 당원이기도 했던 그는 1932년부터 지하활동을 하면서 공산당 중앙부의 재건을 위해 노력하던 중이었다.

1935년에는 미노베 다쓰키치의 천황기관설이 다시 문제가 되었다. 군부와 국가주의 단체가 천황기관설이 국가체제에 위반되는 학설이라고 미노베를 공격하기 시작했다. 1935년 2월 귀족원 의원 기쿠치 다케오菊池武夫는 국회에서 천황기관설이 국체에 반하는 것이라고 규탄했다. 정우회 의원들이 기쿠치의 발언을 적극 지지했다. 육군의 급진파, 정우회 국회의원, 민간 우익단체, 재향군인회 등은 천황기관설 배격운동을 전국으로 확산시켰다. 천황기관설을 따르는 헌법학자를 불경죄로 고발하기도 했다. 시류에 편승한 우익 국회의원들은 미노베의 학설을 단속하라고 외쳤다. 천황기관설을 공격하는 분위기가 고조되자 정부는 미노베의 저서를 발매금지하고 "통치권의 주체는 천황에게 있다."는 성명을 발표했다. 중의원과 귀족원에서도 통치권의 주체는 천황 개인에게 있다는 결의를 만장일치로 채택했다. 정당이 입헌정치의 근본을 부정하는 결의안을 채택한 것이다. 당시 귀족원 의원이던 미노베는 의원직을 사임했다.

1937년에는 야나이하라 타다오矢内原忠雄 사건이 일어났다. 도쿄대학 교수 야나이하라는 일본의 식민정책을 실증적으로 연구하면서 식민정책 강좌를 담당했다. 그는 1937년에 군부의 전쟁 정책을 비판한 논문을 『중앙공론』에 게재했다. 그러자 도쿄대학 경제학부 내 국가주의 성향 교수들이 야나이하라의 사상이 의심스럽다며 사직할 것을 강요했다. 문부성도 총장에게 야나이하라 교수를 추방하라는 압력을 가했다. 야나이하라는 사직했다.

2. 파벌

1931년 이후 3월사건, 10월사건, 만주사변 등을 거치면서 군부의 발언권이 상상 이상으로 강화되었다. 군부의 목소리가 커지면서 육군 내부에서는 황도파皇道派와 통제파統制派가 주도권을 둘러싸고 치열한 암투를 벌였다.

황도파는 원래는 조슈長州 출신이 육군을 지배하는 현실에 대항하기 위해 조슈 출신이 아닌 우에하라 유사쿠上原勇作를 중심으로 형성된 파벌이었다. 우에하라는 교육총감, 참모총장, 육군대신 등의 요직을 두루 거친 인물이었다. 황도파 인맥은 후에 전국의 젊은 장교를 거느린 파벌로 성장했다. 육군대신을 지낸 아라키 사다오와 교육총감 마사키 진자부로眞崎甚三郎가 중심인물이었다. 특히 다변한 정신주의자 아라키는 제국헌법의 입헌적 해석에 반대하고 천황은 신격화된 대원수라고 공공연히 주장했다. 아라키를 추종하는 장교들은 황도라는 말을 입에 달고 다녔다. 그래서 그들이 황도파라고 일컬어졌다.

그러자 황도파에 반대하는 그룹이 형성되었다. 1934년에 성립된 오카다 내각에서 육군대신을 지낸 하야시 센주로林銑十郎를 비롯한 장교들이 황도파의 월권을 저지하려고 했다. 그래서 황도파를 견제하는 세력이라는 의미에서 통제파라고 일컬어졌다. 통제파는 육군성과 참모본부의 젊은 장교를 중심으로 인맥을 형성했고, 국가총동원계획의 실현을 가장 중요한 목표로 삼았다. 이 파벌에 속한 유명한 인물로는 나가타 데쓰잔永田鉄山, 와타나베 조타로渡辺錠太郎, 도조 히데키東条英機 등이었다.

황도파와 통제파는 정치개혁의 내용과 군부의 역할을 둘러싸고 첨예하게 대립했다. 황도파 아라키 사다오가 육군대신에 취임하자, 최대 파벌 전임 육군대신 우가키 가즈시게 일파를 요직에서 추방하고 자신을 추종하는 무리를 요직에 발탁하면서 파벌을 형성했다. 아라키를 비롯한 황도파는 "천황의 친정"과 "상무정신을 숭앙하는 일본"을 외치며 정치개혁을 주장했다. 천황기관설 배격의 선봉에 서기도 했다. 그러나 그들의 정신주의는 현실과 동떨어진 관념에 치우쳐 있었다. 하지만 황도파의 정신주의는 쿠데타를 통한 국가개조를 꿈꾸던 젊은 장교들이 지지하고 있었다.

그러나 아라키의 정실에 치우친 인사에 불만을 품는 장교들이 늘어났다. 통제파가 세력을 확대했다. 10월사건 이후 사쿠라회桜会 회원이던 참모본부·육군성의 중견 간부들이 주축이 되었다. 통제파는 합법적인 방법으로 패권을 수립하려고 했다. 통제파는 계획적으로 정계와 재계에 접근했다. 육군의 세력을 배경으로 정치적 발언권을 강화하고 나아가 고도의 국방국가를 목표로 하는 혁신정책을 실현하려고 했다. 통제파는 황도파 젊은 장교들의 쿠데타 계획을 군의 질서를 어지럽히는 행위라고 공격했다.

1934년 황도파 아라키 사다오의 뒤를 이어 하야시 센주로가 육군 대신에 취임하면서 통제파가 우세를 점했다. 하야시는 관계와 정계의 두터운 신임을 얻고 있었다. 하야시는 나가타 데쓰잔을 군무국장으로 등용해 군을 통제했다. 하야시의 목적은 군을 본연의 임무에 충실하도록 하는 데 있었다. 황도파를 탄압하는 한편, 젊은 장교들의 과격한 행동을 저지했다. 그 과정에서 1934년 11월 황도파 젊은 장교와 사관후보생이 쿠데타를 모의했다는 죄목으로 체포되는 사건이 일어났다. 소위 사관학교사건으로 체포된 자들은 군법회의에 회부되었으나 모두 증거불충분으로 불기소 처분되었다. 하지만 장교는 6개월 정직, 사관후보생은 강제 퇴교되었다. 황도파는 「숙군에 관한 의견서」를 발표해 사관학교 사건이 통제파의 음모라고 주장했다.

황도파는 천황기관설 문제를 부각시켜 군부를 선동하려고 했다. 1935년 4월 황도파 마사키 교육총감이 천황기관설을 배격하는 내용의 훈시를 전군에 전달했다. 하야시 육군대신과 나가타 군무국장은 8월의 육군 정기인사에서 황도파를 일소하려고 했다. 통제파 마사키 교육총감이 크게 반발했다. 그러자 7월 16일 나가타 군무국장은 마사키 교육총감을 전격적으로 경질했다.

황도파와 통제파의 대립은 마사키 교육총감을 경질하면서 격화되었다. 황도파 젊은 장교들은 통제파를 비난하는 괴문서를 만들어 배포했다. 육군 내부의 파벌다툼은 이전투구 양상을 보였다. 8월 12일 검도의 달인이며 황도파에 심취해 있던 아이자와 사부로相沢三郎 중좌가 타이완으로 부임하던 중 육군성에 들러 나가타 군무국장을 도검으로 살해했다.

1935년 9월 5일 아이자와 사건으로 하야시 육군대신이 사직했다. 다음 해 1월부터 시작된 아이자와 중좌 공판을 둘러싸고 황도파와 통제파의 대립은 정점에 달했다. 아이자와 사건은 2·26사건의 실마리가 되었다.

3. 살기

통제파의 탄압으로 수세에 몰린 황도파 젊은 장교들은 쿠데타로 군부 내각을 수립하려는 뜻을 품게 되었다. 때마침 제1사단을 만주로 파병한다는 발표가 있었다. 그러자 황도파 젊은 장교들이 반란을 일으켰다. 1936년 2월 26일 새벽 제1사단 제1연대와 제3연대를 주력으로 하고 근위사단 일부를 포함하는 약 1,500명의 반란군이 도쿄 시내의 일부 지역을 점령했다.

반란군은 총리대신 관저, 육군성, 경시청 등을 점거하고, 재정대신 사저, 내대신 사저, 시종장관 관저, 교육총감 사저를 습격했다. 그 과정에서 오카다 게이스케岡田啓介 총리대신은 기적적으로 난을 피할 수 있었으나 재정대신 다카하시 고레키요高橋是清 · 내대신 사이토 마코토斎藤実 · 교육총감 와타나베 조타로渡辺錠太郎는 살해되었다. 시종장 스즈키 간타로鈴木貫太郎, 내대신을 역임한 마키노 노부아키牧野信顕 등은 중상을 입었다. 반란군은 소화유신昭和維新을 외치며 육군 상층부에 국가개조의 단행을 요구했다.

반란이 일어나자 육군은 우왕좌왕했다. 내각이 사실상 기능을 하지 못하는 상황이었기 때문에 육군대신이 앞장서서 사태를 수습할 책임이 있었다. 그러나 육군대신은 아무런 조치도 취하지 않았다. 당일 오전 9시 반란군의 궐기문을 천황 앞에서 낭독한 것이 전부였다. 쇼와 천황은 노발대발했다. 반란군을 진압하라고 직접 명령했다. 2월 26일부터 27일에 걸쳐서 수시로 시종무관장을 불러 진압을 재촉했다.

천황이 직접 반란을 진압하라고 지시하자 상황은 급변했다. 2월 29일 도쿄 주변 부대에 동원령을 내렸다. 봉기한 부대를 처음으로 반란군이라고 규정했다. 육군은 반란군을 토벌할 준비를 하면서 반란군에게 항복을 권유해서 진압했다. 반란을 주도한 일부 장교는 현장에서 자살했고 나머지 장교는 체포되었다. 하사관 이하 병사는 귀순했다. 반란을 주도한 장교와 민간인 기타 잇키·니시다 미쓰구는 군법회의에 회부되었다. 범인들은 다음 해에 사형에 처해졌다.

이 사건으로 황도파가 일시에 몰락했다. 하지만 2·26사건을 일으킨 주동자의 행동에 동조한 육군 장교들은 처벌되지 않았다. 육군은 여전히 오만했다. 1936년 3월 5일 히로타 고키가 총리대신에 내정되어 조각에 착수하자 군국주의에 편승한 세력이 활개를 치기 시작했다. 히로타 총리대신은 육군대신에 데라우치 히사이치寺內壽一 대장을 내정했다. 육군성은 재빨리 히로타 총리대신의 조각 방침과 입각 내정자 명단을 입수했다. 3월 6일 아침 육군성에서 데라우치 대장을 중심으로 수뇌회의를 열어 육군이 취해야 할 태도에 대해 협의했다. 그리고 다음과 같은 결론을 내렸다. "히로타 총리대신의 시국 인식은 군부와 상당히 차이가 난다. 도저히 동조할 수 없으므로 데라우치 대장의 입각은 받아들일 수 없다."

데라우치 대장은 하야시 센주로를 비롯한 전직 육군대신을 차례로 방문해 의견을 구한 후 3월 6일 오후 군부의 뜻을 전하고 입각을 사퇴했다. 데라우치 대장은 입각 예정자 중에서 군부가 자유주의자로 분류한 인물, 천황주권설을 신봉하지 않는다고 판단한 인물을 일일이 실명으로 거론하면서 그들의 입각에 반대했다. 히로타 총리대신은 군부의 압력에 굴복하고 말았다. 조각 작업은 원점에서 다시 시작되었다. 결국 히로타 총리대신은 육군의 요구를 모두 수용했다.

히로타 내각이 성립되면서 군부 독재체제가 확립되었다. 군부의 정치적 발언권이 강화되었다. 오래 전에 폐지되었던 군부대신 현역무관제가 부활되었다. 이것은 현역 중장·대장을 육군·해군대신에 임명하는 제도였다. 1913년에 현역 규정이 삭제되었는데 2·26사건 후에 부활되었던 것이다. 히로타 내각은 정강에 준전시체제 확립을 목표로 하는 광의국방국가廣義國防國家 건설을 내세워서 방대한 군사예산을 편성했다. 육군은 서정일신을 요구하며 정치에 깊숙이 관여했다.

중국 난징을 점령하고 만세를 부르는 일본군
(1937. 12.13)

24. 공세

거침없는 중국침략

24. 공세

거침없는 중국 침략

1. 정황

1933년 4월 10일 일본의 관동군은 중국의 만리장성을 넘어 화북 지방 침략을 개시했다. 5월 7일에는 참모본부도 관동군의 침략을 승인했다. 5월 21일 일본군은 퉁저우通州를 점령하고 북경을 압박했다. 다음날 중국군이 북경에서 물러나고 5월 25일부터 일본과 중국은 정전을 위한 교섭에 들어갔다. 5월 31일 탕구塘沽 정전협정이 성립되었다. 이 협정은 만리장성 이남에 비무장지대를 설정하고 중국군과 일본군이 동시에 철군하기로 하는 것이었다. 일본은 만주국 성립을 기정사실화하고 중국을 본격적으로 침략할 수 있는 길을 연 것이다.

7월 3일 일본과 중국은 다롄大連에서 회담을 열었다. 이 회담에서 비무장지대 처리 문제, 만주와 중국 간의 철도개설 문제 등이 논의되었다. 11월 7일에는 베이징에서 회담을 열어 비무장지대를 중국이 관리하기로 합의했다. 일본군의 화북 지방 침략이 잠시 정지되었다. 하지만 일본군 내부에서 화북 지방을 침략해야 한다는 분위기가 식을 줄 몰랐다.

일본군은 군사력을 배경으로 중국을 압박하고 중국인을 탄압했다. 일본은 중국의 국민정부와는 다른 괴뢰정부를 화북 지방에 세우겠다는 뜻을 분명히 했다. 중국 분할계획을 착착 추진한 일본은 국민정부가 영향력을 확대하는 것에 노골적으로 반대했다. 특히 화폐개혁이 추진되지 못하도록 방해했다. 11월 9일 일본 외무성은 중국의 화폐개혁에 반대한다는 성명을 발표했다. 일본군은 군사력을 행사해서라도 화폐개혁을 저지하겠다고 공언했다. 일본은 이미 군사력을 앞세워 중국을 본격적으로 침략할 준비를 끝마쳤다.

1935년 만주를 완전히 손에 넣은 일본은 중국 침략을 재개했다. 일본은 중국의 화북 지방을 본격적인 침략을 위한 전진기지로 삼으려고 했다. 같은 해 6월 일본의 관동군과 국민정부의 장제스가 협정을 맺었다. 협정은 화북 지방의 심장부 베이징과 텐진에서 국민당 군대를 철수시킬 것, 반일운동을 중국이 스스로 단속할 것, 차하르성察哈爾省의 일부를 비무장지대로 설정할 것 등을 내용으로 했다. 이미 마오쩌둥이 이끄는 중공군을 공격하기 시작한 장제스는 정권을 유지하기 위해서 일본에 굴욕적인 자세를 취했던 것이다.

한편, 일본은 1935년 11월 25일 만리장성 이남의 비무장지대에 지둥冀東 방공자치위원회를 성립시켰다. 이 조직은 일본군이 뒤에서 조종하는 괴뢰정권이었다. 일본은 친일파 인루경殷汝耕을 방공자치위원회 위원장으로 삼았다. 일본은 방공자치위원회를 앞세워 화북 지방을 사실상 직접 지배했다. 12월 18일에는 지둥 정무위원회를 출범시켰다.

1936년 1월 13일 일본은 「북중국처리요강」을 확정했다. 일본정부는 텐진 주둔군사령관에게 일본군이 직접 나서서 화북 지방 민중의 자치활동을 지원하라고 명령했다. 말이 자치활동을 지원하라는 것이지 사실은 화북 지방을 중국에서 분리해서 사실상 일본이 직접 지배할 수 있는 기반을 조성하라는 명령이었다.

한편, 소련은 제1차 5개년계획에 성공했다. 특히 중화학공업이 발달했다. 군비근대화 계획도 차질 없이 진행되었다. 일본은 소련의 남하에 대항하기 위해서 만주를 전진기지로 활용하는 계획을 수립했다. 특히 만주에 중화학공업과 항공기산업을 육성하는 방안이 처음으로 제시되었다. 1936년 6월 제3차로 개정된 「제국국방방침」에서 미국·소련·중국에 이어서 영국이 가상적국으로 설정되었다. 육군은 소련을 목표로 하고, 해군은 미국을 목표로 해서 군비를 정비하는 방침을 정했다. 그러기 위해서는 일본 국내의 중요한 산업을 육성하는 것이 급선무였다.

관동군의 전력은 소련의 극동군에 비해 열세였다. 육군 수뇌부는 관동군의 전력이 소련의 극동군에 대항할 수 있을 만큼 충실해질 때까지 중국과의 전쟁을 피하는 것이 상책이라고 생각했다. 일본은 관동군의 전력을 강화하기 위해 만주의 중화학공업을 육성하고 군사기지를 설치했다. 관동군의 전력 강화는 본격적인 중국 침략을 준비하는 작업이기도 했다.

2. 침략

1937년 6월 4일 고노에 후미마로近衛文麿가 총리대신에 임명되었다. 고노에는 귀족 출신 정치가였다. 천황 가문과도 친밀한 관계를 맺고 있었다. 그는 이전부터 만주사변은 어쩔 수 없는 선택이었다고 평가했다. 그래서 군부는 물론 정당·경제계·언론계도 고노에 내각에 거는 기대가 컸다.

1937년 7월 7일 베이징 교외의 노구교盧溝橋에서 야간연습을 하던 일본군 1개 중대와 중국군 제29군 소속 부대가 충돌했다. 그러자 일본의 육군대신은 일본 국내의 3개 사단과 조선에 주둔하는 1개 사단, 그리고 만주의 2개 여단을 화북에 파견할 것을 주장했다. 한편, 중국군 간부들은 전투가 확대되는 것을 막기 위해 부심했다. 중국은 "책임자를 처벌하고 반일단체를 단속하라."는 일본의 요구를 수락해 정전협정에 조인했다.

정전협정이 체결되던 7월 11일 고노에 총리대신을 비롯한 각료는 일본군 5개 사단을 중국으로 파견하자는 육군대신의 주장을 각의에서 결정했다. 고노에 총리대신은 일본이 출병을 결정하고 강경한 전의를 과시하면 중국이 반드시 굴복할 것이라고 믿었다. 즉시 조선과 만주에 주둔하는 군대에 출동명령이 내려졌다. 고노에 총리대신은 침략군 파병에 따른 '중대결의'에 관한 성명을 발표했다. 그리고 정계·재계·언론계의 대표들을 관저로 불러 일본정부의 입장을 설명하고 협력을 요청했다.

일본이 본격적으로 중국 침략을 준비하자, 7월 17일 장제스는 노산盧山에서 국가의 존속을 위해서 결사적으로 항전할 것을 다짐하는 비장한 성명을 발표했다. "만약 최후의 기로에 직면한다면 국가를 지키기 위해서 모든 국민의 생명을 걸 수밖에 없다. 또 다시 최후의 기로에 직면한다면 우리들은 끝까지 희생하고 끝까지 항전할 수밖에 없다." 장제스는 화북 지방의 군대를 보강했다.

7월 25일 조선에서 파견된 일본군 제20사단이 화북에 도착해서 중국군과 충돌했다. 7월 26일 일본 국내에 주둔하는 제5·제6·제10사단의 파병이 결정되었다. 7월 28일 전열을 가다듬은 일본군은 선전포고도 없이 총공격을 개시했다. 8월 4일에는 베이징과 텐진을 점령하고 이어서 상하이를 공격했다. 일본군은 순식간에 중국의 심장부를 장악했다.

일본군은 화력·조직력·전투력 모든 면에서 중국군을 압도했다. 8월 13일 해군대신 요나이 미쓰마사米内光政의 요청으로 제3·제11사단의 상하이 파병이 각의에서 결정되고, 9월 10일에는 제9·제13·제101사단이 추가되어 5개 사단이 상하이 전선에 투입되었다. 1937년 9월부터 중국 연안 해역은 일본 해군에 의해 봉쇄되었다. 화북 지방에서 침략을 개시한 일본군은 1937년 말까지 중국의 산시山西 성 북부, 산둥 성, 허베이 성을 비롯한 광대한 지역의 요충지와 철도망을 장악하는 데 성공했다. 일본군이 요충지를 계속 점령하는 상황에서도 일본정부는 전쟁의 확대를 원치 않는다는 말을 되풀이했다.

중국군은 처절하게 저항했다. 상하이 전투에 일본군 5개 사단이 투입되었어도 중국군의 방어망을 돌파하지 못했다. 11월까지 일본군의 전사자는 9,000여 명, 전상자는 3만여 명에 달했다. 당황한 일본은 11월 5일 제6·제18·제114사단으로 구성된 제10군단으로 하여금 캉저우 만杭州灣 상륙작전을 전개하도록 했다. 대대적인 공세로 일본군은 끝내 중국군의 방어망을 붕괴시켰다.

일본군은 퇴각하는 중국군을 추격해 12월 13일에 난징南京을 점령했다. 일본군은 난징에서 1주일 동안에 중국군 포로의 집단학살, 민간인 살육, 물자의 약탈을 감행했다. 그 과정에서 30여만 명의 중국인이 살해되었다. 일본군은 난징을 점령한 후 베이징에 중화민국임시정부라는 괴뢰정권을 세웠다. 그러나 장제스는 수도를 난징에서 충칭重慶으로 옮기면서 결사항전 의지를 다졌다.

일본은 전쟁을 확대해 일거에 중국을 항복시킬 속셈으로 의회에

25억 엔이 넘는 막대한 군사비 지출안을 제출했다. 정우회·민정당은 물론 무산정당인 사회대중당까지 일치단결해 군사비 지출을 승인했다. 1937년 9월 제72회 의회에서 군수공업동원법, 임시자금조정법, 임시조치법 등 3개 법안을 가결시켰다. 전시 통제경제의 기반이 마련된 것이다.

3. 단결

만주사변 이후 일본은 군사비의 팽창을 공채로 충당하는 군수인플레이션 정책을 추진했다. 중화학공업을 중심으로 하는 군수공업이 발전하고 만주에 자본이 투하되면서 경제가 활성화되었다. 정부의 군수공업 육성정책으로 일본의 재벌은 또 한 번 비약할 수 있는 기회를 얻었다. 재벌에 의한 군수공업 독점체제가 진전되었다.

일본정부는 정계·재계·군부·정당의 대표로 구성된 전쟁수행을 위한 자문기구를 설치했다. 산업과 경제를 국가의 직접통제 하에 두었다. 정부는 전쟁수행을 위해 국민들에게 사생활을 희생할 것을 강요했다. 총력전에 대비하기 위한 준비가 완료되었다. 1937년 9월 고노에 내각은 전 국민이 전쟁에 협력하도록 교화하는 국민정신총동원운동을 시작했다.

정부는 국민정신총동원중앙연맹을 결성했다. 회장에는 아리마 료키쓰有馬良橘 해군대장이 선출되었고, 이사에는 정계·관계·재계의 유력자 15명, 평의원 74명이 선출되었다. 정부는 민간단체에도 정신운동에 참여할 것을 요청했다. 10월 말에는 재향군인회, 각종 교화단체, 일본노동조합회의 등 74개 단체가 정신운동에 참가했다. 도쿄·

교토·오사카·홋카이도 그리고 전국 각 현에는 국민정신총동원지방실행위원회가 설립되고 지방관청이 협력하도록 했다. 지사가 실행위원회 회장에 취임했고, 위원에는 자치단체장, 지방의회 의원, 각종 단체대표, 신문·방송사 대표, 실업가, 종교가, 사회사업가 등 소위 지방의 유력자와 명망가가 총동원되었다. 초기에는 정신운동으로 시작된 국민정신총동원운동은 점차로 전쟁경제에 협력하는 운동으로 변질되었다.

일본은 중일전쟁이 발발하기 전부터 군부를 중심으로 총력전에 대비할 필요가 있다고 선전했다. 현대의 전쟁은 군대가 전쟁의 주역이던 옛날의 전쟁과는 달리 정치·경제·사회 모든 분야에서 국가가 총력을 기울여 전쟁을 수행하지 않으면 안 되는데, 특히 국민이 스스로 전쟁에 협력하려는 의지가 총력전의 승패를 결정하는 최대의 요인이라고 강조했다. 중일전쟁을 계획하고 있던 일본은 이미 총력전체제 구축에 착수했던 것이다.

1937년 10월 일본은 엘리트 관료들을 엄선해 기획원을 설립했다. 기획원은 국가총동원의 중추기관으로서 생산력의 확충, 수요의 조절, 공정한 배급, 국제수지의 균형을 꾀해 국력을 확충하는 데 기여하는 것을 임무로 하는 기관이었다. 1938년 2월 기획원은 국가총동원법안을 완성해 국회에 제출했다.

1938년 4월에 국가총동원법이 제정되었다. 정부는 자본·물자·노동력·금융·생산·물가 등 모든 인적·물적 자원을 전쟁수행을 위해 국가의 통제 하에 둘 수 있게 되었다. 또한 정부는 고도의 국방국가를 건설하기 위해서 의회의 동의 없이도 법령으로 인적자원을 포함한 모든 자원을 동원할 수 있는 권한을 행사할 수 있게 되었다.

일본의 지배층과 자본가들은 노동자도 전쟁체제에 편입시키려고 했다. 1938년 4월 대기업 대표, 귀족원 의원, 총동맹 산하 노동조합 대표가 모여서 경영자와 노동자가 합심해서 산업보국의 길로 나아가자고 결의했다. 3개월 후에는 산업보국연맹이 결성되었다. 내무성 경보국장과 사회대중당 간부들이 산업보국동맹 이사가 되었다. 1939년 4월까지 전국에 3,874개의 산업보국회가 결성되었다.

고노에 총리대신은 중일전쟁 중에는 국가총동원법을 발동하지 않겠다고 공약했다. 그러나 국가총동원법은 제정된 지 3개월 만에 발동되기 시작했다. 노동자의 통제, 군수용 원자재 수입에 대한 특혜, 민간 수요 섬유제품의 제조·판매 금지, 휘발유의 배급제 실시 등 모든 물자가 국가에 의해 통제되기 시작했다.

정부는 전쟁을 비판하는 언론과 사상을 탄압했다. 내무성은 국익을 해치는 일, 전쟁 반대, 군부 비판, 대외정책을 침략주의라고 의심하는 기사 등을 신문에 게재하지 못하도록 감시했다. 문부성은 교학국을 신설했다. 교학국은 학생들에게 천황주의와 군국주의를 주입시키고 전쟁에 반대하는 사상을 통제하는 일을 전담했다.

일본은 사상·언론과 함께 노동운동도 탄압했다. 정부의 탄압이 시작되자 노동운동 지도자들이 잇달아 전향해서 정부와 군부를 지지하고 나섰다. 1937년 10월 총동맹은 대회를 열어 자진해서 모든 산업분야에서 동맹파업을 하지 않겠다고 결의했다. 사회대중당도 합심해 정부를 지지하고 전쟁목적에 협력하겠다고 결의했다. 사회대중당 소속 국회의원들은 일본군을 위문하기 위해 중국전선을 방문하기도 했다.

4. 도탄

　일본은 중일전쟁이 단기간에 끝날 것이라고 확신했다. 난징만 점령하면 중국이 반드시 항복할 것이라고 낙관했다. 일본의 지도자들은 중국인을 멸시하고, 중국군의 전투 역량을 과소평가했다. 육군대신 스기야마 하지메杉山元는 천황에게 "중국은 2개월이면 항복할 것"이라고 보고했다.

　그러나 중국인의 항일태세는 견고했다. 1937년 8월 21일 중국의 국민정부는 소련과 중소불가침조약을 체결했다. 그리고 중국공산당군을 국민혁명군 제8로군으로 개편해 군사적으로도 협동하는 체제를 정비했다. 9월 23일 장제스는 중국공산당의 지위를 정식으로 승인했다. 광범위한 항일민족통일전선(제2차 국공합작)이 형성되었다.

　중국군의 항전 의지는 의연했다. 1938년 4월 중국군은 산둥 성에서 일본군 제10사단을 맹렬하게 공격해 일본군의 단기결전의 계획을 무산시켰다. 일본군은 궁지에 몰렸다. 4월부터 5월에 걸친 쉬저우徐州 작전에 소련군과 대치하는 병력을 투입하는 비상수단을 취하지 않을 수 없었다. 전쟁은 이미 장기화 조짐을 보이고 있었다.

　중국인의 항일투쟁이 점점 격렬해지자 고노에 내각은 소위 평화공작을 추진했다. 독일을 중재자로 내세워 중국의 항복을 받아내려는 공작이었다. 그러나 일본의 공작은 국민정부의 거부로 성공하지 못했다.

　그러자 일본은 중국을 협박하는 전술을 구사했다. 1938년 1월 16일 일본은 이른바 고노에 성명을 발표했다. 일본은 평화적인 해결을 모색하지 않을 것이며 또 국민정부를 상대하지도 않을 것이라고 선언했다. 괴뢰정부를 내세워 중국 문제를 해결한다는 방침을 세웠다. 1938년 3월 일본은 난징에 중화민국 유신정부라는 괴뢰정권을 세웠다. 일단 강경책을 쓰면서 일본은 중국인의 반응을 지켜보았다.

1938년 10월 일본군은 우한武漢과 광둥廣東을 공략했다. 전쟁은 중국 전역으로 확대되었다. 전선이 확대되면서 일본군은 전쟁의 수렁에 빠지고 말았다. 우한과 광둥의 작전에 각각 14개 사단과 3개 사단을 투입했으나 점령지역을 간신히 지킬 수 있었을 뿐 더 이상 진격할 여력이 없었다. 일본은 중국전선에 23개 사단 70만 병력을 투입했으나 중국의 지구전 전략에 말려든 일본군은 진퇴양난의 상황에 처해 있었다.

일본군은 점령지역에서 세금을 징수하고 노동력을 징발했다. 전쟁에 필요한 물자를 강제로 조달했다. 일본군의 행위는 중국인의 반발을 초래했다. 당황한 고노에 내각은 국민정부를 상대하지 않겠다는 방침을 수정했다. 1938년 11월과 12월 2회에 걸쳐서 일본·만주·중국의 제휴를 골자로 하는 동아신질서東亞新秩序의 건설과 선린우호·공동방위·경제제휴라는 소위 고노에 3원칙을 제안했다. 이것은 일본의 중국 점령을 전제로 해서 일본을 맹주로 하는 동아신질서를 건설하자는 것이었다.

한편, 참모본부는 국민정부 부주석 지위에 있는 왕자오밍汪兆銘을 이용해 중국인의 분열을 조장하는 공작을 추진했다. 왕자오밍이 고노에 성명에 호응하면서 신정권을 수립하도록 하는 것이었다. 일본은 왕자오밍에게 만주국 승인, 치외법권 철폐, 화북 지방 개발, 일본과 중국의 제휴, 영국·소련에 대한 공동전선 구축 등을 선언하게 할 계획이었다. 일본의 계획대로 왕자오밍은 1938년 12월 18일 중경을 탈출해 일본과 제휴해야 한다고 역설했다. 하지만 왕자오밍을 따르는 중국인 지도자는 없었다.

오히려 중국인은 국민정부의 장제스를 중심으로 더욱 굳게 단결했다. 장제스는 끝까지 투쟁할 것을 천명했다. 1939년 말 국민정부군이 동계공세를 폈다. 1940년 여름에는 화북 지방의 공산당군이 일본군에게 일제히 반격을 가했다. 전선은 교착상태에 빠졌다. 군사력으로 전쟁을 끝낼 수 있는 가망성은 점점 멀어졌다. 1939년 1월 중일전쟁을 수습할 수 있는 돌파구를 마련하지 못한 고노에 내각이 총사직했다.

일본의 침략을 정당화시키기 위해
세워진 팔굉일우 탑
미야자키宮崎 현

25. 위기

포위되는 섬나라

25. 위기

포위되는 섬나라

1. 고립

1) 국제정세

1930년 전후 유럽에서는 국제협력주의 파탄과 독재주의 대두라는 새로운 분위기가 조성되고 있었다. 사회주의 국가로서 성장을 거듭하던 소련이 국제연맹에 가맹했다. 이탈리아에서는 파시스트당의 무쏘리니가 정권을 장악했다. 1935년 무쏘리니는 에티오피아를 침략했다.

독일도 새로운 국면을 맞이했다. 1933년에 히틀러가 이끄는 나치스당이 독일 민족의 우월성을 부각시키면서 정권을 장악했다. 총통이 된 히틀러는 의회·정당·노동조합의 존재를 부정했다. 자본가의 전폭적인 지지를 배경으로 국제연맹을 탈퇴했다. 1935년에는 베르사유 조약의 파기 및 재무장 선언을 했다. 1936년 히틀러는 독일의 서남부 비무장지대에 군대를 진주시켜서 베르사유체제를 붕괴시켰다.

파쇼체제를 확립한 독일·이탈리아와 파시즘에 반대하는 국가들이 대립했다. 코민테른은 민주주의와 사회주의를 지키기 위해서 파시즘과 투쟁할 것이라고 선언했다. 파시즘에 저항하기 위한 인민전선이 구축되었다. 인민전선은 사회주의 정당·노동조합·지식인이 단결하는 형식으로 조직되었다. 1936년에는 스페인과 프랑스에서 인민전선 내각이 탄생했다. 같은 해에 일어난 스페인 내란에서 독일·이탈리아는 프랑코 총통이 이끄는 세력을 원조했고, 영국·프랑스·소련은 스페인 인민전선 내각을 지원했다.

스페인 내전을 계기로 독일과 이탈리아는 동맹을 맺었다. 일본은 독일과 이탈리아에 접근했다. 1936년 11월 일본과 독일은 소련을 가상적국으로 하는 일독방공협정을 맺고, 1937년 11월에는 이탈리아를 포함해 일·독·이 삼국방공협정을 체결했다. 일본·독일·이탈리아는 자유주의국가와 사회주의국가를 동시에 대적하게 되었다. 이 무렵부터 파시즘 제국은 노골적으로 침략을 자행했다. 1938년 독일이 체코의 일부를 병합하려고 했을 때 세계대전이 발발할 위기에 처했으나 뮌헨회담에서 영국이 독일에게 양보해 위기를 회피했다.

한편, 소련과 불가침조약을 맺은 독일이 폴란드를 침략했다. 그러자 폴란드와 동맹을 맺은 영국·프랑스가 독일에 선전포고를 하면서 제2차 세계대전이 일어났다. 전쟁 초기에는 영국·프랑스 대 독일·이탈리아라는 구도로 전개되었다. 당시 중국을 공략하는 것만으로도 힘에 부쳤던 일본은 처음부터 전쟁에 개입하지 않겠다고 선언했다. 일본은 중일전쟁에 몰두하기 위해서 소련과의 마찰을 피하는 한편, 미국과도 관계개선을 모색하고 있었다.

1940년 4월 독일이 덴마크와 노르웨이를 침략했다. 5월에는 벨기에·네덜란드·룩셈부르크·프랑스를 침공했다. 6월에는 파리를 점령했다. 독일군은 기습전으로 승리를 거두었다. 유럽에서 독일이 눈부신 승리를 거두자 일본인은 흥분했다. 일본정부와 군부는 독일의 군사력을 과대평가했다. 군부는 정부에게 방공협정을 군사동맹으로 격상시키라고 요구했다. 삼국동맹을 맺어 미국을 견제하면서 무력으로 동남아시아를 침공하는 방안이 급부상했다.

2) 사면초가

일본이 노골적으로 중국을 침략하자, 소련은 중국을 적극적으로 지원하기 시작했다. 소련은 만주 국경 주변의 군대를 증강했다. 만주 국경 주변은 경계가 명확하게 정해지지 않은 곳이 많았다. 그런 탓으로 분쟁이 자주 일어나면서 일본과 소련의 관계가 악화되었다. 장고봉사건과 노몽한사건이 대표적인 것이었다.

장고봉은 한반도와 소련의 국경이 인접하는 지역이다. 일본은 소련군의 전투능력을 시험해 보려고 했다. 1938년 7월 조선에 주둔하는 1개 사단과 관동군의 일부 병력을 동원해서 의도적으로 소련군 진영을 공격했다. 그러자 소련군은 일본군을 압도하는 병력과 근대화된 병기로 반격해서 일본군에게 큰 타격을 입혔다. 일본은 이미 생각해 둔 수순으로 정전협정을 체결하고 철군했다.

일본의 관동군은 국경선이 분명하지 않은 지역에서는 지구사령관이 자주적으로 국경선을 정하도록 했다. 또 국경선 분쟁이 발생했을 경우에 일시적으로 국경선을 넘어도 좋다는「국경분쟁처리요강」을 정한 바 있었다. 관동군 참모들은 때마침 약화된 일영관계를 회복하기 위해서도 소련군에게 일격을 가하는 것이 필요하다고 생각하고 있었다. 그런데 1939년 5월 11일 만주와 몽고의 접경지역 노몽한에서 일본군과 소련군이 충돌하는 사건이 발생했다. 관동군은 5만6,000명의 병력을 동원해 소련군을 공격했다. 항공기와 탱크도 투입되었다. 7월 1일 소련군에 대한 일본군의 대공세가 개시되었다.

일본군이 몽고의 후방 기지를 폭격하자, 몽고와 상호원조조약을 맺고 있던 소련이 공군과 기계화부대를 투입해 일본군에게 큰 타격을 입혔다. 일본군은 1개 사단 이상의 병력을 잃었다. 당황한 일본은 서둘러 정전협정을 맺어 분쟁을 마무리했다. 일본은 소련의 군사력이 상상했던 것보다 강력하다는 것을 알았다. 그동안 군부에서 일관되게 주장되어 오던 대소개전론이 힘을 잃게 되었다.

관동군 정예부대도 소련군에 대적할 수 없다는 것이 백일하에 드러나자 일본군은 세균전을 구상했다. 731부대가 만주에 설치되었다. 이 부대는 세균전 전문부대로 많은 연구진을 거느리고 있었다. 731부대는 살아있는 인간을 대상으로 다양한 실험을 했다. 특히 살아있는 인간의 몸에 세균을 직접 주사해서 어떤 결과가 나오는 지 관찰했다. 731부대원들은 생체실험용 인간을 마루타라고 불렀다. 강제로 납치된 중국인이나 독립운동을 하다가 체포된 조선인이 마루타로 희생되었다.

일본이 중국을 본격적으로 침략하자 중국에 이권을 갖고 있는 열강이 긴장했다. 미국·영국도 중국에 이권을 갖고 있었지만 될 수 있는 한 일본과 마찰을 일으키지 않으려고 노력했다. 일본은 미국·영국과 원만한 관계를 유지하고 있었기에 과감하게 중국을 침략할 수 있었다. 하지만 일본이 '신동아질서의 건설'이라는 성명을 내고 동아시아의 맹주를 자임하고 나서자 열강은 일본을 견제하기 시작했다.

2. 각오

1) 정당의 쇠퇴

1939년 1월 고노에 내각이 총사직하고 히라누마 기이치로平沼騏一郎 내각이 성립되었다. 히라누마 내각은 고노에 내각의 연장에 불과했다. 고노에 내각의 각료 7명이 유임하고 고노에 자신도 입각했다. 히라누마 총리대신은 8개월 동안 재임하면서 독일과 군사동맹을 체결하는 데 힘을 기울였다. 독일은 일본·독일·이탈리아 3국 군사동맹 체결을 일본에 요구했다. 그러나 일본은 독일의 제안을 선뜻 수용할 수 없었다. 육군과 해군이 군사동맹 체결을 둘러싸고 대립했기 때문이다.

일본은 은밀히 영국과의 관계를 개선하려고 했다. 중국에 이권을 갖고 있던 영국은 일본의 중국 침략을 사실상 용인하지 않을 수 없었다. 일본은 영국의 약점을 잘 알고 있었다. 영국과 친밀해지는 것이 중국 문제를 푸는 데도 도움이 된다고 판단했다. 그러나 미국은 일본이 영국에 접근하는 것이 못마땅했다. 1939년 7월 미국은 일미통상항해조약이 만기가 되자 일본에 조약의 파기를 통보했다. 중국 문제를 둘러싼 일본·영국 간의 교섭을 방해하기 위한 전략이었다. 미국의 개입으로 일영회담이 결렬되었다.

1939년 8월 23일 독일과 소련이 불가침조약을 맺었다. 일본은 충격을 받았다. 일본은 조금 전까지 전쟁을 하던 독일과 소련이 갑자기 조약을 맺는 현실을 이해할 수 없었다. 중일전쟁은 더욱 깊은 수렁에 빠지고, 설상가상으로 노몽한사건으로 궁지에 몰린 히라누마 내각은 그동안 추진하던 독일과의 군사동맹 교섭을 중단하고 퇴진했다. 일본은 이미 외교적으로 대응력을 상실하고 있었다.

히라누마 내각의 뒤를 이어서 육군대장 출신 아베 노부유키安部信行

가 총리대신이 되어 내각을 조직했다. 아베 내각은 제2차 세계대전에 개입하지 않는다는 성명을 내고 미국·영국·소련과 협조외교를 추진했다. 중국에 대해서는 왕자오밍을 내세워 난징에 괴뢰정부를 수립하는 공작을 추진하면서 중일전쟁의 수습에 매달렸다. 그러나 중일전쟁은 해결될 기미가 보이지 않았다.

영국·미국이 장제스의 국민정부를 더욱 적극적으로 원조하기 시작했다. 일본군은 영국·미국의 원조물자가 통과하는 이른바 원장援蔣 루트를 차단하기 위한 작전을 전개했다. 일본군이 작전을 벌인 원장 루트는 인도차이나반도를 지나 중국의 귀주성貴州省으로 연결되는 수송로였다. 일본군은 1939년 11월에서 다음 해 봄까지 작전을 전개했다. 그러나 일본군은 약 1만 명의 사상자를 내고 패퇴했다.

일본에서는 식료·의료·일상용품 결핍이 심각했다. 정부는 9월부터 물가·임금·소작료를 동결했지만 민중의 생활은 여전히 곤궁했다. 계속되는 전쟁으로 일본인은 매우 지쳐있었다. 아베 내각이 국내외적으로 산적한 문제를 해결하지 못하자 정당에서 내각 불신임운동이 일어났다. 육군도 아베 내각을 불신임했다. 1939년 12월 아베 내각이 총사직했다.

1940년 1월 해군대장 출신 요나이 미쓰마사 내각이 성립되었다. 당시 일본의 지배층과 군부는 초조해 하는 기색이 역력했다. 민정당 국회의원 사이토 다카오斎藤隆夫가 일본군의 전쟁방식을 비판하자 국회의원들이 들고 일어나 사이토를 제명했다. 사회대중당의 몇몇 의원이 사이토의 제명에 반대하자 당은 이들을 제명했다. 야당조차도 전쟁을 비판할 수 없는 분위기였던 것이다.

2) 신체제운동

1940년 6월 유럽에서 독일이 대승리를 거두자 일본에서는 독일과 제휴를 강화해야 한다는 분위기가 조성되었다. 동남아시아의 석유, 고무, 광석 등 주요 물자를 획득하기 위해서는 미국·영국과 충돌할 각오를 하고 남방으로 진출해야 한다는 여론도 형성되었다.

일본 군부는 독일을 모방해서 강력한 독재체제를 수립하려고 했다. 6월 24일 고노에 후미마로가 신체제 수립을 선언했다. 군부는 신체제운동을 전개했다. 신체제운동의 목적은 전쟁에 미온적인 요나이 내각을 붕괴시키고 군부가 주도하는 신당을 만드는 것이었다. 신당의 총재로 고노에가 추대되었다.

일본인들은 자유주의체제에 비해 전체주의체제가 우월하기 때문에 독일이 반드시 승리한다고 믿었다. 그래서 나치를 모방한 개혁을 목표로 해서 소위 신체제운동이 추진되었다. 신체제운동이란 강력한 정치력을 갖는 유일한 전체주의 정당을 구축하자는 운동이었다. 육군은 이 운동을 적극적으로 후원했다. 때마침 고노에 후미마로가 추밀원 의장직을 사직하고 신체제운동에 전념한다는 성명을 발표했다. 그러자 여러 정당이 자진해서 당을 해산하고 신체제운동에 참여했다. 일본에서 정당이 모습을 감추었고 의회활동은 기능이 정지되었다.

군부는 요나이 총리대신을 집요하게 공격했다. 요나이가 미국·영국에 호의적이라고 선전하자 군부와 극우파 단체들이 들고 일어났다. 여론이 분열되고 갈등이 첨예화되었다. 분위기가 무르익자 군부는 요나이 내각의 퇴진을 요구했다. 요나이 내각은 총사직하지 않을 수 없었다. 1940년 7월 22일 제2차 고노에 내각이 성립되었다.

3) 대정익찬회

신체제운동은 여러 세력 간의 갈등과 관료의 소극적인 태도로 성과를 거두지 못했다. 1940년 10월 해산한 여러 정당원들을 흡수해서 대정익찬회大政翼贊會가 발족되었다. 이것은 신체제운동의 연장선상에 있는 조직이었다.

대정익찬회 총재는 총리대신이 겸임했으며 지부장은 각 지역의 지사가 겸임했다. 본부나 지부의 임원으로 퇴직 군인·관료를 중심으로 하는 사회단체 지도자가 위촉되었다. 중요한 부서는 관료들이 장악했다. 결국 대정익찬회는 내무성의 통제를 받는 어용기관의 성격을 띠게 되었다. 대정익찬회는 국민동원 조직으로서 커다란 힘을 발휘했다.

대정익찬회는 국민을 통제하고 지배하는 데 앞장섰다. 정당은 물론 모든 민간단체가 해산되고, 사회생활의 전 영역이 조직화되었다. 10호 정도의 일본인을 한 단위로 하는 도나리구미隣組가 조직되었다. 도나리구미를 기반으로 해서 농촌에는 부락회, 도시에는 정내회町內會를 두었다. 식민지 조선에도 일본의 도나리구미와 같은 성격의 애국반을 말단 조직으로 하는 전국 규모의 조직을 정비했다.

대정익찬회는 대일본산업보국회를 설립했다. 대일본산업보국회는 전국의 공장과 기업에 조직되어 있던 산업보국회를 통합한 것으로 회원이 450만 명에 달했다. 부인단체도 해산시켜서 애국부인회와 국방부인회에 편입시켰다. 애국부인회와 국방부인회는 다시 대일본부인회로 통합되었다. 농민단체도 해산해서 농업보국회로 조직되었다. 그 외에 직능별로 일본연합청년단, 대일본문학보국회, 대일본언론보국회 등이 조직되었다. 모든 단체는 모두 대정익찬회의 산하단체로 편입되었다.

종교단체도 재편성했다. 종교도 어떤 식이든 전쟁에 도움이 되는 역할을 하도록 하는 것이 목적이었다. 특히 기독교를 억압해서 천황제를 찬양하고 침략전쟁에 협력하도록 강요했다. 조선에서도 기독교 신자들에게 신사참배를 강요했다. 이를 거부하는 목사나 신자들을 박해했다. 식민지 조선에서는 총독부의 탄압으로 문을 닫은 교회나 학교도 있었다.

치안유지법이 더욱 강화되었다. 전향하지 않은 사상범은 형기가 만료되어도 석방하지 않고 계속 감옥에 가두는 예방구금제도가 마련되었다. 국방보안법도 제정되었다. 국방보안법은 국가기밀을 탐지하거나 전파한 사람을 중형에 처하는 법률이었다. 국가의 정책을 비판한 전력이 있거나 침략전쟁에 부정적인 사람으로 분류되면 집필활동도 할 수 없었다.

학생 군사훈련이 강화되었다. 중학교 이상 학교에서 교련이 정식 과목으로 채택되었다. 소학교가 초등학교로 명칭이 변경되었다. 천황에게 충성하는 국민을 육성하기 위해서였다. 교과내용도 개편되어 국가주의 색채가 뚜렷해졌다.

대정익찬회는 정당이 아니었다. 독일의 나치스를 모방한 국민조직으로 국가에 협력하는 것을 목적으로 하는 단체였다. 1941년에 원내단체로 익찬의원연맹이 결성되었다. 다음 해 총선거에서 익찬의원연맹이 추천한 후보가 많이 당선되었다. 익찬의원연맹은 익찬정치회로 발전되었다.

3. 압박

1940년 7월 27일 대본영정부연락회의에서「세계정세의 추이에 따른 시국처리요강」이 결정되었다. 일본은 독일·이탈리아와 정치적 결속을 강화하고 동남아시아로 무력침공을 추진하기로 결정했다. 마쓰오카 요쓰케 외무대신은 참모본부보다 더욱 강력하게 동남아시아 무력침공의 필요성을 주장했다. 마쓰오카는 일본이 동남아시아에 진출하면 중국 침략도 유리하게 전개될 것이고, 일본이 강력한 의지를 표명한다면 미국도 쉽사리 개입하지 못할 것이라고 했다. 고노에 총리대신도 마쓰오카의 주장에 동조했다.

일본은 독일·이탈리아·일본의 삼국동맹을 추진했다. 마쓰오카 외무대신은 제2차 세계대전이 끝나면 세계는 동아시아, 소련, 유럽, 미국으로 나누어질 것으로 예상했다. 그래서 동아시아의 지도 세력 일본과 유럽의 지도 세력 독일·이탈리아가 밀접하게 제휴할 필요가 있다고 주장했다. 1940년 9월 16일에 열린 어전회의에서 일본·독일·이탈리아의 삼국동맹안이 가결되었고, 다음 날 베를린에서 삼국동맹이 체결되었다.

일본이 중일전쟁을 승리로 이끌려면 영국·프랑스·미국이 장제스의 국민정부를 지원하는 원장 루트를 차단할 필요성이 있었다. 원장 루트는 해로 이외에도 프랑스령 인도차이나 반도 루트와 미얀마 루트가 있었다. 남방 진출 방침을 정한 일본은 즉시 군사행동을 개시했다.

1940년 9월 23일 프랑스령 인도차이나 반도 북부에 군대를 주둔시켰다. 원장 루트를 차단한다는 구실이었다. 마침 프랑스가 독일에 항복한 후였기 때문에 일본은 군사력을 앞세워 프랑스령 인도차이나 반도에 군사기지를 건설할 수 있었다. 일본은 영국이 위기에 처한 상황을 이용해 미얀마를 경유하는 무기 수송을 금지하라고 영국에 요구했다.

일본이 인도차이나 반도 남부를 침략하자 미국이 매우 긴장했다. 일본이 동남아시아 지역으로 세력을 뻗치면 미국이 지배하는 필리핀도 안전하다는 보장이 없었다. 미국은 일본을 본격적으로 견제하기 시작했다. 필리핀에 극동군사령부를 설치하고 영국·중국과 긴밀히 협력하면서 일본을 경제적으로 압박하기 시작했다. 하지만 미국은 아직 유럽과 동아시아에서 동시에 전쟁을 수행할 수 있는 준비가 되어있지 않았다.

1941년 4월 미국의 헐C. Hull 국무장관은 노무라 기치사부로野村吉三郎 주미 일본대사와 교섭을 개시했다. 미국이 제2차 세계대전에 참전해도 일본이 삼국동맹을 발동하지 않는다는 보장을 한다면 미국도 양보할 의사가 있다는 뜻을 비쳤다. 5월 12일 일본은 미국에 세계대전에 참전하지 말고, 중국의 국민정부 지원을 중단하라고 요구했다. 일본이 미국에 제시한 내용은 매우 고압적이었다. 미국은 일본의 요구를 물리쳤다.

1941년 7월 2일 독일의 소련침략과 관련한 어전회의에서 소련을 즉시 침략하는 것을 연기하되 은밀하게 전쟁을 준비하고 있다가 독·소전쟁에서 독일이 유리해지면 소련을 치는 동시에 인도차이나 반도를 침략하기로 결정했다. 경우에 따라서는 미국·영국과도 전쟁을 할 수 있다는 방침도 정해졌다. 일본은 남방진출을 강화하면서 소련과의 전쟁도 준비하기로 결정했던 것이다.

일본은 어전회의에서 결정한 대로 관동군을 증강하는 계획을 추진했다. 관동군 특별연습이라는 구실로 30만 명의 관동군을 70만 명으로 증강시키고, 16개 사단과 육군항공대의 2분의 1, 기계화부대의 대부분, 탄약의 2분의 1을 만주에 집결시키는 작전을 전개했다. 일본군 창설 이래 최대 규모의 작전이었다.

일본이 동남아시아로 진출하려는 움직임을 보이자 미국은 영국·중국·네덜란드와 함께 이른바 ABCD포위망을 구축해서 일본에 대한 경제봉쇄를 강화했다. 그러자 1941년 7월 14일 일본은 프랑스를 협박해 일본군이 인도차이나 반도 남부로 진주할 수 있도록 했다. 7월 28

일에 일본군이 프랑스령 인도차이나 반도에 본격적으로 상륙하기 시작했다.

7월 26일 미국이 국내의 일본 자산을 동결했다. 영국·네덜란드도 같은 조치를 취했다. 8월 1일 미국은 일본에 대한 석유 수출을 금지했다. 일본의 남진정책을 더 이상 용인하지 않겠다는 강력한 의사를 표시한 것이었다. 미국의 석유 수출 전면금지와 경제봉쇄는 일본에 커다란 충격을 안겨 주었다.

미드웨이 해전에서 일본 해군의 공격으로 침몰하는 미국의 요크타운호(1942. 6. 5)

일본의 필리핀 점령 / 성조기를 내리고 일장기를 게양하는 마닐라 시민

26. 개전

민족의 흥망을 건 싸움

하와이 진주만 기습 장면
일본 해군성 발행 엽서

26. 개전

민족의 흥망을 건 싸움

1. 결심

1941년 7월 2일 어전회의에서 대소전쟁과 대미·대영전쟁 준비를 동시에 추진한다는 결정을 내렸다. 사실은 어전회의가 열리기 한 달 전부터 일본은 미국과 교섭을 진행하고 있었다. 하지만 군부는 교섭의 진척 여부에 상관없이 전쟁 준비에 들어갔다. 이미 일본의 해군은 1940년 11월부터 동남아시아 진출을 개시했다. 1941년 8월에는 본격적인 침략준비에 들어갔다. 모든 함정이 전투준비를 마쳤고 물자를 수송하기 위해서 민간선박도 징발되었다. 육군도 관동군을 극비리에 동남아시아 방면으로 이동시키기 시작했다. 육군과 해군의 공동작전 계획이 수립되었다.

전쟁을 할 수밖에 없는 상황이라면 치밀한 계획을 수립할 필요가 있었다. 8월 16일에 해군이 제출한 「국책수행방침」에는 10월 하순까지 교섭과 전쟁준비를 병행하고, 타협의 가능성이 없으면 전쟁에 돌입한다는 내용이 포함되었다. 해군과 육군은 9월 3일의 연락회의에서 다음과 같은 방침을 정했다. "10월 상순까지 일본의 요구가 관철된다는 전망이 보이지 않을 경우 즉시 전쟁을 결심한다."

1941년 9월 6일 어전회의가 열렸다. 천황은 외교에 성심을 다하라고 당부했다. 그래서 외교 우선의 방침이 확정되었다. 그리고 10월 상순까지 일본의 요구가 관철될 가망이 없을 경우에는 미국과의 전쟁에 돌입한다는 것을 내용으로 하는 「제국국책수행요령」이 결정되었다.

어전회의가 열린 날 밤, 고노에 총리대신은 그루J.C Grew 주일 미국대사와 만찬을 함께 하면서 3시간에 걸쳐서 이야기를 나눴다. 고노에 총리대신은 조속하게 미국 대통령을 만나고 싶다는 뜻을 전했다. 그리고 합의된 내용은 반드시 지킬 것이라고 약속했다. 그루는 고노에 총리대신의 뜻을 워싱턴에 전하면서 일미수뇌회담의 실현을 촉구했다.

노무라 주미 일본대사는 어전회의에서 결정된 내용을 미국의 헐 국무장관에게 전했다. 일본이 필리핀의 안전을 보장할 터이니 미국은 중국 문제에 개입하지 말고 일본의 물자 획득에 협조하라고 요구했다. 헐은 일본의 제안에 냉담했다. 미국은 일본에 양보하면서까지 전쟁을 회피할 생각이 없었다.

한편, 도조 히데키 육군대신은 일미교섭에 대해서 부정적인 견해를 갖고 있었다. 그는 미국이 먼저 일본을 독일·이탈리아에서 분리하고, 독일·이탈리아가 멸망하면 일본을 공격하는 전략을 구사하고 있다고 생각했다. 도조는 일본 앞에 오로지 전쟁이라는 막다른 길이 놓여 있을 뿐이라고 주장했다.

도조 육군대신의 예상대로 고노에 총리대신의 교섭은 점점 가능성이 희박해졌다. 9월 25일에 열린 연락회의에서 군사작전의 문제가 있기 때문에 늦어도 10월 15일까지는 일미교섭의 가부를 판단해야 한다는 결정이 내려졌다. 일미교섭은 미국에 굴복하는 것이라는 분위기가 형성되었다. 9월 18일 고노에 총리대신이 우익에게 피격되었다.

9월 28일 일본은 다시 그루 주일 미국대사에게 수뇌회담을 원한다는 뜻을 전했다. 그루는 헐 국무장관에게 일본의 군부독재를 억제하기 위해서도 일본과 미국의 수뇌회담이 필요하다는 의견을 상신했다. 그러나 미국의 수뇌부는 조급한 수뇌회담은 미국에 오히려 불리하다고 판단했다. 그래서 중요 문제에 대해 합의를 도출하지 않는 회담은 열지 않겠다는 뜻을 분명히 했다. 10월 2일 미국의 헐 국무장관은 노무라 주미 일본대사에게 문서를 전달했다. 헐은 일본이 중국에 무기한 주둔하는 것을 비난하면서 삼국동맹에 대한 일본의 태도를 보다 명확히 할 것을 요구했다.

10월 15일이 되어도 일비교섭은 진전되지 않았고, 대미교섭을 둘러싸고 고노에 총리대신과 도조 히데키 육군대신이 대립했다. 고노에 총리대신과 해군은 내심 대미전쟁에 반대하고 있었지만 끝내 대미전쟁에 반대한다는 의견을 피력하지 못했다. 그 배경에는 천황이 이미 전쟁준비와 작전계획을 승인하기로 마음을 정했다는 사실과 어전회의 결과를 번복해야 한다는 부담감이 있었다. 10월 16일 고민에 고민을 거듭한 고노에는 총사직을 결심했다.

2. 기습

고노에 내각이 총사직한 후, 천황은 도조 히데키를 총리대신으로 지명했다. 도조야말로 군부를 효과적으로 통제할 수 있는 적임자라고 판단했던 것이다. 군인이 총리대신으로 임명되면 예편하는 것이 관례였다. 하지만 도조는 현역 신분으로 총리대신·육군대신·내무대신을 겸하는 막강한 권력을 장악했다.

도조 내각은 대미 개전을 재검토했다. 1941년 10월 24일부터 30일까지 매일 정부·통수부연락회의가 열렸다. 정부에서는 총리대신·육군대신·해군대신·외무대신·재정대신·기획원대신, 통수부에서는 육군·해군총장이 출석했다. 간사로는 정부의 서기관장, 육해군의 군무국장, 육군·해군차장이 참석했다. 연일 회의가 계속되었으나 이렇다 할 결론에 도달하지 못했다.

도조 총리대신은 초조해졌다. 11월 1일 도조는 (1)전쟁을 회피하고 미국의 요구에 따른다. (2)즉시 개전을 결심한다. (3)전쟁준비를 하면서 외교를 병행한다. 이상의 3개 안 중에서 결론을 내라고 정부·통수부연락회의에 통고했다.

오전 9시부터 시작된 정부·통수부연락회의는 저녁때가 되어서야 본론에 들어갔다. 도조 총리대신은 적어도 미국이 유럽 전쟁에 참가할 때까지 사태를 관망하는 것이 득책이라고 말했다. 이에 비해 군부는 ABCD 경제봉쇄가 지속되면 일본은 앉아서 당할 수밖에 없다는 점을 강조했다. 특히 석유는 1년이면 고갈되고, 석유가 고갈되면 해군은 기능을 상실한다는 의견을 개진했다. 그리고 영국·미국의 압박이 더욱 거세질 경우 일본은 그 압박에서 벗어날 힘이 없다고 말했다. 영국·미국에게 완전히 굴복할 수밖에 없다면 일본이 아직 힘이 남아있을 때 전쟁을 결심할 필요가 있고, 작전의 수행이라는 관점에서 본다면 11월 말에는 개전한다고 결정해 둘 필요가 있다고 강조했다. 이에 비해 가야 오키노리賀屋興宣 재정대신, 도고 시게노리東鄉茂德 외무대신은 승리의 확신이 없는 전쟁을 일으키는 것에 반대했다. 격론 끝에 제2안은 제외되고 기한을 정해 교섭을 진행한다는 제3안이 채택되었다. 일미교섭의 기한은 12월 1일 0시로 결정되었다.

연락회의에서 결정된 제3안을 기조로 한「제국국책수행요령」이 작성되었고, 11월 4일에는 노무라 주미 일본대사에게 전달되었다. 노무라 대사는 본국 정부의 훈령을 받고 미국과 교섭을 시작했다. 그러나 미국의 태도는 냉담했다. 당시 미국은 이미 전쟁을 준비하고 있었다. 중국의 장제스에 대한 지원을 확대하면서 소련에 대한 원조도 개시했다. 일본이 스스로 대동아신질서 구상을 전격적으로 포기하지 않는 한 타협의 여지는 없었다.

11월 5일 어전회의가 열렸다. 도조 총리대신은 이제까지 군부에서 논의된 내용과 미국이 일본에 요구할 것으로 여겨지는 정보를 갖고 회의에 임했다. 일본은 중국에 집착했다. 재벌의 이익을 대변하는 가야 재정대신은 중국에 진출한 일본기업을 지원하기 위해서도 일본군이 중국에 주둔할 필요가 있다는 점을 강조했다. 도조 총리대신은 만약 일본군이 중국에서 철수한다면 만주국과 조선통치에 미칠 영향이 심각하다는 점을 강조했다. 어전회의에서 미국이 만약 일본군을 중국에서 철수하라고 요구한다면 절대로 용납할 수 없다는 결론을 내렸다. 일미교섭이 12월 초순까지 타결되지 않을 경우에는 즉시 개전한다는 방침도 정해졌다. 미국의 파격적인 양보가 없는 한 대미개전은 피할 수 없는 상황이었다.

11월 26일 미국의 헐 국무장관은 노무라 주미대사에게 10개 항목에 달하는 요구서를 전달했다. 내용은 일본군이 중국과 프랑스령 인도차이나 반도에서 완전히 철수할 것, 즉 만주사변 이전의 상태로 복귀할 것, 삼국동맹을 파기할 것 등을 요구하는 강경한 것이었다. 미국은 이미 전쟁 준비를 마친 상태였다. 일본은 교섭을 단념했다.

일본은 12월 1일 어전회의를 열었다. 천황은 대미·대영 개전을 최종적으로 승인했다. 일본의 연합 함대는 이미 11월 26일에 홋카이도를 출발해 하와이의 진주만으로 향하고 있었다. 나구모 주이치南雲忠一가 이끄는 기동함대는 항공모함 6척, 순양함 3척, 구축함 9척, 전함 2척, 수송함 7척, 잠수함 3척 등 30여 척으로 구성되었다. 기동함대는 12월 1일 0시까지 일미교섭이 성립되면 즉시 귀항하기로 되어 있었다. 그런데 12월 1일 나구모 사령관에게 "니이다카야마노보레1208"이라는 전보가 하달되었다. 12월 8일에 예정대로 진주만을 공격하라는 암호였다. 일본의 기동함대는 이미 날짜변경선을 넘어서고 있었다. 기동함대는 하와이 북쪽에서 남하해서 12월 8일 새벽에 350기의 비행기로 진주만을 기습했다.

진주만에 정박해 있던 미국의 전함 8척 중에서 4척이 침몰하고 4척이 파손되었다. 항공기는 188기가 불타고 291기가 파손되었다. 2,400여 명의 미군이 전사하거나 행방불명되었고 600여 명이 부상했다. 일본군의 피해는 거의 없었다. 일본은 기습이 성공한 다음에야 미국·영국에 선전을 포고했다. 12월 11일 독일·이탈리아도 미국에 선전을 포고했다. 전쟁은 명실상부하게 세계대전으로 확대되었다.

일본군은 진주만 공격과 동시에 동남아시아 및 태평양에 있는 여러 섬을 침략하기 시작했다. 일본군은 중국·베트남에 있는 군사기지를 활용해서 기습작전을 개시했다. 일본 해군은 말레이시아 반도 동부에 상륙했다. 12월 10일에는 해군의 항공부대가 말레이시아 해전에서 영국의 동양함대 주력을 괴멸시켰다. 개전과 동시에 중국 각지의 영국 조계租界에 일본군이 진주했고 12월 25일 홍콩이 함락되었다. 1942년 2월 15일에는 영국의 동아시아 거점 싱가포르를 점령했다.

12월 8일 일본군은 500대로 구성된 항공부대의 지원 하에 필리핀 공격을 개시했다. 육군의 대규모 작전이 전개되었다. 일본군 선발대는 10일 루손 섬의 북부에 상륙했고, 1942년 1월에는 마닐라를 점령했다. 5월에는 필리핀 전 지역을 장악했다. 일본은 필리핀을 공략하면서 남태평양의 여러 섬들에 대한 공격도 병행해서 1942년 3월까지 전략적 요충지를 거의 점령했다.

일본은 네덜란드에도 선전을 포고했다. 일본이 동남아시아를 침략한 최대의 목적은 네덜란드령 동인도의 석유를 비롯한 전략물자를 탈취해서 완전한 전략체제를 확립하는 것이었다. 1942년 1월에는 보르네오·세레베스·수마트라의 거의 전 지역을 점령했다. 3월 9일에는 연합군이 일본군에게 항복했다.

일본군은 미얀마를 통과하는 원장 루트를 차단하기 위한 작전을 전개했다. 일본은 먼저 타이와 동맹을 맺었다. 타이는 일본군에게 길을 열어주었다. 일본군은 타이의 영토를 통과해서 1942년 3월 8일 미얀마의 수도 랭군을 점령했다. 5월에는 미얀마의 거의 전 지역을 장악했다. 일본이 미얀마를 점령함으로써 미얀마를 거쳐 중국으로 운반되던 영국·미국의 원조물자의 수송이 불가능하게 되었다.

일본군은 예상했던 것보다도 빠른 시간 내에 동남아시아와 태평양의 여러 섬을 점령했다. 일본군은 1942년 4월까지 미국과 영국의 주요 거점을 모두 점령하는 데 성공했다. 모든 것이 개전 초기에 계획했던 대로 순조롭게 진행되었다. 일본은 순식간에 광대한 동남아시아의 풍부한 자원과 태평양에 산재한 여러 섬을 장악해서 전략적으로 유리한 국면을 조성했다.

3. 실패

초전에서 승리한 일본군은 2단계 작전계획을 수립하는 과정에서 육군과 해군이 대립했다. 해군은 연합함대로 미국의 주력함대와 태평양에서 결전해 단기간 내에 전쟁을 종결시키려고 했다. 이러한 해군의 입장과는 달리 육군은 소련과의 전쟁에 대비하려고 했다. 육군은 이미 점령한 동남아시아 지역의 자원을 전력화해서 장기전 태세를 확립해야 한다는 입장이었다. 결국 육군과 해군의 의견이 절충되어 작전계획이 수립되었다.

일본 육군은 동남아시아 침공이 완료되면 그 전력을 이용해서 중국의 국민정부를 굴복시키려는 계획을 세우고 있었다. 육군은 태평양전쟁을 중일전쟁의 연장으로 생각했다. 그런데 1942년 4월 18일 미국의 B-25폭격기 16대가 일본 동쪽 해상의 항공모함에서 발진해 일본 본토를 폭격하고 중국으로 날아간 사건이 발생했다. B-25폭격기는 도쿄·요코하마·나고야·오사카를 폭격했다.

미국 폭격대의 본토 공격으로 충격을 받은 일본은 미국 항공기가 중국의 항공기지에 착륙했다는 사실을 중시했다. 대본영은 미군이 중국의 항공기지를 이용할 수 없게 하려고 했다. 5월부터 8월까지 절강浙江·강서江西 성의 비행장과 군사시설을 철저하게 파괴했다.

일본 해군은 이제까지 점령한 지역 외곽의 전략 지점을 장악함으로써 방어체제를 강화하려는 계획을 세웠다. 그 대상은 뉴칼레도니아·피지 제도, 사모아 제도, 뉴기니, 알류산 열도 등이었다. 하지만 작전 계획대로 성공한 것은 알류산 열도 서쪽에 자리한 키스카 섬과 애투 섬 공략 뿐이었다.

1942년 1월 일본 대본영은 뉴기니 공략을 지시했다. 3월 일본군은 뉴기니 동부를 점령했다. 5월에는 제4함대가 호위하는 일본군 수송선단이 연합군의 주요 거점 포트모르즈비 공략에 나섰다. 필리핀에서 오스트레일리아로 물러난 서남태평양연합군총사령관 맥아더가 지휘하는 미국·오스트레일리아·뉴질랜드 연합군과 태평양 지역에 배치된 미군의 연락을 차단하기 위해서였다. 그런데 미국 함대가 산호해에서 기다리고 있다가 일본군을 공격했다. 5월 7일부터 8일에 걸친 해전은 사상 최초로 항공모함끼리의 전투였다. 미국 측은 항공모함 1척이 침몰되고 1척이 손상을 입었다. 일본 측은 항공모함 1척이 침몰하고, 1척이 대파되었다. 전술적으로는 일본군이 조금 우세한 전투였다. 하지만 일본군은 포트모르즈비 공략작전을 연기할 수밖에 없었다.

초기작전 종료 후 잇달아 공세를 늦추지 말자고 주장했던 일본 해군은 미드웨이 섬 침공작전을 세웠다. 1942년 6월 일본의 연합함대는 거의 모든 항공모함과 전함을 동원해 미드웨이 섬 침공에 나섰다. 반격에 나서는 미군 주력 함대를 격멸해 미국의 전력에 심각한 타격을 입히는 것이 목적이었다. 두 달 전에 일어난 미국 B-25폭격대의 일본 본토 공습도 미드웨이 공략작전에 큰 영향을 미쳤다. 미국의 기습적인 공습으로 체면이 손상된 일본 해군은 미국 기동함대가 다시 공격하지 못하게 하기 위해 일본 본토의 경계망을 더욱 동쪽으로 밀어내려고 했다. 전초기지를 확보하기 위해서도 미드웨이 섬 침공 작전은 반드시 성공할 필요성이 있었다.

그러나 미드웨이 해전에서 일본군은 전멸에 가까운 패배를 했다. 일본 해군은 미드웨이 침공 작전에 항공모함 4척을 투입했다. 그런데 일본군의 암호를 해독한 미군은 일본 함대의 진로를 상세히 파악했다. 미군은 3척의 항공모함을 길목에 배치하고 일본군을 기다리고 있었다. 6월 5일 일본군의 미드웨이 섬 공습으로 전투가 개시되었다. 전투는 일본군에게 유리하게 전개되었다. 그런데 미국 해군의 폭격대가 일본의 항공모함을 급습했다. 일본의 항공모함 3척이 순식간에 격침되었다. 남은 일본 항공모함 1척은 미국 항공모함을 공격해 큰 피해를 입혔다. 그러나 일본의 남은 항공모함 1척도 끝내 미군 폭격대의 공격으로 침몰되었다. 전투는 일본군의 대패로 끝났다. 특히 이 전투에서 일본의 우수한 전투비행사가 많이 전사했다. 미드웨이 해전에서 승리한 미국은 전쟁의 주도권을 완전히 장악했다.

미군의 공습에 속수무책으로 당하는
과달카날 섬 일본군(1942. 7)

천황 궁전의 방공호에서 열린 어전회의 광경(1945. 8. 9)
시라카와 이치로 그림 / 스즈키 간타로 기념관 소장

27. 결전

죽음의 배수진

일본 본토를 공격하기 위해 오키나와 비행장을 이륙하는 미국의 B-25 전략폭격기

출격하는 일본 육군의 특별공격대 대원

27. 결전

죽음의 배수진

1. 수세

미드웨이 해전에서 승리한 연합군은 일본이 예상했던 것보다 빨리 일본 본토를 향해 진격했다. 1942년 8월 7일 미군은 대규모 반격작전을 개시했다. 일·미 양군은 남태평양의 최전선이라고 할 수 있는 솔로몬 제도의 과달카날 섬에서 사투를 벌였다. 일본군은 그 섬에 비행장을 건설하고 있었기 때문에 사활을 걸고 전투에 임했다. 일본 해군은 과달카날 섬 근처에서 1942년 8월부터 11월까지 5회에 걸쳐서 미국 해군과 전투를 벌였다. 제공권을 상실한 일본군은 항공모함 1척을 잃었다.

이 무렵 미군은 레이더를 사용하기 시작했다. 미군은 야간에도 조명을 비추지 않고 사격할 수 있게 되었다. 일본은 과달카날 섬 탈환작전을 전개했다. 일본군은 제2·제38사단 3만이 넘는 병력을 투입해 3

차에 걸쳐서 총공격을 감행했다. 그러나 미군의 화력은 일본군의 그것과 차원이 달랐다. 일본군의 작전은 모두 실패했다. 더구나 일본의 수송선이 미국 공군의 공격으로 대부분이 격침되었기 때문에 굶어죽는 일본군이 속출했다. 12월 31일 일본의 대본영은 과달카날 섬 탈환작전을 중지하기로 결정했다. 1943년 2월 1일부터 8일까지 가까스로 1만1,000명의 병력을 철수시켰다. 과달카날 섬에서 2만 명의 사망자를 냈다. 사망자의 70퍼센트 이상이 병이 걸리거나 굶어서 죽었다. 일본은 과달카날 섬 전투에서 패배하면서 수세에 몰렸다.

비스마르크 해협에서 일본군에게 타격을 입힌 연합군은 뉴기니를 본격적으로 공략했다. 일본군은 항공기를 투입해 작전을 전개했다. 그러나 연합군의 공격을 저지할 수 없었다. 이미 제해권과 제공권을 연합군에게 빼앗긴 상황이었다. 일본군은 섬 여러 곳에 포진한 수비대에게 군수물자와 식량을 공급할 수 없었다. 보급이 두절된 일본군은 그대로 죽음을 기다리는 수밖에 없었다. 일본군은 전투로 사망한 것이 아니라 대부분이 굶어죽었다. 뉴기니에서 약 10만 명의 일본군이 사망했다. 그 중에서 9만 명이 굶어죽은 것으로 추정된다.

연합군은 서남태평양, 중부태평양, 미얀마 전선에서 동시에 일본군에 대한 공격을 개시했다. 총반격을 개시한 연합군은 육군과 해군이 긴밀하게 협력하면서 일본이 점령한 태평양의 여러 섬들을 차례로 탈환했다. 섬에 고립되는 일본군이 증가했다. 하지만 일본은 고립된 섬에 수비대를 남겨 놓은 채 아무런 지원도 하지 않았다. 연합군의 공격으로 태평양의 여러 섬에 고립된 일본군 수비대는 거의 전멸했다.

그러자 전선을 축소해 후방을 방비하면서 결전에 대비해야 한다는 의견에 힘이 실리기 시작했다. 1943년 9월 30일 어전회의에서 전선을 축소하고 후방의 중요 지역을 지키기로 결정했다. 일본은 지시마千島·오가사와라小笠原·서부 뉴기니·미얀마를 연결하는 절대국방권을 설정했다. 일본은 연합군이 절대국방권을 침범하면 기동함대와 각 지역에 주둔하는 항공부대가 긴밀하게 연락하면서 결전에 임하는 전략을 구상했다. 그러나 일본의 절대국방권 구축은 지지부진했다.

1944년 2월 미군은 마셜 제도에 잇달아 상륙했다. 일본군 수비대는 전멸했다. 이어서 미군은 캐롤라인 제도에 있는 일본의 해군기지를 맹폭격했다. 제공권을 장악한 미군은 함대를 출동시켜 함포사격을 가했다. 이 전투에서 일본군은 항공기 270대, 함선 40여 척을 잃었다. 3월에는 연합군이 캐롤라인 제도에 상륙할 준비를 하기 시작했다. 그러자 일본의 연합함대사령관을 비롯한 해군 간부들이 항공기를 타고 필리핀으로 도망가다가 실종되었다.

1944년 6월 15일 미군이 일본군 제34사단이 수비하는 마리아나 제도의 사이판 섬 상륙작전을 개시했다. 일본의 연합함대는 미국의 함대를 섬멸해서 전국의 전환을 꾀하려는 각오를 단단히 하고 마리아나 해전에 임했다. 일본군은 대형 항공모함 3척, 소형 항공모함 6척을 이 전투에 투입했다. 미군은 대형 항공모함 7척, 소형 항공모함 8척으로 맞섰다. 이 전투에서 미군이 일방적으로 승리를 거두었다. 6월 19일 미국 기동함대를 발견한 일본이 원거리에서 항공대를 발진시켜 선제공격을 가했다. 그러나 이미 레이더로 일본군의 내습을 탐지한 미국 항공대의 공격으로 일본 항공기는 차례로 격추되었다. 미국 항공모함에 접근한 일본의 전투기도 미군의 거미줄 같은 대공포 사격으로 격추되었다. 이 해전에서 일본군은 대형 항공모함 2척, 소형 항공모함 1척을 잃었다. 항공대는 전멸했다. 미군은 대형 항공모함 1척, 소형 항공모함 1척이 손상을 입었을 뿐이다. 마리아나 전투는 사실상 일본 기동함대의 마지막 전투라고 할 수 있다.

지상전에서도 미군의 함포사격과 항공대의 지원을 배경으로 한 미군의 공격으로 일본군은 전투능력을 상실했다. 7월 7일의 전투에서 일본군 방어선이 붕괴되었다. 사이판에서 일본군 4만4,000명이 전사했다. 강제로 연행된 조선인을 포함한 민간인 사망자 수도 1만 명에 달했다. 미군에게 포로로 잡히면 모욕을 당한다고 교육받은 일본인 여성들이 사이판 섬 북쪽에 있는 절벽에서 차례로 투신해 죽었다.

 7월 22일 미군은 사이판 섬의 남쪽에 있는 괌 섬, 24일에 티니안 섬 상륙을 개시했다. 배수진을 친 일본군 수비대는 격렬하게 저항했다. 그러나 8월 2일 티니안 섬 전투에서 일본군 5,000명이 전멸했고, 강제로 연행된 조선인을 포함한 민간인 3,000명이 사망했다. 8월 10일 괌 섬 전투에서 일본군의 90퍼센트에 해당하는 2만 명이 사망했다.

 1944년 9월 미군은 필리핀 근처에 있는 캐롤라인 제도의 패릴리우 섬과 앙가우르 섬을 공격했다. 이곳은 일본군 제14사단이 수비했다. 10월 19일 전투에서 앙가우르 섬의 일본군이 전멸했다. 패릴리우 섬의 일본군은 완강하게 저항했지만 10월 27일 전투에서 괴멸에 가까운 타격을 입었다. 이 전투를 마지막으로 중부태평양 지역 전투는 사실상 종료되었다.

2. 절망

 1944년 9월 서남태평양에서 북상한 미군과 중부태평양에서 서진한 미군이 필리핀에서 합류했다. 10월 10일 미국의 기동함대가 처음으로 오키나와沖繩를 공격했다. 그 후 미국은 타이완과 필리핀의 루손 섬에 공격을 가했다. 규슈와 타이완에 기지를 둔 일본의 항공대는 전력을 다해 반격했다. 일본과 미국의 항공대는 타이완 근해에서 치열한 공중전을 벌였다. 일본군은 미국의 순양함 두 척을 격침시켰으나 항공기

300대 이상을 잃었다. 훈련이 부족한 일본의 전투비행사들은 공중전에서 제대로 기량을 발휘하지 못하고 전사했다.

10월 20일 미군은 필리핀 중부에 있는 레이티 섬에 상륙하기 시작했다. 일본은 루손 섬에서 결전을 벌이기로 한 종래의 계획을 포기하고 레이티 섬에서 미군 함대와 결전하기로 작전을 변경했다. 일본의 연합함대는 레이티 만에서 미국 함대와 전투를 벌였다. 일본군은 항공모함 4척, 전함 3척, 순양함 10척, 구축함 11척, 잠수함 1척 모두 29척의 함선이 격침되는 괴멸에 가까운 타격을 입었다. 이 단계에서 일본의 해상 전투력은 거의 소멸되었다고 할 수 있다. 항공기 수도 격감했다. 수세에 몰린 일본군은 극단적인 방법을 동원하기 시작했다. 이 무렵부터 항공기를 몰고 적의 함선으로 돌진해서 죽는 특별공격대가 등장하기 시작했다.

1945년 2월 19일 미군은 오가사와라 제도의 남단에 있는 이오도 硫黄島에 약 6만 명의 군대를 상륙시켰다. 일본군은 결사항전의 태세로 전투에 임했다. 그러나 3월 17일까지 약 2만 명의 일본군 수비대가 전멸했다. 이오도를 손에 넣은 미군의 전투력은 비약적으로 향상되었다. 이오도는 마리아나 기지에서 발진하는 B-29폭격기를 호위하는 전투기기지와 고장이 났거나 피해를 입은 B-29폭격기의 불시착 기지로 사용되었다. 이오도는 오키나와 일본 본토를 공격하는 해군기지로도 이용되었다.

B-29 폭격기가 처음으로 일본 본토를 폭격한 것은 1944년 6월 15일 규슈 북부의 야하타제철소 폭격이었으나, 본격적으로 일본 본토를 폭격하기 시작한 것은 마리아나 제도를 탈환하면서부터였다. 1944년 11월 24일 마리아나 공군기지에서 발진한 100대 이상의 미국 최신 장거리폭격기 B29가 처음으로 도쿄를 폭격했다. 그 후 B-29폭격기는 일본 본토를 계속 공습했다. 일본군의 대공포는 B-29폭격기까지 도

달하지 못했다. 미국 공군은 거의 무방비 상태나 다름없는 일본의 하늘을 왕래하면서 공습했다. 1945년 3월 10일 B-29폭격기 334대가 도쿄 대공습을 감행했다. 이어서 3월 11일에 나고야, 3월 13일에 오사카, 3월 16일에 고베神戶, 3월 18일에 다시 나고야를 공습했다. 8월 15일 패전에 이르기까지 119개 도시가 공습의 피해를 입었다.

1945년 3월부터 오키나와 본도에 대한 연합군의 공습과 함포사격이 본격화되었다. 4월 1일에는 연합군이 본도의 비행장 일부를 점령했다. 4월 6일 일본이 아끼던 세계 최대의 항공모함 야마토大和 이하 10척의 함선이 편도 연료만 넣고 출진했다. 그러나 다음 날 연합군 항공기의 공격으로 전함 야마토를 비롯한 연합함대는 제대로 싸워보지도 못하고 규슈의 서남방에서 침몰하고 말았다. 6월 23일 절망한 오키나와 주둔군 사령관이 자결했다. 오키나와를 사수하던 약 10만 명의 일본군은 미군의 상상을 초월하는 화력 앞에서 거의 전사했다.

일본군은 특공대 전술로 연합군과 대결했다. 일반적으로 신풍특공대神風特攻隊로 알려진 특공대 대원은 폭탄을 실은 항공기를 몰고 미군 함정으로 돌진해서 장렬하게 전사했다. 특공대가 처음으로 등장한 것은 1944년 10월 일본 해군이 필리핀 전선에서 미군과 전투를 벌였을 때였다. 11월에는 육군에서도 만타대萬朶隊와 부악대富嶽隊가 조직되었다. 1945년 4월 미군이 오키나와 본도 상륙작전을 전개할 때 일본은 특공대 항공기 약 2,000대를 출격시켰다. 일본이 패색이 짙어지면서 특공대 공격이 더욱 강화되었다. 항공기를 이용한 특공대 이외에 모터보트를 이용한 수상특공대, 인간이 어뢰를 직접 몰고 적의 함선으로 돌진하는 수중특공대가 있었다.

3. 항복

　미국이 B-29폭격기를 동원해 일본 본토를 폭격하기 시작하자 일본인은 절망했다. 일본은 고도 1만 미터 상공을 비행하는 B-29폭격기의 공격에 속수무책이었다. 일본의 전투기는 B-29폭격기에 접근할 수 없었다. 일본군의 고사포도 1만 미터 상공까지 도달하지 못했다. B-29폭격기가 몰려오면 경계경보를 발령할 뿐이었다.
　1945년 2월 크리미아 반도의 얄타에서 루스벨트 · 처칠 · 스탈린이 회담을 열었다. 회담에서 독일이 항복한 후의 전후처리 문제와 전후에 미국 · 영국 · 소련의 협조 방향에 대해 논의했다. 이 회담에서 소련도 일본과의 전쟁에 참가하도록 하는 비밀협정을 맺었다. 소련은 러일전쟁으로 상실한 러시아의 권익 회복, 러일전쟁으로 일본에게 빼앗긴 사할린 남부의 반환, 뤼순 조차권의 회복, 동중국 · 남만주철도의 우선적 지위 보장, 지시마 열도의 양도 등을 요구했고, 미국과 영국은 스탈린의 요구를 모두 양해했다.
　이미 1943년 11월 27일 루스벨트 미국 대통령, 처칠 영국 수상, 장제스 중화민국 주석이 카이로선언을 했다. 세 나라의 정상은 일본이 무조건 항복할 때까지 함께 싸울 것이고, 그동안 일본이 빼앗은 태평양의 모든 섬을 박탈하고, 만주 · 타이완을 중국에 돌려줄 것이며, 조선의 독립을 승인한다고 선언했다. 얄타회담에서는 카이로선언을 전제로 해서 전쟁 후 소련의 이권을 보장했던 것이다.
　전쟁 상황이 급박하게 돌아가자, 천황의 주변에서도 국면의 타개를 꾀하려는 움직임이 표면화되었다. 천황도 직접 중신들의 의견을 물었다. 1945년 2월 7명의 중신들이 차례로 천황과 독대해서 전쟁에 대한 의견을 피력했다. 당시 고노에 후미마로는 전쟁을 종결시켜야 한다는 의견을 명확하게 제시했다. 고노에는 일본의 패전이 확실하다고 예견했다. 하지만 천황은 현실을 직시하려고 하지 않았다. 천황은 전투에서 "한 번의 확실한 승리"에 집착했다. 천황은 다가올 결전에서 일본군이 미군에게 큰 피해를 입히고 조금이라도 유리한 조건으로 강화교섭에 나서려는 생각을 갖고 있었다. 그러나 "한 번의 확실한 승리"에 대한 천황의 기대는 현실에서 점점 멀어지고 있었다.

5월 7일 독일은 무조건 항복했다. 이 무렵 천황이 그렇게 기대를 걸었던 오키나와 결전도 일본군의 참패로 끝났다. 일본은 여전히 결단을 내리지 못하고 있었으나 일본이 승리할 가능성은 전혀 없는 상황이었다. 일본정부는 겉으로 최후의 1인까지 싸우다 죽자고 국민을 선동했으나 속으로는 여전히 평화 교섭의 가능성을 찾고 있었다.

이 무렵 천황 측근들은 결사항전 태세에 위기감을 느꼈다. 다시 소련과 접촉해서 평화 교섭을 개시하자는 분위기가 형성되었다. 천황도 소련을 중재자로 내세우는 것에 동의했다. 1945년 6월 22일 개최된 어전회의에서 천황이 전쟁을 종결할 수 있는 방법을 모색해야 한다는 의견을 피력했다. 이미 5월 중순 최고전쟁지도회의에서 결정된 소련을 중재자로 평화 교섭을 모색하는 안이 시행되게 된 것이다. 고노에 후미마로가 특사로 파견되어 소련과 접촉했다. 그러나 이미 참전 준비를 하고 있던 소련은 일본의 요구를 거부했다.

7월 17일부터 미국의 트루먼·영국의 처칠·소련의 스탈린이 베를린 교외의 포츠담에 모여서 전후처리에 대해 회담했다. 7월 26일 일본과 전쟁을 하는 미국·영국·중국 3개국 원수의 이름으로 포츠담선언을 발표해 일본에게 무조건 항복을 권고했다. 항복의 조건으로서 군국주의 제거, 연합국군에 의한 일본 점령, 일본영토의 축소, 일본군의 무장해제, 전범의 엄벌, 배상금의 지불, 군수산업의 금지 등을 제시했다. 포츠담 선언은 독일의 항복조건 보다는 완화된 것이었다. 천황제 폐지의 요구도 포함되어 있지 않았다. 일본의 항복을 조기에 유도하기 위해서였다. 그러나 일본은 포츠담선언을 묵살했다.

연합국은 일본의 묵살을 사실상의 거부로 받아들였다. 8월 6일 8시 15분 B-29폭격기 1대가 히로시마 상공에 나타나 원자폭탄 1개를 투하했다. 원자폭탄은 1,500미터 상공에서 섬광을 발하고 낙하해 580미터 상공에서 폭발했다. 시가지는 뜨거운 광선과 폭풍으로 파괴되었다. 12킬로미터 정도 높이까지 버섯구름이 치솟으면서 화재가 발생했다. 오후에는 검은 비가 내렸고, 검은 무지개가 떴다. 8월 9일 나가사키長崎에서 같은 비극이 되풀이되었다.

8월 8일 소련이 만주로 진격하기 시작했다. 원자폭탄이 투하되고 소련이 참전하자 일본에서는 포츠담선언을 수락해야 한다는 여론이 형성되었다. 일본정부도 포츠담선언을 수락하기로 결심했다. 8월 9일 심야에 개최된 최고전쟁지도회의에서 외무대신은 국체호지, 즉 천황의 신변보장을 유일한 조건으로 항복할 것을 주장했다. 군부는 천황의 신변보장 이외에 자주적인 무장해제, 전범재판을 일본이 행할 것 등 4개의 조건을 내세웠다. 양자의 주장은 정리되지 않은 채 어전회의에 넘겨졌다. 하지만 천황은 사실상 외무대신의 안에 따라 자신의 신변만 보장된다면 무조건 항복을 하겠다는 뜻을 굳혔다.

8월 10일 아침 일본은 중립국 스위스와 스웨덴을 통해 미국·소련·영국·중국 4개국에 천황의 신변만 보장된다면 포츠담선언을 수락하겠다는 뜻을 전했다. 이에 대해 연합국은 "일본의 통치형태는 일본인의 자유의사에 따라 결정한다."고 회답했다. 명시하지는 않았지만 천황의 신변은 보장한다는 언질이었다. 특히 미국이 천황제를 유지하려는 뜻을 갖고 있다는 소식을 들은 천황은 이윽고 포츠담선언의 수락을 허락했다.

포츠담선언 수락을 결심한 일본은 각의에서 공문서 파기를 결의하고 소각명령을 내렸다. 참모본부, 육군, 해군, 행정부, 지방자치단체, 말

단행정기관에 이르기까지 공문서 소각 작업이 일제히 실시되었다. 특히 작전일지, 징병과 소집관련 자료들이 철저하게 소각되었다. 강제연행 자료나 군위안부 관련 자료들도 대부분 소각되었을 것으로 여겨진다.

    8월 14일 어전회의에서 천황은 자신의 신변보장을 내세운 외무성의 안을 지지하는 "성스러운 결단"을 내렸다. 포츠담선언을 수락하는 형태로 항복한 것이다. 8월15일 정오 천황 히로히토가 라디오를 통해 일본의 무조건 항복 사실을 국민에게 알렸다. 스즈키 간타로鈴木貫太郎 내각은 무조건 항복을 실현하고 총사직했다.

참고문헌

한국

강동진, 『일본근대사』, 한길사, 1985

강창일, 『근대일본의 조선침략과 대아시아주의』, 역사비평사, 2002

구태훈, 『일본고중세사』, 재팬리서치21, 2016

구태훈, 『일본근세사』, 재팬리서치21, 2016

구태훈, 『일본근대사』, 재팬리서치21, 2017

구태훈, 『일본사파노라마』, 재팬리서치21, 2009

구태훈, 『일본사키워드30』, 재팬리서치21, 2012

구태훈, 『일본사강의』, 히스토리메이커, 2017

구태훈, 『사무라이와 무사도』, 히스토리메이커, 2017

김용덕, 『명치유신의 토지세제개혁』, 일조각, 1989

김용덕, 『일본근대사를 보는 눈』, 지식산업사, 1991

김호섭 외, 『일본우익연구』, 중심, 2000

박영재 외, 『19세기 일본의 근대화』, 서울대학교출판부, 1996

박진우, 『근대 일본 형성기의 국가와 민중』, 제이앤씨, 2004

방광석, 『근대일본의 국가체제 확립과정』, 혜안, 2008

신용하, 『한국민족독립운동사연구』, 을유문화사, 1985

이성환 · 이토 유키오 편, 『한국과 이토 히로부미』, 선인, 2009

이태진 편, 『일본의 대한제국 강점-"보호조약"에서 "병합조약"까지』, 까치, 1995

이태진, 『고종시대의 재조명』, 태학사, 2000

이태진 외, 『한국병합의 불법성 연구』, 서울대학교출판부, 2003

이현희, 『정한론의 배경과 영향』, 대왕사, 1986

차기벽 · 박충석 편, 『일본현대사의 구조』, 한길사, 1980

한상일, 『일본의 국가주의』, 까치, 1988

한상일, 『일본 지식인과 한국』, 오름, 2000

한상일, 『이토 히로부미와 대한제국』, 까치, 2015

일본

朝尾直弘, 『将軍権力の創出』, 岩波書店, 1994

新井信一, 『原爆投下への道』, 東京大学出版会, 1985

荒井信一, 『戦争責任論 －現代史からの問い―』, 岩波書店, 1995

荒野泰典, 『近世日本と東アジア』, 東京大学出版会, 1988

家永三郎, 『太平洋戦争』, 岩波書店, 1968

大石嘉一郎, 『近代日本の地方自治』, 東京大学出版会, 1990

石井寬治, 『日本の産業革命』, 朝日新聞社, 1997

市川正明 編, 『韓國倂合史料』1-3, 原書房, 1986

伊藤之雄, 『大正デモクラシーと政党政治』, 山川出版社, 1987

井上勝生, 『幕末維新政治史の研究』, 塙書房, 1994

井上 清, 『天皇の戦争責任』, 岩波書店, 1991

猪木正道, 『軍国日本の興亡』, 中公新書, 1995

井口和起, 『日露戦争の時代』, 吉川弘文館, 1998

犬丸義一, 『日本共産党の創立』, 青木書店, 1982

入江 昭, 『模索する1930年代』, 山川出版社, 1993

色川大吉, 『明治の文化』, 岩波書店, 1979

海野福壽 編, 『外交史料 韓国併合』上・下, 不二出版, 2003

大浜徹也, 『天皇の軍隊』, 教育社, 1978

大沼保昭, 『東京裁判から戦後責任の思想へ』(第4版), 東信堂, 1997

加藤周一, 『日本文学史序説』(下), 筑摩書房, 1980

加藤哲郎, 『象徴天皇制の起源』, 平凡社, 2005

加藤 寛, 『福沢諭吉の精神』, PHP新書, 1997

加藤陽子, 『戦争の日本近現代史』, 講談社現代新書, 2002

加藤陽子, 『満州事変から日中戦争へ』(シリーズ日本近現代史5), 岩波新書, 2007

川田 稔, 『原敬－転換期の構想』, 未来社, 1995

神田文人, 『占領と民主主義』(昭和の歴史8), 小学館, 1994

北岡伸一, 『政党から軍部へ』(日本の近代5), 中央公論新社, 1999

金英達, 『創氏改名の研究』, 未来社, 1997

黒瀬郁二, 『東洋拓殖会社－日本帝國主義とアジア太平洋』, 日本経済評論社, 2003

小林英夫, 『「大東亜共栄圏」の形成と崩壊』, 御茶の水書房, 1975

小森陽一・成田龍一 編, 『日露戦争スタディーズ』, 紀伊国屋書店, 2004

酒井哲哉, 『大正デモクラシー体制の崩壊』, 東京大学出版会, 1992

坂野潤治, 『大正政変』, ミネルヴァ書房, 1982

坂野潤治, 『近代日本政治史』, 岩波書店, 2006

坂本一登, 『伊藤博文と明治国家形成』, 吉川弘文館, 1991

佐々木克, 『大久保利通と明治維新』, 吉川弘文館, 1998

佐藤元英,『昭和初期對中国政策の研究』, 原書房, 1992

園田英弘,『西洋化の構造』, 思文閣出版, 1993

高橋秀直,『日清戦争への道』, 東京創元社, 1995

高村直助,『日本資本主義史論』, ミネルヴァ書房, 1982

田沢晴子,『吉野作造』, ミネルヴァ書房, 2006

朝鮮憲兵隊司令部 編,『朝鮮憲兵隊歴史』1・2권, 復刻, 不二出版, 2000

田中 彰,『明治維新』, 吉川弘文館, 1994

田中 彰,『近代天皇制への道程』, 吉川弘文館, 2007

寺本康俊,『日露戦争以後の日本外交』, 信山社, 1999

遠山茂樹,『明治維新と天皇』, 岩波書店, 1991

遠山茂樹,『自由民権と現代』, 筑摩書房, 1985

永井 和,『日中戦争から世界戦争へ』, 思文閣出版, 2007

中田易直,『近世対外関係史の研究』, 吉川弘文館, 1984

中村政則,『戦後史と象徴天皇』, 岩波書店, 1992

中村政則 編,『占領と戦後改革』, 吉川弘文館, 1994

中村政則 外,『世界史のなかの1945年』(戦後日本占領と戦後改革1),
　　　　岩波書店, 1995

中村隆英,『昭和経済史』, 岩波現代文庫, 2007

奈良井雅道,『文明開化』, 岩波書店, 1985

成田龍一,『大正デモクラシー』(シリーズ日本近現代史 4), 岩波新書, 2007

西成田豊,『在日朝鮮人の「世界」と「帝国」国家』, 東京大学出版会, 1997

波多野澄雄,『大東亜戦争の時代』, 朝日出版社, 1988

浜口裕子,『日本統治と東アジア社会』, 勁草書房, 1996

原田勝正,『満鐵』, 岩波新書, 1981

ひろた・まさき,『文明開化と民衆意識』, 青木書店, 1980

深井雅海,『徳川将軍政治権力の研究』, 吉川弘文館, 1991

藤村道生,『日清戦争』, 岩波書店, 1973

藤森照信,『明治の東京計画』, 岩波書店, 1982

藤原 彰,『太平洋戦争史論』, 青木書店, 1982

藤原 彰,『天皇の軍隊と日中戦争』, 大月書店, 2006

松尾正人,『維新政権』, 吉川弘文館, 1995

松尾尊兊,『普通選挙制度成立史の研究』, 岩波書店, 1989

松本武祝,『植民地権力と朝鮮農民』, 社会評論社, 1998

三谷太一郎,『日本政党政治の形成』, 東京大学出版会, 1967

三谷太一郎,『新版 大正デモクラシー論』, 東京大学出版会, 1995

三谷太一郎,『近代日本の戦争と政治』, 岩波書店, 1997

森山茂徳,『近代日韓関係史研究』, 東京大学出版会, 1986

森山茂徳,『日韓併合』, 吉川弘文館, 1992

安田 浩,『天皇の政治史』, 青木書店, 1998

山口啓二,『鎖国と開』, 岩波書店, 1993

山住正己,『教育勅語』, 朝日新聞社, 1980

山住正己,『日本教育小史』, 岩波書店, 1987

山辺健太郎,『日韓併合小史』, 岩波書店, 1966

山室信一,『日露戦争の世紀』, 岩波親書, 2005

横手慎二,『日露戦争史』, 中公新書, 2005

吉田 裕,『昭和天皇の終戦史』, 岩波新書, 1992

吉田 裕,『日本人の戦争観』, 岩波書店, 1995

吉田 裕,『アジア・太平洋戦争』(シリーズ日本近現代史6), 岩波新書, 2007

吉見義明,『草の根ファシズム』, 東京大学出版会, 1987

吉見義明 編,『従軍慰安婦資料集』, 大月書店, 1992

연표

1867 대정봉환. 왕정복고의 대호령

1868 도바·후사미의 싸움(보신전쟁 개시) 5개조의 서문. 정체서 반포. 에도를 도쿄로 개칭함. 연호를 메이지로 정함 일세일원제

1869 보신전쟁 종결. 판적봉환. 관제개혁. 에조지를 홋카이도로 개칭

1870 대교선포의 조칙

1871 친병 1만 명 징집 폐번치현 이와쿠라 사절단 출발

1872 학제공포

1873 징병령 공포. 지조개정조례

1874 민선의원설립의 건백서 제출

1875 애국사결성. 사할린·치시마 교환조약

1876 조일수호조규. 폐도령. 사족의 반란. 지조개정 반대 봉기

1877 서남전쟁

1878 오쿠보 도시미치 암살. 참모본부 설치

1879 유구번을 폐하고 오키나와현을 둠

1880 국회기성동맹 결성. 집회조례 공포

1881 국회개설의 조칙. 메이지 14년의 정변. 자유당 결성

1882 입헌개진당·입헌제정당 결성. 일본은행조례 제정

1884 군마 사건·가바산 사건·치치부 사건 화족령 제정

1885 톈진조약 내각제도 설치

1886 제국대학령·사범·중·소학교령 공포. 제1회 조약개정회의

1887 대동단결운동. 보안조례 공포

1888 추밀원 설치. 시제·정촌제 공포. 황실전범 성립

1889 대일본제국헌법 발포. 중의원 선거법·귀족원령 공포

1890 제1회 중의원 선거. 제1회 제국의회 소집. 교육칙어 발포

1891 아시오 동산 광독문제 발생

1894 영일통상항해조약 조인. 청일전쟁

1895 시모노세키 조약. 삼국간섭

1897 노동조합기성회 결성. 금본위제 실시

1898 일본미술원 창립

1899 문관임용령 개정. 개정조약 실시. 보통선거기성동맹회 결성

1900 산업조합법 공포. 치안경찰법 공포. 입헌정우회 결성

1901 애국부인회 창립

1902 일영동맹 조인

1903 전문학교령 공포. 소학교국정교과서제도 수립

1904 러일전쟁. 제1차 한일협약

1905 제2차 일영동맹. 러일강화조약. 제2차 한일협약(을사보호조약)
     한국통감부 설치

1906 일본사회당 결성. 철도국유법 공포. 남만주철도주식회사 설립

1907 제1회 러일협약

1908 6년간 의무교육실시. 아카하타 사건. 동양척식주식회사 설립

1909 청·일간에 간도문제 처리. 안중근이 이토 히로부미 사살

1910 대역사건. 한일합병조약. 조선총독부 설치. 제국재향군인회 설립

1911 공장법 공포. 관세 자주권 회복(조약개정의 완성)

1912 우애회 설립. 제1차 호헌운동 일어남

1914 제1차 세계대전에 참가

1915 중국에 「21개조」 요구. 중국에 최후 통첩

1916 요시노 사쿠조『중앙공론』에 민본주의 관련 논문 발표. 헌정회 결성

1917 중국에 니시하라 차관 개시. 이시이·랜싱 협정

1918 쌀소동이 일어남. 시베리아 출병. 하라 다카시 내각 성립

1919 베르사이유조약 조인. 시베리아 철병 개시. 중의원선거법 제정

1920 일본최초 메이 데이(노동절) 거행. 해군 8·8함대 건조안 성립

1921 하라 다카시 암살. 워싱톤회의 5개국 조약 성립(일영동맹 폐기)

1922 일본 공산당 결성. 해군군비제한조약. 일본농민조합 결성

1923 이시이·랜싱 협정 폐기. 관동 대진재. 조선인 대학살

1924 제2차 호헌운동 개시. 호헌 3파 내각 성립. 소작조정법 공포

1925 일소기보조약. 라디오방송 개시. 치안유지법, 보통선거법 성립

1926 노동농민당 결성. 노동쟁의조정법 공포. 일본노동조합동맹 결성

　　　일본공산당 재건. 사회민중당 결성. 다이쇼천황 사망, 쇼와 시대 개막

1927 전일본농민조합 결성. 산둥 출병. 동방회의 개최. 입헌민정당 결성

1928 제1회보통선거. 3·15 사건. 지난 사건. 장작림폭살사건

　　　치안유지법 개정. 특별고등경찰 설치

1929 중국 국민정부 승인. 금수출해금령 공포

1930 런던 해군 군축조약 조인. 하마구치 오사치 총리대신

1931 일본농민조합 결성. 중요산업통제법 공포. 만주사변 일어남

1932 상하이 사변. 만주국 건국. 5·15사건. 사회대중당결성

1933 국제연맹에서 대일권고안 가결. 일본 국제연맹 탈퇴. 다키가와 사건

1934 워싱턴해군군축조약 파기

1935 천황기관설 문제화. 일본공산당 붕괴

1936 런던군축회의 탈퇴. 2·26사건 군부대신현역무관제 부활

　　　「국책의 기준」 결정. 일독방공협정 체결

1937 중일전쟁 발발. 전시통제법 공포. 남경대학살

1938 국가총동원법 공포. 전력국가관리법 공포. 상업보국연맹 결성

1939 미곡배급통제법 실시. 국민징용령 공포. 제2차 세계대전 발발

1940 정우회 · 민정당 해산. 일업보 · 국회 창립. 기원2600년제 개최
1941 국민학교령 공포. 생활필수물자통제령 공포. 일소중립조약 성립
　　 미국 · 영국 일본자산동결 통고. 일본군 인도차이나반도 남부 진출
　　 일미회담 개시. 도조 내각 성립. 태평양전쟁 개시
1942 일본군 마닐라 · 싱가포르 점령. 미드웨이 해전
1943 제1회 학도출진. 카이로회담. 대동아회의 개최
1944 마리아나 해전. 사이판 섬 일본군 전멸. 도조 내각 총사직
　　 학동소개 실시. 학도근로령, 여자정신대근로령 공포
　　 가미카제특공대 출전. B-29 일본본토폭격 개시
1945 미군 오키나와에 상륙. 히로시마 · 나가사키에 원폭투하. 소련의 대
　　 일선전포고. 포츠담 선언 수락. 천황의 항복 방송. 항복문서에 조인

찾아보기

ㄱ

가쓰 카이슈 51, 69, 70
가야 오키노리 383
가토 다카아키 149, 207, 267, 293
가토 도모사부로 256, 266
가토 히로유키 98, 99, 101
갑신정변 170, 171
강화도조약 120, 127
게이오기주쿠 83
고노에 후미마로 354, 372, 398
고메이 천황 40, 41, 52, 54, 55, 60
고무라 주타로 167, 185, 225
고이소 구니아키 332
고토 쇼지로 66, 72, 135, 141
고토쿠 슈스이 162, 163
공부성 85, 88
관동군 319, 320, 321, 331, 332, 333, 334, 335, 352, 353, 354, 368, 369, 376, 380
관동대지진 266, 278, 285, 292
교육령 82, 190, 228
교육칙어 99, 190, 191, 192, 193, 194, 407
구로다 기요타카 120, 124, 138
구메 구니타케 110, 195
구사카 겐즈이 55, 57

국가총동원법 358, 359, 409
국민정신총동원운동 357, 358
국수주의 192, 193, 194, 201, 342
국제연맹 255, 333, 334, 335, 336, 337, 366, 367, 409
국회기성동맹 138, 139, 407
군인칙유 143
기도 다카요시 59, 66, 72, 78, 79, 106, 110, 124, 136
기원절 73, 144
기타 잇키 303, 304, 326, 348

ㄴ

나가사키 23, 24, 26, 28, 35, 37, 38, 42, 43, 48, 82, 86, 87, 151, 154, 160, 400, 410
나가타 데쓰잔 345
나구모 주이치 385
나쓰메 소세키 200, 308
나카에 조민 98
남만주철도주식회사 214, 265, 330, 408
내무성 85, 87, 264, 359, 373
노구치 히데요 196
노기 마레스케 210
노로 에이타로 343

찾아보기 411

노몽한사건 368, 370
노무라 기치사부로 376
니시다 기타로 195, 305
니시다 미쓰구 326, 348

ㄷ

다나카 기이치 294, 318
다이묘 20, 21, 22, 23, 24, 25, 26,
　　　28, 29, 31, 35, 36, 37, 38,
　　　40, 41, 42, 49, 50, 51, 52,
　　　53, 55, 57, 58, 60, 67, 68,
　　　70, 71, 80, 85, 91, 93, 142
다카스기 신사쿠 55
다카하시 고레키요 266, 295, 347
다쿠치 우키치 98
다키가와 유키토키 342
대공황 323, 324
대교선포 72, 407
대일본제국헌법 144, 407
대정익찬회 373, 374, 481
대중문화 311
데라우치 마사타케 226, 240, 245,
　　　261
데라지마 무네노리 164
도고 시게노리 383
도고 헤이하치로 209
도시샤 83, 99, 278
도조 히데키 345, 381, 382
도쿠가와 요시노부 52, 60, 66, 67,
　　　68, 69, 70
도쿠토미 소호 193
동학농민운동 173

ㄹ

라디오 방송 315
러일전쟁 99, 154, 156, 157, 158,
　　　162, 163, 200, 201, 202,
　　　205, 212, 213, 214, 215,
　　　218, 219, 232, 233, 237,
　　　238, 297, 319, 398, 408
로쿠메이칸 165
뢰슬러 144
루스벨트 211, 398
리훙장 124, 171, 176

ㅁ

마르크스주의 운동 302
마쓰오카 요스케 336
마쓰카타 마사요시 89, 147, 149
만주국 329, 334, 336, 337, 352,
　　　361, 384, 409
만주사변 326, 334, 335, 340, 341,
　　　344, 355, 357, 384, 409
메이로쿠샤 101
메이지대학 83, 263
메이지 천황 60, 63, 71, 72, 97,
　　　109, 190
모리 아리노리 94, 101, 112, 124
모리야마 시게루 122, 124
모리 오가이 199, 200, 202
무쓰 무네미쓰 166, 172, 174, 207
미노베 다쓰키치 305, 343
미드웨이 해전 378, 388, 392, 410

미쓰비시상사 91, 159
미쓰비시 재벌 158, 159
미쓰이 재벌 158, 159, 295
미우라 고로 184
미토 번 50, 52, 53, 54, 55, 70
민선의원설립건백서 135
민 왕후 183, 184, 185

ㅂ

번벌정부 80
보신 전쟁 68, 71, 134
보통선거법 267, 409
부전조약 257, 318, 331
비스마르크 114, 115, 393

ㅅ

사노 마나부 343
사쓰마 번 45, 49, 50, 55, 56, 57, 58, 59, 60, 61, 65, 66, 67, 68, 118, 124
사이고 다카모리 59, 66, 67, 68, 70, 78, 79, 108, 109, 115, 120, 133
사이온지 긴모치 149, 253, 266, 322, 327
사이토 마코토 257, 341, 347
사카모토 료마 59
사카이 도시히코 162, 277, 303
사쿠라회 325, 326, 345
산발령 95
산조 사네토미 80, 108
삼광작전 225

삼국간섭 176, 180, 181, 408
세이난 전쟁 134, 136, 137
세이토사 275
소화유신 347
쇄국 21, 23, 27, 30, 31, 41, 48
쇼와 천황 347
스모 315
스즈키 분지 250, 251, 273
스즈키상점 294
시라카바 307, 308
시라토리 구라키치 306
시마자키 도손 199
시모다 38, 42
시모무라 간잔 310
시부자와 에이이치 93
신센구미 57
신파극 202
쓰다 소우키치 306
쓰보우치 쇼요 198, 202

ㅇ

아라키 사다오 341, 344, 345
안중근 226, 408
야나기다 구니오 307
야나이하라 타다오 343
야마가타 아리토모 125, 131, 149, 162, 181, 207, 245
야마모토 곤베에 261, 266, 292
야마카와 히토시 275, 277
야스쿠니 신사 192
야하타제철소 154, 236, 303, 396
에노모토 다케아키 71, 166

에도 막부 20, 22, 24, 25, 30, 35,
　　　38, 40, 42, 43, 47, 50, 51,
　　　52, 61, 65, 66, 68, 82, 83,
　　　86, 87, 102, 107, 119, 164
에토 신페이 131, 135
여공애사 309
오구리 타다마사 69
오무라 마스지로 58, 69
오사카방적회사 153
오스기 사카에 163, 275, 277, 278,
　　　286, 303
오야마 이와오 149, 175, 210
오치아이초 248
오카다 게이스케 337, 347
오카와 슈메이 304
오카쿠라 덴신 200
오쿠마 시게노부 78, 138, 139,
　　　147, 148, 165, 233
오쿠보 도시미치 59, 66, 72, 78,
　　　79, 85, 110, 115, 131, 407
오키나와 116, 118, 146, 176, 391,
　　　395, 396, 397, 407, 410
오키나와 현 118
와세다대학 83, 198, 263, 277,
　　　304, 306, 308
와카쓰키 레이지로 293, 318, 322
왕자오밍 361, 371
왕정복고 62, 65, 72, 76, 407
요시노 사쿠조 262, 408
요시다 쇼인 41, 53, 55
요코야마 다이칸 310
요코하마 42, 43, 44, 45, 70, 87,
　　　88, 102, 110, 115, 165,
　　　285, 292, 293, 387
요코하마마이니치신문 102
우에하라 유사쿠 344
우익단체 173, 279, 292, 303, 322,
　　　323, 343
우치무라 간조 99, 162, 193, 194
우편제도 88
운요 호 123, 124, 127
위안스카이 173, 174, 238, 240
윌슨 254, 255, 280
을사보호조약 204, 221, 222, 408
이노우에 가오루 78, 124, 139,
　　　149, 165, 182, 207, 233
이노우에 데쓰지로 191, 193, 195
이노우에 준노스케 321, 326, 327
이누카이 쓰요시 267, 335, 340
이세 신궁 41, 49
이시하라 간지 331
이와사키 야타로 93
이와쿠라 도모미 61, 64, 66, 79,
　　　80, 110, 135
이와쿠라사절단 105, 108, 109
이완용 219, 220, 221, 222
이이 나오스케 42, 47, 52, 53, 54
이타가키 다이스케 108, 135, 147
이타가키 세이시로 331
이토 히로부미 85, 87, 110, 112,
　　　138, 139, 141, 142, 143,
　　　144, 147, 148, 149, 165,
　　　171, 175, 176, 207, 216,
　　　219, 221, 222, 223, 225,

226, 403, 408
인력거 88, 161
일미수호통상조약 39, 42
일미화친조약 37, 38
일본노동총동맹 272, 273, 275, 277, 302
일본은행 89, 292, 293, 294, 295, 321, 407
일영동맹 207, 208, 233, 234, 256, 408, 409
입헌정우회 148, 149, 263, 264, 265, 266, 318, 335, 408

ㅈ

자유민권운동 94, 98, 101, 136, 137, 140, 141, 198
장고봉사건 368
장제스 298, 319, 320, 330, 353, 355, 356, 360, 361, 371, 375, 384, 398
장쭤린 297, 299, 319, 320, 321, 330, 332
재일조선인 284, 303
전일본농민조합 274, 409
절대국방권 394
정체서 72, 79, 407
정한론 108, 115, 131, 133, 403
제국국책수행요령 381, 384
조선총독부 226, 227, 281, 408
조슈 번 53, 55, 56, 57, 58, 59, 60, 61, 65, 66, 80
조야신문 102

존왕양이운동 55, 56
중일전쟁 358, 359, 360, 362, 367, 370, 371, 375, 387, 409
지조개정 83, 84, 118, 132, 136
질록처분 88, 92, 93
징병령 81, 118, 119, 141, 407

ㅊ

천검당 326
천장절 73
천황기관설 305, 343, 345, 409
청일전쟁 118, 147, 153, 154, 160, 167, 173, 175, 177, 179, 180, 181, 182, 193, 198, 201, 213, 214, 215, 408
칭다오 231, 235, 236, 238

ㅋ

크리스트교 22, 23, 72, 98, 193, 194, 206

ㅌ

타이완 침략 91, 115, 116, 136
탈아론 100
토막파 60, 61, 64, 65, 66, 67, 68
토지조사사업 119, 227, 283
통제파 344, 345, 346, 347
특공대 397, 410

ㅍ

판적봉환 76, 77, 79, 91, 407
페리 34, 35, 36, 37, 40, 41, 48, 49

찾아보기 415

폐도령 95, 131, 407
폐번치현 77, 78, 79, 84, 130, 407
프롤레타리아 308, 309

ㅎ

하라 다카시 263, 408, 409
하마구치 오사치 321, 409
하세가와 요시미치 224
하야시 곤스케 219
하야시 센주로 332, 344, 345, 348
하코다테 38, 43, 71, 87
한일합병 225, 226, 227, 283, 408
해리스 38, 39, 40, 41, 42
헌병경찰제도 223, 227
홋카이도 28, 29, 31, 38, 49, 71,
　　　　 86, 93, 107, 117, 119, 138,
　　　　 146, 192, 358, 384, 407
황도파 344, 345, 346, 347, 348
황민화교육 190, 191
황실전범 144, 407
후쿠자와 유키치 83, 98, 99, 101,
　　　　 138, 195
히라누마 기이치로 370
히로타 고키 337, 348

구태훈

구태훈은 성균관대학교 문과대학 사학과를 졸업하였다. 일본 쓰쿠바 대학 대학원에서 일본사를 전공하고 문학 석사·박사학위를 받았다. 현재 성균관대학교 문과대학 사학과 교수로 재직하고 있다. 그동안 성균관대 동아시아역사연구소장, 『일본학보』 편집위원장, 한국일본학회 회장, 수선사학회 회장 등을 역임하였다. 저서로는 『일본역사탐구』(태학사, 2002), 『일본사 파노라마』(재팬리서치21, 2009), 『일본사 키워드30』(재팬리서치21, 2012), 『일본근세사』(재팬리서치21, 2016), 『일본고중세사』(재팬리서치21, 2016), 『일본근대사』(재팬리서치21, 2017), 『사무라이와 무사도』(히스토리메이커, 2017), 『일본문화사』(히스토리메이커, 2018) 등이 있다.

일본제국흥망사

저 자 구태훈

발행인 구자선
펴낸날 2018년 2월 25일
발행처 **주식회사 휴먼메이커**
주 소 서울특별시 서초구 강남대로 224 주얼리 A-18호
        전화 : 02-2277-1055 팩스 02-556-6143
이메일 h-maker@naver.com
등 록 제2017-00006호

디자인 유 라
인 쇄 P&M123

ISBN 979-11-961612-4-8 03910
정 가 24,000원